晓松说

历史上的今天

Today

in History

鱼羊野史

第5卷 9—10月

高晓松
作品

SPM
南方出版传媒
广东人民出版社
博集天卷
CS-BOOKY
·广州·

图书在版编目（CIP）数据

鱼羊野史. 第5卷 / 高晓松著. —广州：广东人民出版社，2016.1
ISBN 978-7-218-10699-1

Ⅰ. ①鱼… Ⅱ. ①高… Ⅲ. ①中国历史—野史 Ⅳ. ①K204.5

中国版本图书馆CIP数据核字（2015）第320278号

Yu Yang Yeshi · Di 5 Juan
鱼羊野史 · 第5卷
高晓松 著

出 版 人：曾 莹

责任编辑：肖风华 梁 茵
监 制：蔡明菲 潘 良
特约监制：杨文红 陈雨人 闫 虹
特约策划：邢越超
特约编辑：汪 璐 杜冬梅 张 磊 王可飞
特约编审：张景岳 阎京生 尹 约
营销支持：刘碧思 李 群
封面设计：一诺 · 闫薇薇
版式设计：姜利锐

出版发行：广东人民出版社
地 址：广州市大沙头四马路10号（邮政编码：510102）
电 话：（020）83798714（总编室）
传 真：（020）83780199
网 址：http://www.gdpph.com
印 刷：河北鹏润印刷有限公司
开 本：787mm × 1092mm 1/16
印 张：22.5 字 数：370千字
印 数：1—80000册
版 次：2016年1月第1版 2019年2月第6次印刷
定 价：45.00元

如发现印装质量问题，影响阅读，请与出版社（020-83795749）联系调换。
售书热线：（020）83795240

序

这套书是我2013年在东方卫视做的一档叫《晓松说——历史上的今天》的节目文字未删减版。因为电视播出的时长限制，也因为大众平台的尺度制约，播出版剪掉了很多。加上形象不够悦目、北京口音浓重，错过了不少观众。故此将文字结集出版，希望能和更多人分享知与识、艺与术、成长与思考。

既然叫“历史上的今天”，自然就按“天”索骥，把每天发生过的事件挑挑拣拣，拣出我感兴趣的一两件聊聊。由于我半生不务正业，主要是不知哪种营生堪当正业，就读了若干闲书，跑了许多地方，颇结识了些僧俗怪人，目击了二十年怪现状。也就攒下些心得想法，闲时在饭桌酒局贩售，落下个不埋单的口实。一来二去，就跑到天桥撂地说书，真干起了这门营生。

说是历史，又与人家专门考据分析归纳立论的“高大上”历史学问不同，无门无类，凡举政治、军事、科技、文艺、体育甚至天文地理古董迷信，杂七杂八，信马由缰，点到即止。需要读上个大半册，才能看出些观点主义之类。为免读者劳神，干脆在这里开宗明义，把我的不成熟小历史观呈上，以便随时检验。

我觉得整个人类历史的展开，就是科学和艺术以平行线的方式交替解释人与自然，交替给我们提供美感，从不同时共襄盛举。你离远些看到整个历史，当文艺昌明的时候，艺术飞速发展的时候，通常都是科学很落后的时候，或者科学停滞不前的时候。最开始出现的图腾、最开始出现的神话、原始的宗教，其实都是艺术的能指。太阳是阿波罗，月亮是嫦娥，东西方最开始都在用艺术解释世界。紧接着科学发展起来，开始急速地追赶，把世界大部分的现象，都赋予科学解释，地球是圆的，季风有规律，月亮是卫星。这个时候艺术就会很长时间停滞不前。文艺复兴的时代，艺术涤荡天下，再到工业革命的时候，艺术又相当程度地退居幕后。当科学迅速发展撞到南墙，比如到了一战，发现科学这么发达，可以这么高效率、短时间、大规模地杀人如草芥，上千万人就这样零落成泥碾作尘时，科学惊呆在那里，科学自己不能解释这是为什么。所以一战以后，又进入一个艺术大发展时代，就是我在后面经常讲的，巴黎流放归来的人中，出现了大批大师，出现了海明威、聂鲁达、菲茨杰拉德，出现了毕加索，哲学方面，萨特、福柯接踵而来，开始解释我们人类出现了什么问题。

然后科学再发展，艺术再解释，每当科学飞速发展的时候，人们的精神会停滞，因为科学发展的时候，对生活是有很大改善的，每当生活改善的时候，知识分子就觉得很孤单。比如今天，不光是中国，全世界的知识分子都觉得很孤单、很迷茫，包括英美的大知识分子，这两年都开始严重向左转，写了大量有关马克思主义、有关左派的书，因为他们也找不到出路。我觉得这就是历史发展的必然。因为现在是科学最大发展时期，以互联网为代表的高新科技，以最快的速度改变着人们的生活，这时候艺术通常会靠边站，等科学飞速地再一次撞到南墙。等科学对人们精神世界的又一轮高科技束缚出现的时候，科学又会发现自己无能为力，艺术又会超越科学，再去解释人类的新问题。那个时候才会出现崭新的文学、哲学，崭新的电影，崭新的绘画流派和音乐。我很期待那一天，最好在我有生之年，我猜一定在我有生之年，因为现在发展速度比以前快了百倍，两者交替的频率也应该比以前高很多。有意思的就是它们从来不同时绽放，而是交替，但是它们每一次交替都带给你很多美感跟思考。

再有就是大家说屁股决定脑袋，每个人都根据自己的身份、自己的成长，会有不同的看历史的眼光。每个时代都有它的好，有它的不好，只是由于每个人的身份不同，比如我作为一个知识分子家庭出身的孩子，作为一个读书人，我当然是喜欢文化昌明、知识分子自由的时代，我当然是不喜欢要被太监打屁股、被太监侮辱的时代，所以我肯定不喜欢明朝。我自己最喜欢的几个昌明时代，首先是春秋战国时期，尤其是齐国，不光是因为齐国有管仲和青楼，也不光是因为齐国有海鲜吃，那个时候饭做得不太好，只有脍、炙两种手段。那是知识分子最美好的黄金年代，你有上、中、下好几条路可选，上也许能成为诸子百家，那你就太高兴了，也许嘛，大师辈出的年代你被激发了，而不像今天，大家比着秀智商下限；中你可以布衣立谈成卿相，也许你就站在君主的门口聊几句，献个策，就进了中央政治局，苏秦甚至创造了同时佩六国相印的世界纪录，挂身上都背不动；再下，也可以去孟尝君、信陵君、春申君家里头当门客，跟公子聊聊天，替公子看看书，大家喝喝酒。我觉得那是一个美好的知识分子的时代，甚至比同时代的希腊还要好。那是一个轴心时代，这边有诸子百家，那边有希腊璀璨的大师们出现，南边还有释迦牟尼顿悟了。那是一个伟大的思想飞跃的时代。能生活在那个时代，就算吃得差一点儿，也觉得很幸福。或去唐代，当然最好不要经历安史之乱，好事儿都得叫咱赶上，最好是安史之乱之前就已经死了，生前经历了唐初一直到盛唐玄宗时期的开元盛世，与大诗人们一起结交、云游、写诗，甚至可以上殿去脱了鞋，醉草吓蛮书走起。那个美好的时代，是伟大的诗人时代。再不济就去宋朝，最好是在仁宗时期，不要看到后面改革、党争那些事儿。只跟苏家兄弟一起游于赤壁，杯盘狼藉，不知东方之既白。也可以写文章骂皇帝，破口大骂也没关系，最多就被发配去旅游嘛，到外夫看看。所以我喜欢这些美好的时代。西方文艺复兴时期也很美好，大航海时代就算了，因为我吃不了苦，在船上确实苦。

我一直都以这样的观点来看待古今中外的人与物，基本上我比较偏中，既不左，也不是很右，你要说中庸也好，叫我自由派也好，我就是这样的一个读书人。以这样的观点来跟大家分享，午夜醒来想一想还算问心无愧。

高晓松

2013 年 12 月

Today

in History

Today

in History

鱼羊野史 5

目 录

引 言

9月

10月

引 言

众所周知，有一帮杞人忧天的家伙臆造了一个叫世界末日的东西，当然了，到那天世界末日没有准时来临。但这件事启发了我们，让我们重新想一想，我们是谁？我们从哪儿来？要去哪儿？也让我们更加珍视这个浩瀚宇宙中间，发生过无数次聚散悲欢的小小星球。历史是什么？很多人说过这样那样的话，胡适先生曾说过历史是个任人打扮的小姑娘，但是在很多时候，历史甚至变成了一个整过容的大妈。我们要说的历史，是尽量不整容、不化妆，素颜的历史。

Today

in History

❾月

9月1日

《晓松说——历史上的今天》来到了 9 月 1 日。1923 年的这一天，日本爆发了关东大地震；1983 年的这一天，韩国大型民航客机被苏联战斗机击落；今天也是二战正式爆发的日子，还是著名指挥家小泽征尔的生日，生日快乐！

今天是开学的日子，有很多人会觉得今天很痛苦，也有很多人会很高兴，比如我当年每到 9 月 1 日开学的时候就很兴奋，北京的 9 月，秋高气爽，走在校园里，风吹开领口，我就觉得自己青春逼人，可惜现在青春已逝。

| 日本关东大地震爆发 |

1923 年的这一天，日本爆发了关东大地震。日本的关东地区包括东京以及周围的地区，强烈的地震把地震局的仪器都给震坏了，所以也没测出来震级到底是多少，当时推测可能是 7.9 级。很多年以后，又确认关东大地震的震级是 8.2 级，这个震级应该算是日本有史以来最高的震级。日本是个地震高发的地方，整个国土几乎全在环太平洋地震带上，全世界平均每年 20% 左右的地震都发生在日本，10% 左右的海啸也都发生在日本。你想想，日本的国土面积就这么大点儿，全世界的国家，大概得有一百九十多个，居然有 20% 的地震发生于此，可以说日本人生长在一块“悲怆”的土地上。我觉得日本的民族性就和日本的地理位置有关。日本是一个多灾害的国家，土地狭小，人口众多，平原又少，到处都是山，但正是这样的环境造就了日本独特的民族性。

日本经常经历大地震，包括 2011 年那次大家还记忆犹新的“3・11”大地震，这次大地震的震级高达 9.0 级，是日本历史上扳着手指头都能数得出来的最大地震之一，这种地震通常都是毁灭性的，但是在这次地震中，日本竟然有不少建筑没有倒塌，可见后来日本建筑的防震能力有多么强大。但 2011 年的这次地震导致了日本的核电站受损，地震也引起了巨大的海啸，从而造成了重大的人员伤亡。在 1923 年关东大地震的时候，日本的建筑质量还没有现在这么优良，那次大地震造成了非常重大的损失。日本的建筑大多是木头做的，大家看日本电影、电视剧就知道，木头房子的缺点就是很容易起火。关东大地震发生的时候正好是中午，家家户户正在生火做饭，所以地震一发生，到处都是火源，最后震倒了十五万多间房屋，然后又被大火烧毁了四十多万间，摧毁了东京 60% 以上的房屋。当时日本正在建几万吨重的大型战略巡洋舰，半米厚的装甲都被震裂了，整个巡洋舰基本上只能报废。还有最惨的一件事，当时四万名老百姓逃到了东京的一个大广场上，大家觉得这儿最安全，结果正好有台风刮过来，台风加上大火，使四万人一起被烧死在那个广场上，一个都没有跑掉，非常惨烈。

关东大地震中，日本总共死了约十五万人，而且像所有的大灾之后一样，在震后还发生了大瘟疫，民间出现了各种的混乱，所以从那之后日本就开始频繁地进行地震演习。这些地震演习不光是教人们学会如何逃生，还要演练各级政府的组织应变能力、媒体阻止传谣的能力等。关东大地震之后就曾经产生了各种谣言，其中一个流传最广的谣言就是说在日本的朝鲜族人往水井里投毒。大家知道朝鲜在 1910 年被日本吞并，直到 1923 年朝鲜人民仍一直在抗争，一直在争取独立。朝鲜族和大和族这两个民族一直就很不和，当时震后就有谣传，连日本的报纸上都登出来了，说这些在日本的朝鲜族人投毒，才导致了日本的大瘟疫，结果因此爆发了日本民众对朝鲜族人民的大屠杀。日本人当时就到处设卡，只要发现有朝鲜族口音的人，会被就地打死。最后日本警察都出来辟谣说不是朝鲜族人投的毒，水井浑了其实是地震的一种自然现象，可见当时谣言传得有多厉害。所以不管是应对什么灾难，一定要有各种紧急预案，一定要事先进行演习，不然灾难一发生就会出现种种混乱。在这次日本大地震中，由于谣言，大概有六千名朝鲜族人被屠杀。后来连日本警察都出来保护这些少数民族，警察局长还亲自舀了井里的水喝。但日本人坚决相信是朝鲜族人投了毒，他们在干坏事儿，最后导致了很多不应该发生的混乱与悲剧。

关东大地震中的救援也很让人感动。当时世界各国都向日本进行了援助，第一个赶到日本的国际救援队就是我们中国的北洋政府派出的国际救援队。当时中国上下还一起为日本募捐，梅兰芳等演艺界名人都登台义演，为灾区募集了大量的资金，集结了大量的物资。溥仪也拿出来好多钱捐给日本，溥仪后来被抓起来审判的时候说："我1923年的时候还真没想当汉奸，那时我住在紫禁城里，日本地震我还捐了钱。"

从那次大地震以后，日本通过不断演习，慢慢对地震有了强大的防御能力，成为全世界防震建筑水平最高的国家，以至于后来世界其他国家都要向日本人学防震技术，或者请日本人来帮助建房子。美国"9·11"事件中被飞机撞塌了的世贸大厦，后来就是由日本人进行重建的，现在它的防震水平是非常高的。大家知道，要想让一个建筑防震，最重要的就是不能让这个建筑刚性太大，如果建筑是刚性的，一震就断了，所以要想防震，建筑就得有一定的柔性，能在一定的振幅范围内摆动，这样就能缓解和对冲地震带来的冲击力。我参观过日本后来帮助建设的美国新世贸大厦，也参观过日本的防震建筑，那些建筑的底下都有一个特别深、特别大的池子，那是非常大的一个空间，里面悬着一个巨型的大球，也不知道是钢球还是铁球，一直在那儿摆动，这个大球就是为了保证地震的时候重心平衡。我父亲是清华水利工程系毕业的，他就是搞抗震技术研究的，我家有很多这方面的资料，所以有时候我会比较关注日本的防震技术。

日本有各种各样的抗震技术，除了用大球摆动来提高建筑的抗震能力，还有一种用水槽来提高高楼抗震能力的技术。日本因为土地面积小，而人口太多，所以必须要建高楼。这和美国不一样，像我居住的美国加州也在环太平洋地震带上，但加州的房子全是木制一层的，连地下室都没有，即使有地震房子塌了也不会遭成大的死伤。我在加州经常遇到地震，五点几级的地震就"咚咚"响一通，也没有一个人跑出来，大家都是该干什么干什么。我第一次遇到地震的时候还往外跑，还没跑到门口，地震就停了，后来就知道跑也没用，该怎么样就怎么样得了。当然加州也发生过大地震，旧金山也发生过大地震，半个城都震毁了。而日本和美国不一样，没有办法建这种一层的小房子，因为人口太多，只能建高层建筑。但日本的高层建筑防震水平之高确实是举世无双的，其中就用到了一种“沉水槽”技术，就是上面每隔几十层就沉在一个大水槽里，另外几十层再沉在一个更大的水槽中，因为水是有阻尼力的，其实跟下面悬一个大球是同样的道理，就是地震的时候楼可以左右摆动，但不会断，不会倒，不会塌。所以 2011 年的这次九级大地震，日本有一些建筑居然没倒塌，这在全世界都是奇迹，是极为罕见的。这么高震级的地震，我想如果放在其他任何一个国家，即使是美国，比如洛杉矶，也得全部夷为平地，所以日本后来的抗震技术真是太厉害了。

| 韩国大型民航客机被苏联战斗机击落 |

下面来说说 1983 年冷战时期的一场悲剧。韩国民航一架波音 747 客机——这在当时算是世界上最大的飞机——载有 240 名乘客及 29 名机组人员，被苏联的战斗机击落。这次飞机失事也是冷战时期的一个谜，当时客机居然偏离航线达五百多公里，大家知道波音 747 客机并不是老飞机，在当时已经算是很先进的飞机，不管是导航，还是雷达，各种设施都不错。但这架客机居然偏离了航线，进入了苏联领空，结果在苏联领空被当时全世界都不知道的一种叫苏 –15 的战斗机击落。那时苏联也向其他国家出口战斗机，在中东战争的时候，苏联向友好国家出口的最先进的战斗机是米格 –23，但苏 –15 战斗机是苏联的一种秘密武器，比米格 –23 要先进，是苏联用来保卫自己国土领空的一种战斗机。

这架民航客机被击落的事件到现在也没有一个定论，韩国客机为什么会偏离航线，苏联的战斗机为什么会击落它，都成了一个谜。当时苏联的苏 –15 飞行员讲：“我当时正在休假，突然被部队叫回来，关在一个小屋里，然后就让我

驾驶苏 –15 起飞，起飞以后我就看见了这架飞机。”据飞行员讲，他当时就知道这架飞机应该是波音 747 客机，因为这种型号的飞机有一个特别明显的特征，就是它有两层。当时全世界只有波音 747 客机有两层，上面鼓起一个包，像额头一样。他说：“我当时已经看出来这是一架波音 747 客机，但是我并没有向地面汇报这是客机，我觉得这就是帝国主义的阴谋。”他说，“我们长期接受的就是这种教育，我虽然看到这是一架民航机，但是我不认为里面有乘客，我认为这是美帝国主义用一架民航机冒充侦察机来侦察苏联的，所以报告的时候就说我看见了一架运输机或者是侦察机。”地面一听说这是美国来的侦察机，就命令飞行员采取措施，地面给他的命令不是“击落”，而是让飞机“迫降”。苏 –15 的飞行员先是发射了警告弹去警告这架飞机，但这架飞机居然不为所动，所以这也很蹊跷，发射那么多炮弹，在黑夜里都能很清楚地看到炮口的闪光，但这架客机的飞行员居然不为所动继续飞行。于是苏联战斗机就又发射了两枚导弹，把这架客机击落了，飞机上的二百六十九人全部遇难。其实原来这架飞机上总共是二百七十人，因为飞机要跨越太平洋飞行，所以要在美国的安克雷奇机场加油，加油的时候乘客可以下去买东西，上卫生间，等等。结果有一个人因为上卫生间没有赶上飞机，当时这名乘客还非常懊恼，后来这架飞机被击落了，只有他一个人幸存。

在冷战时期曾经发生过两次苏联击落韩国民航客机的事件，“两伊”战争的时候也发生过美国军舰发射防空导弹击落民航客机的事情，伊朗的客机也被击落过。所以战争期间最倒霉的还是老百姓，冷战还不算是真正的大战争，就是双方对峙、紧张，这期间都发生过这样的悲剧。

| 日本世界级指挥家小泽征尔生日 |

最后祝小泽征尔生日快乐！小泽征尔作为世界级大指挥家，是第一个站到国际舞台上的日本指挥家，也是第一个站上国际舞台的亚洲指挥家。大家知道日本音乐家层出不穷，小泽征尔、坂本龙一、久石让等，都是蜚声国际的大音乐家。小泽征尔其实是在沈阳出生的，他生于 1935 年。1931 年发生了震惊中外的“九一八”事变，当时日本已经占领了中国东北，东北来了大量的日本移民。小泽征尔就出生在沈阳，上小学时才回到日本，所以他会讲中文，而且他讲的中文还是有东北口音的中文。小泽征尔非常喜欢沈阳，还曾经提出要和艾敬一起演出，因为艾敬也是沈阳人。艾敬的歌中还唱到：“他可以来沈阳，我不能去香港……”小泽征尔对中国的音乐极为痴迷，他曾经说过：“《二泉映月》应该跪下来听……”这句话咱们中国人听起来会很感动，但其实日本人天天都跪，不光听音乐的时候跪着，吃面条的时候也跪着。

小泽征尔是第一个在维也纳新年音乐会担任指挥的亚洲人，他还在维也纳新年音乐会上用中文向全世界问候“新年好”。小泽征尔曾经师从卡拉扬，指挥过全世界最好的乐团，还曾指挥过维也纳爱乐乐团，指挥过美国从西岸到东岸的各大乐团，包括波士顿交响乐团，后来还一直是旧金山交响乐团的音乐总监加指挥。小泽征尔长得也很帅，而且很有“范儿”，大家可以去看他指挥的视频，他指挥的时候有点儿像吉他独奏，像演奏摇滚乐，特别有激情。小泽征尔生日快乐！

9月2日

《晓松说——历史上的今天》来到了 9 月 2 日。1905 年的这一天，清朝废除科举制度；今天还是优秀演员基努 · 里维斯的生日，生日快乐！

| 清朝废除科举制度 |

首先来说一说 1905 年的这一天，清朝正式废除科举制度。五四运动对中国的科举制度进行了各种批判，包括对八股文的批判，等等。我觉得当时主要是为了革命，为了中国社会能够向前进，所以做这样武断的批判还算是能接受吧。但实际上任何事情都要放在历史的大背景上去看。从隋朝开始绵延了一千三百年的科举制度，应该说是中国对世界政治体制最大、最智慧的贡献。中国科举制度的基本理念，以及由科举制度形成的“官吏分开”的制度，实际上就是现在西方通用的文官考试制度，以及西方所有的“民选官”和“任命官”分开制度的雏形。中国早在隋朝的时候就已经开始了这种制度，而在那个时代，西方的政治制度还远远落后于中国。实际上，西方在上千年的历史中实行的始终就是马克思所说的“封建制度”，始终都是靠贵族之间的联姻，从来没有出现过能够让平民向上流动的制度，西方的平民从来没有向上流动的机会，也不可能进入到社会的管理阶层。

其实这也是美国在建国时考虑的问题，就是一个社会、一个国家靠什么力量能够凝聚在一起。最后美国人认为让这个国家有凝聚力的最重要的东西，就是 Social Ladder——向上的阶梯。人民有了向上的阶梯，就有了奋斗的方向，人民对这个国家就有认同感，就愿意生活在这个国家，因为大家看到了希望。当一个社会里平民没有向上的阶梯，永远都是贵族世袭的时候，对平民来说，这个国家就是一个没有希望的国家，这就是西方始终没有形成能够延续很长时间的大帝国的原因。因为一个大帝国不管是通过什么方式建立起来的，军事也好或者其他什么方式也好，都需要给生存在这块土地上的人民提供一个向上的阶梯。罗马帝国最后只剩下了“军功”这唯一向上的阶梯，平民要想向上走就只能靠打仗，谁能打谁就能上来，但是上来以后很多人就变成了独裁者。所以在西方建立起来的这些国家，由于都没有设计出像科举制度这么聪明的向上的制度，所以就不停地分裂，始终没有形成一个很有凝聚力的大帝国。

中国这么大的一个国家之所以能够绵延几千年，并且一直持续到今天，我觉得很重要的一个原因就是科举制度给全体人民提供了向上的阶梯，让整个国家有凝聚力。不管生活在琼州，还是广州，不管我生活在西南，还是东北，都有这条向上的阶梯，通过个人的努力，最后有可能当上宰相，有可能当上刺史或者能当一个县令。这种科举制度的政治智慧凝聚了这个国家的人民，凝聚了这个国家的知识分子，所以才维持中国这个大帝国长时间不会分裂。

科举制度考什么内容也很重要，它考的不是物理、化学，而是以“四书五经”为内容的儒家学说。所谓“四书五经”就是指《大学》《中庸》《论语》《孟子》这四本儒家经典入门书，与《诗经》《尚书》《礼记》《易经》《春秋》这五部儒家经典著作。这个考试内容也是非常有智慧的，作为统治者，如何来管理这么大的一个帝国，如何才能让遍布在这个国家的所有管理者都跟自己一条心呢？最好的办法就是给大家洗脑。那怎么洗脑呢？就是靠考试，因为我考什么你就得学什么，大家学的就是儒家“四书五经”那套东西，十年寒窗总会把

“忠孝礼义廉”这套东西都记在脑子里。就是靠这套东西，在没有电视、没有电报、没有强大通信的情况下，使这个国家始终保持着统一而没有分裂。

大家都是“十年寒窗”，接受了同样的教育，都被洗了脑，所以即使出现了以下这种极端状况也是不用担心的：比如一个人金榜题名考上了，另一个人却名落孙山没有考上。结果这位金榜题名者从朝廷出来的时候拿着一纸任命书——兹任命某某某去某地当县官，在路上不幸被人杀了，另一位名落孙山者却拿着这张任命状冒名顶替当官去了。即使有这种极端的状况出现，这个冒名的人上任以后也不会去搞分裂，因为大家所受的教育是一样的，要干的事情也都一样，就是把该收的税收了，把该征的兵征了，大家一样都会忠于朝廷，忠于皇帝。因为所有的人学的都是这套“四书五经”，“四书五经”不是落后、不是八股，这是统治者统治大帝国的智慧。如果这个科举考试考的是科学，那完全会是另外一番状况，科学就是真理，真理会越辩越明。当一个人学了很多科学知识的时候，那就会经常质疑很多问题。这样如果你在远方当县长，或者当州长的时候，就可能会说：“我为什么要听你的，我为什么要把税千里迢迢地交到长安去？”在这些人的管理下，这个国家就会慢慢地分崩离析，就会解体。所以科举考试不考那些科学的东西，就只考“四书五经”，目的就是给大家洗脑。

中国的科举制度在刚开始的时候，可以说是极为智慧的，因为在科举制度实行之前，也就是汉朝初年的时候，中国就已经出现了各种分裂问题。当时的皇帝都不敢再分封自己的儿子、孙子去别的地方，因为一旦把这些子孙分封出去，老皇帝一死，大家就会觉得凭什么你当皇帝。我有地盘，还有军队，我也要当皇帝，于是为了争夺皇位就互相打起来了。所以从汉朝开始，所有的皇亲谁都别出去做官，大家都在皇宫待着，都在首都待着，因为他们一出去，就会造成这个国家的分裂。那外面的地盘谁来管理呢，就让平民来当官，让平民来管理。汉朝最开始想到的叫“举孝廉”，就是如果你“孝”、你“廉”，那说明你这个人人品比较好，那就可以来当官，可以说是一种非常质朴的想法。“举孝廉”需要大家去推举，最后为了被“举”，大家就拼命地表现自己如何“孝”、如何“廉”，甚至每天吃糠咽菜，父母去世了就一直跪在坟前，一跪都能跪好几年，恨不得什么都不干了。

汉朝的时候为了表示自己“孝”，父母去世要举行厚葬，最后导致这个国家三分之一的财产都被埋到地底下去了。大家比着“孝”，只有“孝”才能做官。中国人盖房子花不了多少钱，因为当时盖的基本都是木头房子，但是修墓却很讲究，一个墓要花很多钱去建。中国这一点和西方正好相反，西方是用石头盖房子，那房子可以一千年不倒，所以今天大家看很多的西方古城堡都保存得特别好，而我们的古城却很难保护。这其实不是我们不保护古建筑，而是因为中国的很多古建筑都是用木头建的，你怎么保护它最后也得烂掉。咱舍不得用石头建房子，但舍得用石头建墓，这在西方可是没有的。

汉朝时期的墓都建得特豪华，陪葬也特别多。到三国的时候，曹操就觉得厚葬实在是不行了，如果再厚葬这国家的财富就全都给埋地底下了，就开始提出了薄葬。但盗墓的最高兴，为什么大家都爱盗汉墓，就是因为汉朝“举孝廉”，墓里埋的东西多，所以只要盗墓者发现了汉墓那就发财了。汉墓中出土的东西，里面有各种各样的宝贝，包括什么金缕玉衣等。

到了三国以后，大家就觉得这个“举孝廉”的方法不行了，三国时期采用的是“九品中正制”，大家认为世家子弟的品行好，所以就都是世家子弟当官，结果变成了整个国家就这几个大世家。到东晋王朝成立之时，就有“王与马共天下”的说法。“王”是指以首任宰辅王导为首的王姓世家大族，而“马”是指东晋开国皇帝司马睿，可见世家大族已成为东晋政权的主要支柱。东晋王朝取得淝水之战大捷时，朝中宰相谢安、前线主将谢玄，都属于谢姓这一世家大族。所以唐诗有“旧时王谢堂前燕，飞入寻常百姓家”的名句，是感叹昔日东晋王朝最显赫的王家与谢家这两家世家大族，如今也已销声匿迹，其豪华的深宅大院也已变成普通百姓的低矮住宅。燕子筑窝有一个特点，每年都在同一地点，历久不变。由于朝中当官的全是姓王的和姓谢的两家，所以后来大家觉得这种制度也不行，民间还是能出人才的，凭什么就这几个世家大族的人当官，而且还有一个问题，就是当他们的权力太大的时候还会阴谋篡权，这就更没法办了，所以这种“九品中正制”的做官制度也不够智慧。

于是，从隋朝开始就实行“开科取士”的新制度，也就是让大家都来考试，从中挑选人才，结果这么一考发现果然到处都是人才。所以这种科举制度从隋朝开始，经过不停地调整改良，逐渐完善了起来。这比我们现在的高考制度改变得还多。比如说在唐朝的时候，科举考试也分地域，当时也是长安地区招得多，其他地方招得少。今天很多人说高考不公平，这个地方招得多，那个地方招得少，科举也一样。当年白居易就是“冒籍”考上的，“冒籍”相当于今天的高考移民，在当时其实是犯法的。白居易不是宣州人，他是通过一个亲戚把户口迁到了宣州，因为那儿人招得多，所以最后白居易考上了。当时的科举考试还有很多规定，比如说商人不许参加考试，因为大家都觉得商人就是唯利是图，商人要是当了官，那能不贪吗？李白就因为他爸是商人而没考成。

科举制度把绝大多数的人才都拢进了政府，所以中国形成了一个强大的、有创意的中央政府。而西方的大部分人才都在民间，所以西方的传统就是在民间保持着强大的创意，而政府始终没有太多的创意。但是中国由于采用了科举制度，人才全进了政府，所以民间并没什么创意。一直到今天，中国都是政府的创意极其强大，这和西方具有很大的区别。后来科举考试制度经过不断调整，突然有一天发现这朝里头怎么净是说浙江话、江苏话的，连皇帝自己都听不懂了，因为人家浙江、江苏的人都太能读书了。后来一看这样不行，就说咱们还是分南北榜吧，政府里的人不能都是南方人，北方人也得进政府，这样皇帝才能通过来自不同地域的官员了解这个国家，不能只有浙江、江苏两个省份的人来统治整个国家。于是当时就分了南北榜，北榜的成绩肯定没有南榜高，就和现在的高考一样，如果你在北京考清华大学肯定比在其他地方容易。后来在不同的朝代，由于有少数民族的问题，科举榜又分成了满蒙榜、汉人榜等，后来又给当官的孩子单列了一个榜，所有的“官二代”以九十取一的比例另外录取。当时就是用各种各样的方式来平衡，但科举制度在中国和世界上一直都是最先进的制度。

大帅哥基努·里维斯生日

今天还是基努·里维斯的生日，生日快乐！原来那么帅的基努·里维斯这两年也变胖了，可能是因为他找了一个女朋友，这个女朋友是周信芳的孙女，叫周佳纳。周信芳的儿子，也就是基努·里维斯的女朋友的爸爸，开了一家洛杉矶最好吃的中餐馆，叫作“周先生”。基努·里维斯经常去那儿吃饭，后来就和人家的女儿谈上恋爱了，估计因为这“周先生”的中餐太好吃，他才变胖了。现在网上流行一句话，“五月不减肥，六月张惠妹，七月还在吃，基努·里维斯”，就是在调侃基努·里维斯变胖了。基努·里维斯也很喜欢中国，他还与中国人合作拍了一部中国电影《太极侠》，他要拍的下一部中国电影我已经看到剧本了，正在筹备当中。他演中国电影可能是因为他本身也是混血儿，还有一点点中国基因吧。

9月3日

《晓松说——历史上的今天》来到了 9 月 3 日。1783 年的这一天，英美代表在巴黎签署《巴黎条约》，美国独立战争宣告结束；1963 年的这一天，金庸的小说《天龙八部》开始连载；今天还是大美女蒋勤勤的生日，生日快乐！

| 美国独立战争结束 |

1783 年的这一天，英美代表在巴黎签署《巴黎条约》，美国独立战争正式宣告结束。说起签署条约，大家看看世界历史，就会发现有很多条约都是在巴黎签署的，包括很多和法国毫无关系的条约都是在巴黎签的。今天我们要讲的这个《巴黎条约》也是在巴黎签的，但美国独立战争这件事还真跟法国有很大的关系。在美国独立战争中，法国给了美国极大的支持，不然美国也不会这么快打赢。当然独立战争的胜利，主要还是由于美国人民坚定地要独立，要自由，只是有了法国的支援，战争才得以尽早结束。1783 年美国打败英国，最后在法国的调停下在巴黎签署了《巴黎条约》，美国在这一天正式宣布独立，由此诞生了世界上第一个由人民建立的国家。在这之前当然也有没有国王的国家，比如说古代的罗马共和国时期，但是那是贵族元老院在掌权。荷兰历史上也有过没有国王的时候，那是1588年成立的荷兰联省共和国，其权力掌握在少数大商人手中。所以它们都不是由人民建立的国家，只有美国才是这个世界上第一个真正由人民建立起来的国家。

在美国的历史上，这场战争不叫“独立战争”，而叫“解放战争”。为什么呢？因为美国这个国家的诞生很有意思，它首先是人民起来反抗殖民统治，各个城镇、州以及各个殖民地，大家起来共同反抗英国，但一开始并没有形成一个真正独立的国家，也没有一个统一的中央政府去跟英国打。美国独立战争最重要的目的其实不是要建立一个国家，而是为了人民的自由。美国的《独立宣言》主要说的就是我们这十三个殖民地要从英国独立出来，我们首先要自由，至于独立出来以后，大家是分着各干各的，还是这十三个殖民地共同组成一个中央政府与国会，都没有仔细谈过。到今天为止，美国这个国家的精神都是将“自由”排在第一位，“自由”凌驾于国家之上，“自由”是最最重要的。所以在美国，大家都不管这场战争叫“独立战争”，而是管它叫“解放战争”，是为了争取“自由”而战。

在1783年签署了《巴黎条约》以后，美国独立了，但是美国当时并没有形成一个中央政府，直到1789年美国的中央政府才建立。大家知道华盛顿在美国独立战争中是美国人民当之无愧的领袖和统帅，但《巴黎条约》签订以后，华盛顿就回家种地去了，而且他种地的水平还挺高，差点儿成了中国的水稻专家袁隆平式的人物。华盛顿这个人，在军事上其实并不是真正的天才，他不像亚历山大大帝或者拿破仑那样的军事天才。华盛顿以前在英军服过役，英军的军官当中有很多英国各殖民地的人。华盛顿在英军中也当过上校，但他打仗并不是很英勇，还曾经被俘虏过，当然后来被释放了。所以华盛顿本人在军事上称不上是什么天才，还经常打败仗，但是他有坚韧不拔的精神，他的身上充满了那种代表着美国人民的自由精神，这是最重要的。在独立战争取得胜利的时候，华盛顿在美国人民心中的威望已经非常高，大家都拥戴他做国王。其实所谓“民主、自由、平等”，那都是很多年后才在世界各国生根、发芽的东西，在独立战争刚刚胜利的时候，大家都认为“一个国家怎么能没有国王呢？没国王也得有女王啊……”所以当时众将都拥戴华盛顿做国王，而且没有人跟他竞争，但是华盛顿坚决地拒绝了。

华盛顿做了一件垂范于美国以后二百多年间最高风亮节的事。他说：“我现在就要回到费城去，我要向大陆会议交权。”因为美国当时并没有中央政府，只是各州代表组成了这个大陆会议，也没有一个头儿，有什么事儿就是这十三个州的代表一起来商量，这个大陆会议算是当时的最高权力机关。但是在独立战争胜利以后，华盛顿就说要交权，可能是怕大家觉得他会像世界历史上那些得胜回朝的大帅一样想登基做皇帝。

历史上那些大帅在得胜回朝后马上就登基的太多了，恺撒大帝就是最著名的一个典型。在罗马城的北边有条河叫卢比孔河，当时罗马有条规定，所有的军队都不能跨过这条河，如果跨过这条河罗马人就会觉得你要发动军事政变。但恺撒竟然带兵一举跨过了这条河，进入罗马城后称帝了。现在英文中有个词叫“Crossing the Rubicon”（越过卢比孔河），意思就是“走上一条不归路”。

拿破仑也是得胜回朝当了皇帝。东方的历史就更不用说了，中国那么多得胜回朝的大帅当皇帝，日本那么多的幕府将军最后也执掌大权成了实际意义上的“皇帝”。所以大将军得胜回朝后称帝在历史上太正常了，大家都觉得这没有什么，华盛顿却说坚决不行，最后他自己连武装都不带，单骑回到费城，向大陆会议交权。这件事后来被绘制成一幅巨大的油画，就放在美国的国会山中，国会山是开放的，大家有机会去华盛顿旅游，可以去看看。在国会山的大厅里放着一幅巨大的油画，画的就是华盛顿向大陆会议交权的情景。这幅画解说者这样说：“那个时候的华盛顿，在他有无限权力的情况下，把权力还给了美国人民，他甚至没有说把权力还给大陆会议，而是说要把权力还给美国人民……”旁边的美国游客听得热泪盈眶，大家都觉得华盛顿确实是他们的立国先贤。

美国是一个比较幸运的国家，美国立国的这些国父（Founding Fathers），除了有高风亮节的华盛顿，还有后来美国的第二任总统亚当斯、第三任总统杰斐逊，这些人也都是高瞻远瞩的、杰出的政治家。美国在独立战争胜利几年之后，就觉得还是建立一个联邦政府吧，要不然很多事情都没法干，像军事、外交等。最后美国人民制定了一部《宪法》，这部《宪法》沿用至今。

在联邦政府成立后，大家就请华盛顿来当总统，也没人跟他竞选。迄今为止美国总统一共有四十三人，共四十四任总统。华盛顿是唯一一个所有的选举人全票通过的总统，而且在连任时也是全票通过。华盛顿在连任两届总统后，主动提出不再做总统了，其实美国的《宪法》中并没有规定总统只能连任几届的事情。华盛顿就是希望带头做一个好的榜样，大家谁做总统都不能去独裁统治这个国家。

华盛顿本身就是弗吉尼亚首富，他家的庄园也是弗吉尼亚最大的庄园，在华盛顿卸任总统之后，他又回到了自己位于弗吉尼亚的庄园。华盛顿总统位于弗吉尼亚的庄园一直都是他最重要的归宿。在战争期间，大陆会议因为互相争夺，曾经几次停过他的军饷，有的时候是因为内部争吵，有的时候是因为政府没钱，有的时候也确实是怀疑华盛顿在战争后期会不会成为一个独裁者，华盛顿那时候就是从自己庄园的收入中拿钱垫付着军饷。在华盛顿之后，美国的另外几个国父也都是任了两届总统之后就卸任了，这给美国后来的总统任职开了一个非常漂亮的头儿。

|《天龙八部》开始在《明报》连载|

下面来说说金庸先生最长的著作之一《天龙八部》。1963年的这一天，《天龙八部》开始在《明报》连载。《明报》最早就是金庸先生和一个同学筹了些钱办的。开始的时候《明报》的经营非常艰苦，但最后金庸先生在卖掉《明报》的时候，《明报》已经是价值不菲了。金庸先生卖掉《明报》以后也成为香港最重要的富豪之一。《明报》最开始就靠金庸和他的同学两人经营，金庸的同学负责所有财务、发行的事情，到处跑；金庸是“一支笔”，负责所有稿件的撰写。《明报》最火的时候，当时的香港人每天就惦记着两件事儿，一个就是看金庸在头版写的社论，金庸在政治、思想各方面都是非常有见地的，再就是看尾版上金庸写的武侠小说。

金庸的武侠小说一共写了十四部，由一句诗概括，就是“飞雪连天射白鹿，笑书神侠倚碧鸳”，全都是连载小说。金庸的小说有时候大家看着看着觉得怎么突然拐别处去了，不像一开始就已经构思好、谋篇好的那种所谓的文学。其实就是因为金庸写的小说都属于那种商业文学，人家也没想过要得诺贝尔文学奖。他当时写小说就是为了自己的《明报》，为了自己的报纸能够生存下去，每天不停地写，有时候写到后面都已经忘了前面写的是什么了。所以金庸先生后来正式出版他的小说集的时候，用了很多年的时间，把连载的这些内容重新梳理了一遍。因此现在看起来金庸的小说还算比较连贯，还是非常精彩的。另外一位大师古龙先生当时写的小说也是连载的，但古龙先生的小说后来没来得及整理他就去世了，所以古龙先生的书是直接把他之前连载的内容给结集出版了，能明显地看出那种连载的痕迹，一会儿说到这儿，一会儿又跳到那儿了。

金庸先生的爱情观贯穿在他的十四部小说中，他的爱情观就是："我为你生，我为你死，我一生只爱你一个人，我从来没动摇过哪怕一秒钟……"在他的小说中，每个女主角都永远爱这个男主角，男主角也永远爱这个女主角，从未动摇过。当然这也是商业小说的重要元素，王朔的早期小说也是这样的风格。

《天龙八部》是金庸的小说中非常有突破性的一部，在这部小说中，金庸式的爱情观其实也并没什么改变，但这部小说最大的改变其实是金庸的汉民族主义倾向的转变。在金庸前期的小说中，都表现出非常明显的汉民族主义倾向，从《书剑恩仇录》开始，他的小说都把外族人写得坏极了，外族人都是那种奸诈、残忍之辈，而把汉人都写得特别好。其实这也难免，因为金庸从小深受汉族伦理"忠孝礼义廉"的影响，他从小是接受"四书五经"的教育长大的，所以也就自然地接受了传统的历史观。

但在《天龙八部》中，金庸有了意识上的重大进步，最典型的就是他对"萧峰"这个角色的塑造。《天龙八部》中的萧峰不是汉族人，而是个契丹人，但他在《天龙八部》中是最大的大英雄，比其他汉人都更"英雄"，而且非常受人热爱。而金庸在《天龙八部》中写到契丹人的时候，也没有把人家全写成像蛮夷、鞑虏之类的，也是有好人，有坏人。所以在《天龙八部》中，金庸做出了重大的突破，我个人觉得，这是金庸先生从畅销书小说家向文学家前进的一大步。

关于《天龙八部》还有一个小段子，就是这部小说一直是在《明报》上连载，每天刊载一千多字，但金庸中间有两次出差没法继续写这每天的一千字。于是金庸就请他的好朋友倪匡来帮忙写，那时候没有电子邮件，出差时可以写个电子邮件回来，寄封信回来要好几天，就来不及了，于是倪匡就帮他写。结果金庸先生第一次出差回来一看，阿朱被倪匡先生给写死了，金庸说：“怎么回事？阿朱怎么死了？”倪匡说：“我觉得她该死啊！”后来，又有一次，金庸又出差，倪匡先生接着帮他写，结果金庸第二回出差回来一看，阿紫又被倪匡给写瞎了，最终还跳崖自杀了。这个萧峰也够倒霉的，这辈子就这俩女人，金庸先生出两回差，都被倪匡给写死了。这是文人之间的趣闻，简单说两句。

| 大美女蒋勤勤生日 |

今天是大美女蒋勤勤的生日，生日快乐！阖家幸福！至今犹记很多年以前，大概是 1994 年 9 月初的样子，我和黄磊说 94 级新生入学了，咱们是不是去看看新生，去聊聊天什么的。黄磊那时候应该是大师兄，每个大学都这样，师妹们来了，师兄都要去看看，师妹们管这叫“防火防盗防师兄”，要防着点儿。我和黄磊当时推开了 94 级一间宿舍的门，当时我俩吓一跳，齐刷刷三位大美女坐在那里。这三位大美女的名字也很有意思，一个叫蒋勤勤，一个叫陈莎莎，一个叫金巧巧，三个人还是同班同宿舍，个个都青春无敌，非常漂亮。我跟黄磊当时特高兴，坐下来跟大家聊天。我还记得蒋勤勤那时候非常朴素、清纯，当然今天的蒋勤勤依然是名利场中最朴素的一位，还是保持了最开始到学校时的那种样子。

9月4日

《晓松说——历史上的今天》来到了 9 月 4 日。1781 年的这一天，洛杉矶建成；1905 年的这一天，复旦公学开学。

| 洛杉矶建成 |

1781 年的这一天，美国西海岸的著名城市洛杉矶建成。洛杉矶是我这辈子生活时间第二长的城市，我小时候在上海生活了六年，后来又在北京混了三十多年，之后就是在洛杉矶，已经生活了七年，到现在我还在洛杉矶生活着。所以关于洛杉矶的话题可以说三天三夜也说不完，不管是从旅游的角度也好，还是从文化的角度也好，洛杉矶可讲的东西太多了。今天时间有限，先跟大家讲一讲洛杉矶这个概念，一般我们说起“洛杉矶”就会觉得这是一个城市，因为大家经常在电影中看到，那些高楼大厦、警车上的“LA”标志等。实际上洛杉矶有三个概念，包括洛杉矶市、洛杉矶县和大洛杉矶地区。大部分人说的洛杉矶，包括美国人说的洛杉矶，都不是那个洛杉矶市，或者是那个洛杉矶县，而是指这个“Great Los Angeles Area”，也就是大洛杉矶地区。

大家说到一个地名的时候，大部分说的都是那一片地区，比如我们说北京，指的肯定不光是西城区、东城区，应该也包括密云、怀柔这些地方。说到“洛杉矶”也一样，洛杉矶一般指的是大洛杉矶地区，那是非常大的一个大城市群，应该算是全世界最大的一个城市群。洛杉矶一共包括五个县，美国关于“县”的建置和中国不太一样，绝大部分的美国地区，各个州的“县”都比“市”的面积要大，但是它们之间又不是上下级的关系，这里面的关系很复杂。其实美国的行政体系，包括司法体系都非常复杂，美国不是一个从中央开始逐级向下的政府，它的各级政府采取的都是自治式，所以每个地方的政府管理方法都不一样。

再说洛杉矶地区的建置，洛杉矶地区包括一百五十七个市和五个县，这五个县是在市的里面，而不是在市的下面。其中有一个县叫作“洛杉矶县”，所以洛杉矶的第二概念就是它是一个县，叫 LA County。洛杉矶县的旁边就是著名的 Orange County，译成“橙子县”或者“橘郡”，也有译成“奥兰治”的。另外还有 Ventura County（文图拉县）、Riverside County（河滨县，也有译里弗赛德县）、San Bernardino County（圣贝纳迪诺郡），2013 年洛杉矶发生的警察仇杀事件，就在 San Bernardino County 和 Riverside County 这两个县中间。所以大家通常说到“洛杉矶”时实际上有三个概念，大部分人说的洛杉矶就是指“洛杉矶地区”，其实不管你是住在 Riverside County 或者 Orange County，都属于大洛杉矶地区。

再说洛杉矶县，洛杉矶县又包括八十八个市，县和市的关系是这样的，市只要有市政府，它就不归县管，它就有权自己选市政府，自己选市议会，而县是专门负责管那些没有建市政府的，或者废掉市政府的地方，所以县和市并不是上下级的关系。在洛杉矶现在的八十三个市当中，有三十七个市都没有市政府，包括我住的那个市。美国的市也并不是一直有市政府，如果它的经济好，大家愿意多纳税，就多建一个市政府，有市长，有议会等，如果经济不好，那干脆就不要市政府了。美国的政府也有三种，一种是选市长，选议会，另一种是选议会，雇一个市长；有的市干脆连市长也不要，就是一个委员会，由大家来管。洛杉矶市的情况是“选市长，也选议会”，洛杉矶 2013 年 7 月改选了市长，一个哥伦比亚大学的高才生当选了。这位新任市长长得很帅，他自己都说不清楚是多少人种的混血了，他说："洛杉矶有二百多种语言，数百种宗教，这里有全世界所有的民族，所以才要选我当市长，因为我自己都忘了自己身上有多少种血统，我有犹太血统，拉丁血统，又有意大利血统，还有爱尔兰血统……"这哥们儿长得确实挺帅的，我还在一个 Party（宴会）上见过他。

美国有些经济不好的地方，大家纳税少，就不要市政府了，我们那个市公投就说不要市政府了。没有市政府的地方就是"无组织地区"，它就要由县政府来代管。由县政府代管的地方当然服务就差多了，比如说这个城市可能就没有警察局，大家看到警车上一般应该写什么 NYPD（纽约警察局）、LAPD（洛杉矶警察局）等，但在有些好莱坞电影中，警车上面写的是 Sheriff（县的治安官），这警察局名字都变了，警长叫 Sergeant，大家就会觉得很奇怪。这就是因为纳税少，服务就少，连警察局都没有。我还经常看到有的电影里把 Sergeant 译成"中士"，其实 Sergeant 在陆军中叫"中士"，在警察局中应该译成"警长"。Sergeant 下面县的警察叫 Deputy，有的美剧或者美国电影里经常把 Deputy 翻成"副官"，Deputy 在政府或者企业里都是"副职"的意思，Deputy President 是副总裁，Deputy Chairman 是副董事长，但是在美国的县警察系统中，Sheriff 是"治安官"，而 Deputy 是指下面的"警察"，所以翻译的时候要注意。

再说到大洛杉矶地区，洛杉矶的五个县、一百三十多个市组成了一个全世界最大的城市群，但洛杉矶人民自己都认为这是最失败的实验样本。当时洛杉矶想实践一种被称为"比萨城市"的城市模板，这"比萨"就是这么大的一个大饼，上面有各种各样的香肠片，当时设计者不想把洛杉矶弄成一个大市中心。因为大市中心这样的城市有一个问题，就是上班的时候大家全往市中心拥，下班的时候大家又全都从市中心往外走，纽约就存在这样的问题。洛杉矶是美国的第二大城市，有一千七百九十多万人口（2007 年统计数字），仅次于纽约，洛杉矶当时就是想走跟纽约完全不同的一条路，纽约的"大市中心模型"已经觉得失败了，那就实践一个叫"无大市中心"的大城市。所以洛杉矶最后就搞成了一百三十多个市，每个市都有一个市中心，所以洛杉矶地区一共有一百三十多个市中心，搞成了一个"比萨城市"的样本。

但洛杉矶的这个城市规划实验，最后还是失败了，因为美国是一个自由的、用脚投票的国家，不是你规定这儿是市中心这儿就是市中心，你规定大家住哪儿大家就住哪儿，结果在洛杉矶现在是富人往一个地方聚，穷人也往一个地方聚，根据种族不同，大家都选择了不同的聚居地。像华人就全部集中在东洛杉矶的六七个市，在全部一百三十多个市中，这六七个市几乎全都是华人，市长是华人，议会里也都是华人。其他的种族也是各自选择不同的聚居地，黑人也都往一个地方去，韩国人则全部聚集在了 Downtown（市中心区域），这个地方已经成了除首尔以外全世界最大的韩国人聚集地，被称为“韩国城”（Korean Town）。日本人也集中在一个地方，犹太人则全部进入西边的两个市。结果洛杉矶完全丧失了原来规划的时候想要按功能划分的本意，大家的居住地全部是按种族、宗教划分的。本来的规划是想避开上班高峰期的拥堵，结果这样一来就发现，这个种族的人有去这边上班的，也有去那边上班的，有去好莱坞的，也有去喷气实验室的，造成所有的车都堵在路中间，洛杉矶一共有一千多万辆车，每天早上上班的时候那完全像是一场大灾难。

洛杉矶地区非常大，你在洛杉矶生活，基本上到哪儿都得开车，洛杉矶人一天有四五个小时坐在车里那都很正常。每个人都是开车到很远的地方去上班，又开车从很远的地方回来，没有车在洛杉矶是绝对没法生活的。以致在洛杉矶你违犯任何交通规则，哪怕你醉驾，都不会直接全部吊销你的驾照，因为那样你就没法生活了。如果在洛杉矶被发现醉驾，警察会先把你的驾照拿走，然后给你换一个三个月的 Restrict License（限制许可证），就是说你只能从家开到上班的地方，再从上班的地方直线开回来，不许你开车到其他的地方。洛杉矶的公共交通系统也完全不行，因为洛杉矶太大了，根本就没有办法建那种大规模公交。出租车也贵得要死，而且也非常少，打车会非常困难。但在洛杉矶租车极便宜，洛杉矶在每个地方都有租车公司，租车便宜到什么程度呢？平均二三十美元一天，可打车在洛杉矶一天没有二百美元是不行的。在洛杉矶租到的车还全是新车，因为经济不好的时候，租赁公司根本就不把旧车租给你，因为一旦这车出问题了，到底是租赁公司的车的问题，还是你开的问题，说不清楚。所以租车公司的车大部分都是新车，或者是九成新的车。洛杉矶完全是长在车轮上的一个城市。

美国的第一大港口是纽约港，但纽约港除了一两个指标超过洛杉矶港，其余的各项指标都是洛杉矶港超过纽约港。如果按 GDP 排名，洛杉矶差不多能排在全世界第十七名，这里我说的不是城市，而是国家，就是洛杉矶一个城市的GDP就超过了全世界一百八十多个国家的GDP。洛杉矶最强大的是娱乐业、航天业、石油业，当年就是因为发现了石油，才有了洛杉矶这个城市。洛杉矶的娱乐业也是全美国，甚至全世界最发达的，像著名的好莱坞，全美国最大的电影公司、唱片公司、电视公司，甚至那种拍黄色电影的公司几乎全在洛杉矶。就拿娱乐业来讲，洛杉矶的产值就占整个美国的三分之一。洛杉矶的科技也非常发达，一点儿都不输给北加州。大家知道著名的硅谷在北加州，但是据统计，洛杉矶地区集中了美国最多的科学家和工程师，因为除了互联网科技主要集中在北加州的硅谷外，美国其他的高科技产业，包括航天业在内，都集中在洛杉矶。

洛杉矶的美食也是非常值得一提的，全世界所有的美食都集于洛杉矶一城，我觉得洛杉矶的美食是我去过的所有城市当中最好的。洛杉矶有许多华人，洛杉矶的中餐可以说做得无与伦比，超过了中国绝大多数城市，大概仅次于香港。洛杉矶的韩国菜也做得非常棒，我去过韩国的首尔等城市，但那里的韩国菜都没有洛杉矶 Korean Town（韩国城）的韩国菜做得好。洛杉矶还是一个有多个种族、多种语言、数百种宗教的城市。洛杉矶光基督教就有一百多个流派，所以在洛杉矶最郁闷的是，走到哪儿你都会看见各种教堂上写着不同教派的名字。洛杉矶佛教寺庙有三百多座，著名的佛法西来寺就建在洛杉矶的一座大山上，是一座宏伟、壮观的庙宇。洛杉矶也有犹太教，美国的犹太人就主要集中在纽约和洛杉矶。所以在这么复杂的民族情况下，洛杉矶的美食一定是世界最好的，因为它融合了亚洲美食、欧洲美食、拉丁美洲美食中各种各样的东西。

洛杉矶还有一个特点，就是常年不下雨。因为那里常年阳光灿烂，所以好莱坞的很多电影公司才选在了那里，因为以前拍电影的时候没有灯，大家就是靠太阳吃饭。在洛杉矶如果想要找一个卖伞的店几乎都找不到，偶尔下场雨大家都会特别高兴。而且洛杉矶和北京不一样，北京一下雨，洗车场就特别高兴，第二天大家会排着长队来洗车，因为一下雨车就会特别脏，但洛杉矶正好相反，洛杉矶一下雨洗车场都哭了，因为只要下一场雨车就变得特干净，半年都不用洗车。

了各种各样的恐怖活动。这些战后的大规模恐怖活动，除了个别与北爱尔兰和西班牙的独立运动有关外，剩下的恐怖事件几乎都与阿拉伯和以色列之间的矛盾有关。

在以色列建国以后，大家看到各种各样的恐怖袭击不断地发生，而且规模越来越大。在1972年奥运会上发生的“慕尼黑惨案”，成为日后大规模恐怖袭击事件的开端。大家知道恐怖袭击最重要的目的其实不是杀人，而是要扩大影响。其造成的影响越大，对西方这些支持以色列的人就越有震慑力。在慕尼黑奥运会上，当全世界的目光都聚焦于这里时，巴勒斯坦的某个极端组织绑架并杀害了多名以色列运动员。这次恐怖活动非常悲惨，在绑架的时候当场打死了两位以色列运动员，然后又绑走了其余的九名运动员。接着恐怖分子又提出要求，说自己的组织里有两百多人被关在以色列的监狱里，必须要拿这两百多名兄弟来与他们交换这九名以色列运动员。大家可以看到那时候的恐怖活动，从20世纪70至90年代，还基本上是有限目的的恐怖活动，就是我先绑架你的人，再来要挟你释放我的人。但后来双方的矛盾越来越深，到2001年9·11恐怖袭击的时候，已经发展到大规模、无限制地滥杀无辜平民的地步，没有任何底线可言了。

“慕尼黑惨案”令全世界瞠目结舌，惨案发生后慕尼黑奥运会当即宣布停止所有比赛。当时德国还没有统一，慕尼黑属于联邦德国，联邦德国还没有真正的反恐部队，只有一些特警。这些联邦德国的特警觉得自己特别精锐，当然德国人一直都觉得自己在这方面非常强，所以就假装答应这些恐怖分子的条件。他们说：“放人的事不归我管，放不放人是以色列的事，人又没关在联邦德国。但我首先可以满足你一个条件，我们先去埃及。”

1972年是什么时候？历史应该连起来看。大家想想历史上最大的一次中东战争，也就是第四次中东战争是在1973年爆发的。所以1972年埃及和以色列正是剑拔弩张的时候。埃及和叙利亚已结成军事同盟，准备一南一北夹击以色列。当时埃及和以色列双方是最不对付的，两边正在大搞军备竞赛，那些恐怖分子当时也没有地方可去，美国又不接收他们，于是恐怖分子就要求和人质一起到埃及去，他们觉得到了埃及就安全了。于是联邦德国就假装同意了恐怖分子的要求，把恐怖分子和人质都运到了机场。其实当时联邦德国政府把这些人运到埃及也没什么问题，到了埃及再继续谈就可以了，但是联邦德国当局就觉得这个事还是在慕尼黑解决了好。因为我慕尼黑办奥运会嘛，当然会有种荣誉感，我是主人，在我的地界上出了事，还是在我这儿解决了比较好。所以联邦德国特警就带了一批狙击手，等运送恐怖分子和人质的队伍到了机场刚上直升机时，特警狙击手就开始开火，但并没有将恐怖分子一枪毙命，反而与对方陷入了长时间的枪战之中。这批联邦德国特警非常笨拙，基本上相当于前几年菲律宾警察处置劫持人质事件那次笨拙的行动。其实恐怖分子一共也没几个人，当恐怖分子被包围在直升机中时，双方就围绕这架直升机展开了枪战。这场枪战居然持续了一个多小时，最后特警才把恐怖分子全部击毙。但在这一个多小时中，那九名以色列运动员也都全部被打死了。这成为奥运历史上最黑暗的一天，奥运村为此降下了半旗，全体运动员出来悼念这些无辜的牺牲者。从那之后，奥运会的安保就变成了奥运会最重要的一项预算。在北京奥运会时，大家可以看到安保是非常严格的，就是由于 1972 年慕尼黑发生了这起惨案。

大家看地图，以色列这个国家完全就在亚洲，没有一寸土地在欧洲。还不像土耳其，土耳其还有一小块土地在欧洲，以前欧洲在巴尔干地区的很多地方都归了土耳其。但以色列就认为自己是欧洲国家，参加欧洲的比赛，参加欧洲的各种活动。欧洲的各种联赛以色列都参加，当然以色列也不敢参加亚洲的运动会。大家知道像亚运会这种亚洲国家的竞赛，每次都会有十二个阿拉伯国家参加。除了这十二个阿拉伯国家外，许多亚洲国家都是信仰伊斯兰教的，如中东地区的土耳其、伊朗、阿富汗，中亚地区的哈萨克斯坦、乌兹别克斯坦、土库曼斯坦、塔吉克斯坦、吉尔吉斯斯坦，南亚地区的巴基斯坦、孟加拉、马尔代夫，东南亚地区的马来西亚、印度尼西亚、文莱。亚洲的大多数地区都有伊斯兰国家存在，这些国家的居民多信奉伊斯兰教。所以亚洲充满了对以色列有敌意的国家，只要以色列一参赛，这些国家就全部抵制，都不来参赛了，即使参赛，以色列跟那么多伊斯兰国家在一起也没办法弄，所以以色列就一直都参加欧洲的比赛。当然犹太人一直都觉得自己是西方人，他也不觉得自己是亚洲人，这也是他不参赛的一个重要原因。所以，虽然以色列的每一寸土地都在亚洲，但它到现在都不参加各种亚洲比赛，这也是我们全人类的一道伤口，到现在一直都没有愈合。

|《在路上》正式出版|

1957年的这一天，影响了美国一代人的著名小说《在路上》正式出版。《在路上》这部作品特别流行，在美国那一代人当中像《圣经》一样被供奉着，后来传到中国依然有着巨大的影响力。我们这些20世纪80年代成长起来的人，手里经常会拿着《百年孤独》和《在路上》，这成为这一代文艺青年的标志。

《在路上》出版以后，紧接着就是20世纪60年代美国风起云涌的各种各样的民权运动，然后就是反越战的革命，一直到大概20世纪80年代初，美国才又开始慢慢地重新捡拾起一些信仰，一些国家的荣誉感。1957年前后出现的这一代文学家，在文学史上有个名字，叫“Beat Generation”，我们译成“垮掉的一代”。我觉得这个翻译还挺有意思，因为之前的那一代人，以海明威为首的那一代文学家、知识分子被称为“The Lost Generation”，也就是“迷惘的一代”。这“迷惘的一代”参加过很多战争，包括“西班牙内战”、第一次世界大战等，他们受到的是战争的创伤，他们对战争持负面态度，但他们对大众所持有的态度还不是负面的。“垮掉的一代”并没有经历过战争，他们对整个西方资本主义世界，对这个物欲横流的社会，对整个国家要出去穷兵黩武的这些事情，一概持否定态度。他们连最基本的婚姻制度都否定，还有最基本的生活态度，比如正直等，都全部否定。

“垮掉的一代”在当时变成了特别前卫的一群人，不读书、不练琴、不工作、不学习，把女朋友也抛在一边，非常自由，大家管这种行为就叫“在路上”。“在路上”成为了他们的旗帜、他们的标语，他们四处游荡，他们写东西坚决反对前一代作家，反对所有经典文学中的那些结构、谋篇、塑造人物等的东西，所有的一切他们都反对，他们管自己的写作叫“自然写作”“自来水写作”等，就是我拿起一支笔，想到哪儿就写到哪儿。大家去看那本《在路上》，它实际上并不是一本传统意义上的小说，这部作品不是去塑造人物、讲故事什么的，它主要就是讲几个人在美国到处游荡的那种生活，基本上就是记录式、自传式的东西。因为这一代人的写作方式就是这样，他们觉得这才是真正的文学，就像大家去现代艺术博物馆看到的现代艺术作品那样，大家就认为所有的那些干预，所有的那些编造都是不对的，我们就应该自然地来写作。

《在路上》在美国也有很多个版本，它是一部能和《麦田里的守望者》媲美的作品。我觉得如果大家想了解那个时代的美国，最好还是去看塞林格的《麦田里的守望者》，以后我还要重译这本书，这部作品其实更经典。《在路上》其实可看可不看，因为它的文学价值并不是很高，但是在整个美国的社会意义上，它从那个时候开创了一代被称为“嬉皮士”式的文学创作方式，也是美国延续了将近二十年的革命时代的一面重要的旗帜。

| 可口可乐公司成立 |

1919 年的这一天，著名的可口可乐公司注册成立。1919 年的时候一战刚刚结束，人民终于从战争中解脱出来，回到了家里，回到了工厂，开始了正常的生活，这个时候诞生了可口可乐。至今可口可乐还屹立在那里，它已经伴随着人们的生活将近一百年了。美国这个国家很有意思，它卖个汉堡整出来一个麦当劳，卖个汽水弄出个可口可乐，居然都成了世界级的商业帝国。你说如果卖汽车、卖飞机整出个世界商业帝国来那还符合常理，但就是卖汉堡、卖汽水这样的东西，也可以发展成如此规模就有点儿超乎想象，所以美国不但能创新各种实际的产品，更重要的是能创新各种商业模式。谁也没想到一个汽水竟可以一直卖到全世界，卖到中国最偏远的乡村。可口可乐的商业模式其实就是我拿一个配方，到全世界各地你来给我生产，用你的水，用你的人，用你的分销系统，等等，用你的一切，我只负责配方和做广告。就这样的一种模式竟能把这个汽水卖到世界各地，简直太厉害了。

可口可乐这个商业帝国厉害到什么程度呢？我拍过一部电影叫《大武生》，故事讲的是 20 世纪 20 年代的上海。那时上海已经有电车了，我们就在电车上做了“可口可乐”的标志，当时我们还想是不是可以找可口可乐要点钱去，这不叫植入软广告吗？结果人家可口可乐说，我们这种公司这么大，不但不需要植入广告，你还必须得把电影拿来让我们审查，我们得看看你放的商标到底是不是我们那个年代的商标，如果商标不对，你还得重拍。结果我们弄巧成拙，最后还得把电影拿给人家去审查。幸亏我们的美术还比较负责任，他确实是按照那个年代的老照片去做车上那些装饰的，可口可乐市场部在审查完以后确认没错，才最后批准我们使用。结果是人家不但一分钱没给我们，还得经过批准，我们才可以在电影上用它的标志。

可口可乐刚到中国的时候没有被译成“可口可乐”，当时叫“蝌蚪啃蜡”。那个时代的翻译没有一个标准，就是大家乱翻，福建人按福建人的口音翻，“福尔摩斯”肯定是福建人翻的，广东人按广东人的口音翻，上海人就按上海人的口音翻，于是大家就全乱套了。这“蝌蚪啃蜡”听起来就不好喝，所以在中国的市场非常不好。后来这东西被一位叫蒋彝的大才子发现，把名字译成了“可口可乐”，结果一下子销量大增，打开了市场。可见这种日用品其实口味并没有多大的区别，你说麦当劳的汉堡和其他汉堡有什么区别，可口可乐这个汽水我觉得还没有北京的“北冰洋”好喝，可就是因为它的整体宣传、推动以及各方面的包装，让大家觉得可口可乐很好。

9月6日

《晓松说——历史上的今天》来到了 9 月 6 日。1901 年的这一天，美国总统麦金莱被刺杀；1998 年的这一天，伟大的导演黑泽明逝世；2007 年的这一天，著名男高音帕瓦罗蒂逝世，他继承了意大利最美好的古典音乐传统，曾经带给全人类无数美好的音乐，纪念他！

| 伟大的导演黑泽明逝世 |

首先说我最想说的黑泽明大师。1998 年的这一天，伟大的导演黑泽明逝世，纪念大师黑泽明！电影从诞生至今一共才一百多年，在这一百多年的电影史中，能称得上伟大的电影大师的人，扳着手指头都能数出来。有的电影大师一辈子只拍了一部伟大的电影，比如格里菲斯导演的《一个国家的诞生》、奥逊·威尔斯的《公民凯恩》等等。像黑泽明这样一生中不停地拍出伟大的电影，不停地给全世界的电影工作者带来启迪的导演还是非常少的。黑泽明的最伟大之处就是他将整个电影的深度推向了一个很高的层次，让大量的电影导演认识到电影不光可以拍各种梦，拍各种吃喝玩乐，不光可以娱乐，还可以把人性拍得如此深刻。无数的大导演都说自己曾深受黑泽明导演的启发，包括斯皮尔伯格导演，还有乔治·卢卡斯导演的《星球大战》也受到了黑泽明的影响。当年在黑泽明处于低潮期的时候，乔治·卢卡斯导演还专门帮黑泽明募集资金，支持他心中的偶像继续拍摄伟大的电影。再包括后来的好莱坞大怪才昆汀·塔伦蒂诺，昆汀导演的电影《杀死比尔》等，一看就知道是在向黑泽明致敬，各种武士刀、各种拍法都和黑泽明导演的电影一模一样。

黑泽明是日本武士家庭出身，所以他开创的武士电影在日本是一个非常标准的拍法，标准到武士必须从画面左方跑出来“叮咣叮咣”开打，打完以后从画面右方跑出去，这有点儿像我们京剧舞台的上场和下场。昆汀·塔伦蒂诺拍的《杀死比尔》也是，这人拿着日本战刀从画面左边出来，“叮咣叮咣”打一通，然后从画面右边出去。黑泽明的武士电影影响了一代又一代的优秀导演，在我们中国的中生代导演的作品中，都能清楚地看到黑泽明的影子，比如说陆川导演的电影、管虎导演的电影等等。我经常看到我们中国导演拍出的电影是在向黑泽明致敬，或者向黑泽明学习，不管黑泽明是大家心里的一个魔鬼，还是一个美好的象征，很多导演在拍电影时都会不由自主地就把心目中的那个黑泽明给端出来。

其实黑泽明这样的一个电影大师，影响的不光是观众，他影响的是整个电影史和整个电影文化，以及各国的那种偶像式的大导演。黑泽明也是第一个在西方获奖的亚洲导演，他获奖的电影是著名的《罗生门》。虽然《罗生门》这部小说原来就很有名，但是因为黑泽明的电影，“罗生门”这个词才最终成为全世界的一个俗语。人们说这个事“罗生门”了，意思就是说这事儿“公说公有理，婆说婆有理”，就说明这个事已经搞不清楚了，这人说是这样的，那人说是那样的。《罗生门》这部电影和好多伟大电影的命运一样，最初在日本公映的时候曾经彻底失败，不管是日本的影评界，还是日本的观众，全都不买账。大家说这是什么电影，这电影怎么分了好几段，事件之间根本没有联系。但是紧接着《罗生门》在威尼斯电影节就获得了最佳影片奖，在法国公映的时候也大获成功，于是日本人突然又觉得“这个电影太伟大了，太好了！”于是大家又都跑去看。可见亚洲的文化总是这样，至少在这一百多年当中总是被西方文化带领着，西方人说这个好，于是大家就觉得这个不错。我们中国也是这样，有些导演的电影在国内上映，大家都觉得怎么这个电影看着看着就睡着了，太没意思了，但等这电影在戛纳得一大奖，大家就又觉得这个电影还不错，重新翻出来看。没办法，因为电影这东西，绝对是西方的东西，西方的价值观影响着全世界的整个电影文化。

西方的电影之所以底蕴深厚，在于西方有两个好的传统，一个是油画传统，一个是文学传统。西方的油画最讲究的是光影，光影在西方有非常深厚的基础；西方的文学讲究人物的塑造，“光影”和“人物”这两样东西具备了，就具备了好电影最重要的东西。但是黑泽明打破了这个魔咒，他第一个获得西方大奖，而且一共获得了三十多项各类大奖，他的影片还曾两次获得奥斯卡最佳外语片奖，他还是唯一获得奥斯卡终身成就奖的亚洲导演。在电影圈一提到黑泽明，所有人都有高山仰止之情，我也是，黑泽明的每部电影我都看过。在美国好莱坞，大家把黑泽明称作“日本的莎士比亚”，他的贡献堪比莎士比亚，而且黑泽明也非常热爱莎士比亚，他电影中人物不管是穿日本战袍的，还是穿日本和服的，都有莎士比亚笔下人物的影子。尤其是黑泽明有一部电影叫《乱》，完全是把莎士比亚的《李尔王》这个剧本改编成了日本电影，讲的全是家庭的事情、父子关系等。在日本他被称作“天皇黑泽明”，是一位伟大的导演。

黑泽明直到八十多岁还在拍电影，他八十多岁时拍的最后一部电影叫《袅袅夕阳情》，此时他导演的境界已经到了一种完全空明的状态。从黑泽明一生所拍的电影中，大家能看到一个有智慧的男人的成长，从内心的纠结，对事情的“罗生门”式的看法，一直到最后内心的空明。《袅袅夕阳情》的情节特别简单，但这部电影很让我感动，尤其感动我的情节是，学生每年回来给老师过生日，每次过生日的时候，都有一个特别重要的仪式。大家都拿一个特别大的杯子，倒满啤酒，一起咕咚咕咚喝下去，然后全体学生喊：“准备好了吗？”老师说：“还没有。”其实大家是在问准备好面对死亡了吗？日本这个民族对于“死亡”的概念和我们不一样，我们觉得“死”是一件不吉利的事情，什么时候都不能提“死”，不能随便说“去了”“没了”等。但在日本不是这样，日本民族认为死亡是跟樱花一样的，所以对死亡并不恐惧。电影中每次学生都问：“准备好了吗？准备好了吗？”老师说：“没准备好。”一直问了 17 年，在最后一年学生们问，老师还是说：“没准备好。”但是还没等到下一年学生再来，老师在弥留之际做了一个梦，梦见他小的时候，和小伙伴们玩捉迷藏，捉迷藏的时候大家都要喊：“准备好了吗？准备好了吗？”他就大喊：“没准备好！”然后继续找藏身的地方。那个电影让我很伤感，他一直在寻找，但老找不到藏身的地方。小伙伴们一直喊：“准备好了吗？”他就一直说：“没准备好。”最后他终于找到一个地方躲进去了，于是他喊：“准备好了！”整个故事非常简单，非常平和，非常空明，这就是黑泽明的最后一部电影《袅袅夕阳情》。大家有机会应该把黑泽明的电影都找来看一看，艺术家是无国界的，黑泽明是伟大的。

| 美国总统麦金莱被刺杀 |

1901 年的这一天，美国总统麦金莱被一名无政府主义者刺杀。其实麦金莱挺倒霉的，如果说像林肯那样被种族极端主义者刺杀还能说得出原因，可麦金莱被刺杀根本就找不着原因，刺杀他的只是一个无政府主义者，他就是看不上这些王公贵族，就去刺杀他。这些无政府主义者还曾经刺杀过茜茜公主，其实也是毫无道理，他们本来想去刺杀部长，结果跑到那儿一看部长没在，正好看见了茜茜公主走在大街上，当时茜茜公主是奥匈帝国的皇后，于是就莫名其妙地把她刺杀了。

这位美国总统麦金莱也是被无政府主义者无端地刺杀的。但是通过这件事，我也跟大家讲一讲美国总统的魔咒。这个魔咒特别有意思，但对美国人民来说很悲惨。大家知道美国总统任期四年一届，在以零结尾的年份里上任的总统就是二十年一遇，所以，美国是每二十年就会出现一个在 ×××0 年上任的总统。但从 1840 年开始，已经有连续七任在以零结尾的年份中上任的美国总统在任内死于非命，有被刺杀的，有病死的，还有吃螃蟹吃死的。这些总统都有谁呢？首先是 1840 年当选的威廉·哈里森总统，这位哈里森总统是将军出身，他曾经屠杀过印第安人，当然这在美国被称为“开疆拓土”，而对其他国家来说那就是“镇压”。于是印第安人就给哈里森施了个魔咒，诅咒他一定会在任期内死于非命，并且在他之后的每一个以零结尾的年份当选的美国总统都会死于非命。哈里森总统举行就职演说的那一天天气特别冷，大家知道美国总统每次就职演说都是当选第二年年初的时候，正是寒冬，大家看奥巴马当选时的就职演说，也是在巨冷的一天进行的。结果哈里森总统在演讲的时候得了肺炎，没几天就死了。紧接着，二十年后的1860年，著名的林肯总统当选，林肯总统曾经打赢了南北战争，解放了黑奴，但在当选总统以后，在任期内被种族主义者刺杀了。又过了二十年，1880年加菲尔德总统当选，结果在第二年，加菲尔德总统被人刺杀了。紧接着就是今天我们要说的1900年当选的麦金莱总统，他是被一个无政府主义者刺杀了。再往后就是1920年当选的哈定总统，哈定总统倒是没有被人刺杀，但他有一次吃完螃蟹以后出现了过敏，居然因为过敏死了。又过了二十年，1940年著名的罗斯福总统当选，大家都知道罗斯福总统率领美国人民渡过了经济危机，解除了禁酒令，打赢了反法西斯战争，是美国历史上最伟大的总统之一，罗斯福总统最后在二战即将胜利的时候，在任上病死了。又过了二十年，1960年美国历史上另一位被美国人民热爱的总统——肯尼迪总统，在1963年，也是在任期内在达拉斯被刺杀，这就是著名的肯尼迪被刺案，而且这个案子到现在还没破，成为美国历史上一个重要的谜。

后来在1980年当选的里根总统，最后也是遭遇了刺杀，一个闲得没事的富二代，因为爱上了朱迪・福斯特，就去刺杀总统。朱迪・福斯特曾在一部著名的奥斯卡电影《出租车司机》中饰演女主角，这位女主角爱上了罗伯特・德尼罗饰演的出租车司机，影片中的这个出租车司机就尝试过刺杀总统。这个富二代一看，原来朱迪・福斯特喜欢刺杀总统的人，于是他就去刺杀了里根，当时里根的保镖被打死了，里根的左胸中弹，也差一点儿被打死。里根总统的夫人南希，请来了一堆印第安人，做各种法事，做各种祈祷，最后里根活过来了。这次遇刺案之后，里根还说了一句著名的话，叫“枪不杀人，人杀人”。从里根之后，可能印第安人觉得惩罚了这些美国总统一百四十年也可以了，所以小布什总统虽然历经各种灾难，包括9・11事件等，任期内还打了各种各样的战争，但最后小布什总统还是安全结束了任期，终于把美国总统的这个魔咒结束了。你说这到底是迷信呢还是命运呢？谁也解释不清楚，但是美国历史上确实曾经有这么多总统被刺杀，而且全都是在以零结尾的年份上当选的总统，这也是美国非常神奇的一段巧合吧。

9月7日

《晓松说——历史上的今天》来到了9月7日。公元251年的这一天，司马懿去世；1812年的这一天，爆发了著名的博罗季诺战役；1822年的这一天，巴西独立；再就是1998年的今天，谷歌公司成立。

| 博罗季诺战役爆发和巴西独立 |

我们首先来讲两件有联系的事，一个是1812年的这一天爆发的博罗季诺战役，一个就是1822年的巴西独立。博罗季诺战役主要是抵抗法国拿破仑的侵略，它在俄罗斯人民的心目中是一场伟大的战役，就像我们心目中的朱仙镇战役等，这些都是决定国家存亡的重要战役。从十八世纪末开始，拿破仑率领的法国军队可以说是所向披靡，打遍欧洲无敌手，所以拿破仑率领的军队被称作“伟大的军队”。

拿破仑是从1812年6月24日开始正式入侵俄国，大家对这个月份可能会有特别地记忆，因为在相同的6月份，即1941年6月22日，纳粹德国进攻苏联，所以6月对俄国来说是一个很特别的月份。拿破仑在6月24日开始入侵俄国，到9月7日这一天他已打到了离莫斯科城只有一百二十公里远的地方。当时拿破仑带了六十多万大军，其中除了法军还包括其他各种各样的仆从国军队。俄国名将、也是俄国的民族英雄库图佐夫，早已在此布置好了军队，准备在这里与拿破仑的军队进行一场决战，著名的博罗季诺战役由此爆发。在这场战役中，法俄两军的实力可谓旗鼓相当。俄军共有十二万余人、六百四十门大炮。而法军由于此前两个半月的长距离追击和过度的疲劳，以及沿线各城市都要驻军保护，所以兵力只剩下十三万五千人，而炮兵因为马匹死亡过多，不得不把一些火炮丢在进军路上，此时只有五百八十七门火炮，比俄军还略少一些。经过整整一天的反复激战，法军和俄军实际上是打成了平手，双方各伤亡差不多五万人。但是博罗季诺战役可以说是拿破仑第一次在作战中受挫，他自称是其一生作战中最胆战心惊的一次。这场战役之后拿破仑虽然继续率军向前占领了莫斯科，但已无法在那里待下去了。前面我们讲过俄国最大规模的杀伤性武器就是寒冬。法军占领莫斯科以后，严酷的冬天也开始临近了。整个莫斯科不仅坚壁清野，不留一粒粮食给法军，还实行焦土政策，自己放火把全城房屋全部烧毁，使法军无处居住。法军由此面临着最严酷的生存危机。既没有粮食吃，也没有房屋住，面对的只有茫茫大雪与周边严阵以待的俄军。拿破仑不得不于10月19日狼狈撤出莫斯科。在撤退途中法军又被库图佐夫率领的俄军不停地围追堵截。俄国人民也都动员起来打游击，不断袭击法军。法军一开始有六十多万大军攻进俄国，到最后撤出去的时候已经伤亡殆尽，只剩下了两万多人。拿破仑从此之后一蹶不振。

又过了两年，也就是1814年，拿破仑终于被欧洲各国军队打败。1815年拿破仑重整旗鼓，率兵重新杀回来，但是又遭遇了滑铁卢，被彻底打败。当拿破仑横扫欧洲所有封建政权时，还迎来了美洲各国纷纷独立的伟大时代。历史就是很有意思，这边欧洲在打仗，那边拉美各国纷纷独立。1822年9月7日，也就是博罗季诺战役爆发十年之后，拉丁美洲最大的国家巴西独立。在这之前的1821年墨西哥也独立了。整个拉美国家的独立其实跟拿破仑战争有巨大的关系。当时大部分拉美国家是西班牙的殖民地。西班牙在大航海时代，维持了两三百年之久的世界最大殖民帝国的状态。整个拉美地区，除了巴西是葡萄牙的殖民地，海地、圭亚那等是法国的殖民地，其他的地方基本上都是西班牙的殖民地。但是西班牙和葡萄牙这两个曾经在大航海时代占领了大量殖民地的大帝国，却被拿破仑彻底打趴下了。西班牙被法国占领，拿破仑把自己的元帅派到那里去统治。葡萄牙也被法国灭国，葡萄牙的王室干脆跑到巴西去了，因为当时葡萄牙最大的殖民地在巴西。正是由于西班牙和葡萄牙这两个大帝国被打垮，才导致了后来整个拉美的独立运动风起云涌。在拿破仑失败以后，葡萄牙王室回到了葡萄牙，但是把太子留在了巴西。所以巴西的独立运动和其他很多国家的独立不太一样，当然它也是革命，但是它是由贵族领导爆发的革命，是由太子领导发起的。

我小时候看过关于巴西独立的电影，我还记得电影里高呼口号："不独立，毋宁死。"因为巴西一直都是葡萄牙的殖民地，在经济上长期以来只给葡萄牙或者欧洲提供农副产品与矿产品等原材料，而不发展现代制造业。这也是到今天为止拉美经济始终没有特别发达的原因。巴西今天虽然已经属于"金砖四国"，但仍然是发展中国家。自 1500 年葡萄牙人发现巴西后，在长达三百多年的殖民时代里，尽管葡萄牙以及欧洲从巴西掠夺了无数的原材料，但是对巴西人民却非常歧视。即使是地地道道的葡萄牙白人，只要他的后代是在巴西出生、巴西长大，就照样要被来自欧洲的葡萄牙人看不起，在政治权利与社会地位上也是低人一等的。就像我以前讲过的，在北非的法国殖民地出生的法国人，明明是白人，但是回到法国后还是要被人歧视，被称为"黑脚"。在拉美地区也是如此，像在巴西出生的葡萄牙人就备受歧视。最后在留在巴西的葡萄牙太子的领导下，巴西最终在 1822 年的今天取得了独立。在这之前一年，墨西哥也取得了独立。墨西哥的独立和巴西的情况差不多。我曾经讲过美墨战争，在战争中墨西哥差不多三分之二的土地都被美国抢走了。后来这些拉美地区的大国纷纷独立，从此进入了整个拉美的独立运动的伟大时代，这和当时欧洲的拿破仑战争都有很大的关联。所以历史非常有意思，有各种蝴蝶效应产生。

| 三国名将司马懿逝世 |

公元 251 年的今天，三国名将司马懿逝世。司马懿实际上是早已进入剧场史的一个人物，我就不讲历史上真正的司马懿是什么样的了，反正他在舞台上永远是一个大坏蛋，因为舞台永远需要这样的大坏蛋。你说司马懿究竟坏在哪儿？司马懿其实是让国家统一了。当年秦始皇统一了这个国家，秦始皇就是好人。而司马懿同样为了中国的统一事业，贡献了自己的一生，可他在舞台上就是大坏蛋。这是为什么呢？我觉得这是因为我们的价值观的问题，在中国传统的价值观当中，如果一个将领为了统一去打外国人，去打外族人，那这些人就是民族英雄，哪怕要打的这个外族其实就是中华民族的一部分，那也一样。比如像岳飞打的是外族，那岳飞就是中华民族的民族英雄。

司马懿明明也是在维护国家的统一，他也一样是奋战一生，但是因为剧场史很简单，就是要简单地分出“好人”还是“坏人”。这边刘备姓刘，其实这个“刘”跟汉朝的“刘”并没有多大关系，但是就是因为他姓刘，他也叫“汉”，大家就认为他继承了汉的正统。所以司马懿那边就变成谋权篡位的了，先是说曹家篡了刘家的权，然后是司马家的孩子们又篡了曹家的权，再加上大家都觉得诸葛亮是个好人，所以就说司马懿是个大坏蛋。

有一场著名的戏叫《空城计》，讲的就是孔明弹琴吓跑了司马懿的故事。空城计这事我得讲一讲，大家想，如果这个司马懿真要这么笨，让诸葛亮弹弹琴就能给吓跑的话，这两个人之间的仗怎么能打成那样？之后诸葛亮六出祁山都没有成功，一直被司马懿打败，司马懿不可能被诸葛亮弹弹琴就给吓跑了。实际上我觉得是司马懿非常聪明，当然孔明也很聪明，假设当时的情形可能就是这样：孔明知道司马懿要来看他，但是他冲司马懿使了个眼色。司马懿一看，哎哟，你跟我玩空城计，我明白你什么意思。即使我把你诸葛亮抓回魏国，那对我有什么好处？司马家要篡权这事儿本来天下皆知，就因为对外有个诸葛亮，所以魏国就得供着司马懿，你得给我兵权，你得给我钱，你得给我粮食，我的孩子们都得当大官。如果没了诸葛亮，“飞鸟尽，良弓藏，狡兔死，走狗烹”，那估计司马懿全家都要被抄掉。抑或诸葛亮如果再玩点儿坏，说我投降魏国，我去当个宰相，那你司马懿就别活了。所以司马懿想无论如何，既不能抓，也不能杀诸葛亮，于是诸葛亮虽然搞了个空城计，但司马懿和旁边的大将说，这诸葛亮必有埋伏，咱快跑吧。跑出去有二里地，有大将拉住司马懿的马头，说：“大帅，咱还是回去看一眼再跑吧。”司马懿估计这时候诸葛亮应该已经撤得差不多了，说：“好吧，那就回去看看。”等司马懿回去一看，孔明早已安全撤退。

从空城计联系到今天的外交政策，其实也有很多异曲同工之处。为什么今天世界上有很多问题，但人们并不去解决，其实就是“空城计”的道理。目的就是要留着矛盾方，因为这样的话你对我有好处，我也对你有好处，留下来对咱双方都有好处。因为有这样的矛盾在，我就能随时随地挑起事端，就可以打着这个幌子来干很多事儿。

| 伟大的谷歌公司成立 |

我们最后来讲一家伟大的公司——谷歌公司，1998 年的今天，谷歌公司成立。这个世界上有很多大公司，但是能称作“伟大”的公司并不多，像我们的“两桶油”——中石油和中石化，一年几万亿的产值，都堪称世界巨头。但这些资源性公司都称不上是什么伟大的公司，因为资源这东西你不挖我也得挖，真正伟大的公司应该是对全人类做出了重大贡献，对人类的文明、社会、生活产生了重大影响的公司。我觉得当今世界的这些公司里，微软公司、谷歌公司，还有苹果公司等，称得上是伟大的公司。在这儿我要把谷歌公司排在苹果公司的前头，因为苹果公司还是有些精英化，苹果电脑并不是全人类都在用的东西，在美国的使用率也没有超过 10%，当然苹果手机我们另说。总的来说苹果公司在我的心目中，还是没有微软和谷歌这么重要，我觉得微软和谷歌这两家公司在一定程度上可以称作“解放了全人类的公司”。全世界几乎 80%的人都在使用谷歌，微软就更不用说了，应该有 90%以上。

微软公司让人们拥有了一个与世界连接的工具，但是谷歌公司让人们清楚地看到了世界，有了谷歌，全世界的每个角落，都可以展示在世人面前；有了谷歌，所有企图封锁消息、垄断知识、让信息不平等而牟取暴利，以及类似的其他各种想法，都被扔进了历史的垃圾桶里。谷歌公司对版权的保护也是非常优秀的，我是做音乐出身的，对这一点非常关注。谷歌音乐用了三年的时间，签了一万一千家唱片公司。我本人都只能数出三十家唱片公司，通过谷歌我知道了全世界的一万一千家唱片公司。谷歌不欺负任何一家小公司，哪怕你是一个单独的作者，你这个公司里只有两首歌，我用你的音乐也要找到你，跟你签约，买你的版权，所以在谷歌音乐上的歌大多都是正版，我花钱买你的版权，最后我跟你怎么分账，合同里都签得清清楚楚。所以谷歌给了我极其好的印象。

法律是一个公司的底线，如果任何一家公司只是用法律底线去做事，那么这个公司就是作恶的公司。谷歌公司绝不会把底线降到只要不犯法我就要去做的地步，实际上这是一个道德的原则。版权问题的处理是谷歌公司特别值得称道的地方，你用谷歌的搜索引擎是搜不到书的，因为书是必须有版权的，但是你用其他的搜索引擎能搜到各种各样的书，在文库里面都有。

谷歌搜索引擎的技术能精准地跟踪每一个人的搜索习惯，当然前提还是要有大量的人在常年使用谷歌才可以，它根据每一个人的使用习惯和搜索习惯、他的兴趣点，精准地、自动地、高科技地分类它的数十万、上百万的广告客户，让每个人都非常准确地获得他所需要的广告，而不浪费广告资源。谷歌的技术在全世界一直都是最好的，它在全世界到处都有实验室，在欧洲的每个国家的大城市都有实验室。

谷歌也开始进军硬件了，我非常期待，迄今为止我都在用谷歌的搜索引擎。谷歌眼镜我也极为感兴趣，像我这种人用了谷歌眼镜，就不用一会儿看看这个，一会儿看看那个，可以把我想看到的各种内容，投射到我正在看的东西上。我猜今后谷歌眼镜将会使这种情况出现，就是两个人在谈恋爱时互相看着对方，可以互相深情地对望两小时，因为实际上大家都在看谷歌眼镜显示的东西，也许有一个人在读小说，也许有一个人在看视频，但是表面上看两个人就在那儿互相深情地对望。已经上市的谷歌电视也非常棒，我觉得远远超过了苹果，它的技术更先进，价格也低了很多，里面还包含了Netflix（一家在线影片租赁提供商）免费影片看。谷歌电视更重要的不是把自己的视频用Wi-Fi（无线宽带）传输到设备上再播放，而是用那个设备从云端直接下载，所以当你按下遥控器的时候，谷歌电视实际上传输的是指令跟链接，由谷歌电视棒直接从云端下载所有的视频，这就大大降低了流量。谷歌进军硬件，我觉得未来很有可能会和苹果平分秋色。谷歌研制出的安卓系统，也让大量的手机生产商打破了垄断，以前很多大的手机生产商都有自己的操作系统，有的用塞班系统，有的用 iOS 系统，而谷歌给全世界的手机生产商开发了安卓系统，服务所有的人。所以我觉得谷歌是在服务更多的人和未来，当然所有公司都要赚钱，但是在赚钱的同时不作恶，这就是一家伟大的公司，谷歌就是一家伟大的公司。

9月8日

《晓松说——历史上的今天》来到了9月8日。在1504年的这一天，米开朗琪罗著名的雕塑作品大卫像正式展出；1951年的这一天，四十八个国家在旧金山和日本签订《旧金山和约》；1995年的这一天，张爱玲去世。

| 米开朗琪罗的著名雕塑作品大卫像正式展出 |

我们首先来讲讲全世界人民都如雷贯耳的米开朗琪罗的著名雕塑作品大卫像。大卫像我亲眼去看过一次，在这之前我曾经多次到过佛罗伦萨，但每次去都下不了决心去看大卫像，因为去看雕像的人永远都会在外面围着整个街区排上好几圈，所以你要想亲眼看到这个雕像，那就得忍受排长队的痛苦。如果是夏天去意大利，这队根本不能排。因为佛罗伦萨特别热，一想到在这儿站三个小时，就为了看大卫像，真是受不了。我还专门问过这些排队的人，我说："这里边还有什么别的东西吗？"人家说："没有啊，就是一尊大卫像。"我还问："你们就为了看一尊大卫像，竟然要排三个小时的队？"我年轻的时候旅游就感觉自己有点儿急功近利，可能很多人都是这样。尤其在咱们中国，恨不能在一个地方把全世界的艺术品都摆一块儿，很多人都是东看一眼，西看一眼，到一个地方就是赶紧照相，照完相就走了，所有人都没有耐心去仔细地观赏什么。我年轻时也觉得自己很浮躁，但随着年龄的慢慢增长，心态就会平和很多。到后来也不知道第几次去佛罗伦萨，我还是觉得应该去看一看大卫像，于是就专门排队去看了。

前面我讲过，艺术可以分为时间艺术和空间艺术。说实在话，我个人还是对时间艺术更加喜欢，而且也还算比较了解，像音乐、电影、戏剧、文学等，都可以算是时间艺术。随着时间的流逝，它们的变化是有节奏的。可是对于空间艺术，像绘画、雕塑、建筑等，我本人是非常愚钝的，所以去看大卫像，从上到下看半天，也没有看出来好在哪里。我觉得可能是因为那个时代伟大，在文艺复兴时期创作出来的这些东西，跟之前确实有很大的不同，但我对这些东西确实没有感觉。从 1504 年米开朗琪罗完成大卫雕像开始，到现在有那么多的雕塑、绘画作品，包括大卫像、维纳斯像，还有那个《蒙娜丽莎》，我怎么看也不知好在什么地方。所以我这个人比较愚钝，只能看出那个时期的创作和之前有明显不同，但好在哪里看不出来。

佛罗伦萨是当时文艺复兴的中心，大家去佛罗伦萨最重要的就是要去看看文艺复兴时期留下来的这些伟大作品，除了大卫像，佛罗伦萨还有好多的博物馆。如闻名世界的乌菲兹美术馆，里面有文艺复兴时期许多优秀的绘画作品。我个人特别建议大家去佛罗伦萨看看那个乐谱博物馆，里面保存着各种各样的乐谱。除了文艺复兴时期的乐谱，还有大量文艺复兴之前的以及更早时期的，我去看了以后特别感动。意大利这个国家其实比我们遭受的战争多得多，而中国始终是一个保持着统一的大帝国，我们当年也有辉煌的音乐历史，但是大量的东西到今天都失传了。我们说了半天的《霓裳羽衣》《高山流水》这样的东西，其实连古人究竟怎么唱的都不知道。我们根本就没有乐谱，每次都只能用文字写出来。可人家佛罗伦萨的博物馆里展出的谱子却如此丰富，当时人家就是四线谱，有菱形，有三角，不是后来的小疙瘩，我猜菱形可能是一拍，三角一半可能是半拍。博物馆里的很多志愿者也让我特别感动，观众在那儿看的时候，这些志愿者可以为你唱出乐谱上的音乐，声音极为优美。这些年轻的志愿者，在演唱这些古老的音乐时也充满了骄傲，那是佛罗伦萨最美好的音乐，一听就会让人特别感动，特别能净化心灵，我建议大家有机会去参观一下这个博物馆。

在佛罗伦萨、罗马都有米开朗琪罗的作品，他当年画了大量的教堂穹顶上的巨幅画。我当时还经常想，这一幅穹顶画要画好多年才能完成，整天这样仰着头画，脖子能受得了吗？好像最后米开朗琪罗的脖子确实是出了问题。画作的主题都是上帝，但这些画家在画这些上帝的时候是不是怀着对上帝美好的敬仰，也很难讲。其实文艺复兴最重要的就是这些人开始有自由、独立的思想，包括米开朗琪罗、达·芬奇、拉斐尔三杰。那时候教会特别有钱，于是就给了米开朗琪罗、拉斐尔一大笔钱，让他们去画教堂的画。这些人拿到钱以后就会去画画，但他们有时候也会有点儿偷懒，每次一偷懒，教会就会催他们："快画！快画！"这些人也很有办法，就说："你不要总催我，你再催，我就把你的脸画成犹大！"因为反正也没照片，谁也不知道犹大长啥样，所以谁再催，犹大就会画成谁的模样。我记得还有人专门介绍说，那个穹顶画中有一个圣人，说那是米开朗琪罗的好朋友，反正大家也不知道那些圣人长啥样，于是他就把自己的好朋友画成了一个圣人，来表达一下自己的感情，特别有意思。总而言之，文艺复兴是一个非常伟大的时期，在意大利，尤其是在佛罗伦萨，大家都能感受到那个民族对他们的文化的热爱，而且他们的文化也确实传承了下来。

|《旧金山和约》签订|

下面说一说前两年非常热的、在新闻中经常被提到的《旧金山和约》。《旧金山和约》正式的名字叫《旧金山对日和约》，因为它是在旧金山签署的，所以人们习惯上称它为《旧金山和约》。1951 年的今天，四十八个国家在旧金山和日本签订了一个和约，也就是说要和日本结束所有的战争状态，因为这四十八个国家在二战期间都曾向日本宣战。从国家的法理上来说，同日本结束战争状态和日本投降这不是同一件事。即使你投降了，我也还要惩罚你，你还要赔偿我，我还要占领你，不是说光你投降了这事儿就算完了。1951 年正式签订的这份《对日和约》，等于是各国宣布正式终止对日本的战争状态，这个和约签署以后，各国对日本的占领也宣告正式结束。

在《旧金山和约》中规定了各种各样的细节。当时中国并没有被邀请参加这次和会，当然也就没有签署这个协议。中华人民共和国自始至终被排挤在旧金山和会之外。对于这种极端荒谬的做法，我国政府发表声明表示了强烈的谴责，并明确表示《旧金山和约》是非法的、无效的。大家想想 1951 年是什么时候？朝鲜战争在 1950 年 6 月爆发，到 1951 年春天，朝鲜战争中最重要的战役刚刚打完，然后大家都僵持在那里。这个时候世界各国基本上分成了两大阵营，这边是支持朝鲜一方，那边是反对朝鲜一方。日本当时作为美国在朝鲜战争中最重要的后勤供应基地，可以说是美国重要的桥头堡。《旧金山和约》对日本来说已经是非常宽大了，战后的全面军事占领状态宣告结束，虽然后来美国继续占领琉球群岛（也就是冲绳）等地达二十一年之久，但实际上已是托管。

《旧金山和约》很多国家最后都没有签字，除了中国，还包括苏联、印尼、缅甸等多个国家。各国不签字的原因都是觉得这个协议自己不满意，像印尼、缅甸等都是如此。实际上缅甸在整个独立的过程中对日本的感情跟别的国家还不一样，它是比较亲日的。这些国家后来又和日本单独签订了一些协议。日本在《旧金山和约》中获得了很宽大的政策。《旧金山和约》实际上就是一次由美国单方面主导的在战后对日本的片面总结算，就是说到这儿为止，美国等国与日本的所有的战争状态都宣告结束了。

| 文坛怪才张爱玲去世 |

1995 年的这一天，文坛怪才张爱玲去世。张爱玲在早期的时候并没有那么出名，到后来她在文坛的名气却越来越大，到今天可以说已经是如日中天。我觉得这主要还是因为，在文学大师辈出的时代，实际上是各领风骚三五年，但当文学进入了平庸时代，在没有大师的时候，人们就开始不断地从故纸堆里挖出这些著名作家。最大的问题是大家眼前没东西可看，现在虽然每年有那么多小说发表，有那么多书出版，但也不知道哪部作品值得大家拍个电影，于是还得去拍当年的《色·戒》，甚至更久远的。张爱玲确实有很多作品是非常优秀的，包括我自己很喜欢的《沉香屑》《倾城之恋》等，还有大家很熟悉的《半生缘》。《倾城之恋》和《半生缘》都拍成了电影，包括大家原来最不熟悉、最没名气的小说《色·戒》，被拍成电影之后也大放异彩。李安导演特别爱挖掘各种小说的题材，《卧虎藏龙》这部小说发表了几十年，一直都没有在武侠小说里占有一席之地，被李安导演挖出来了；《色·戒》也不是张爱玲最好的作品，但是也被李安导演给挖出来了。当年《断背山》在美国也不是非常著名的，只是个短篇小说，没有特别风靡，也是被李安导演挖出来了。李安导演是非常有意思的一个导演，张爱玲也是一个非常有意思的作家。

按我们正常的逻辑来判断，很多作家在抗战时期都为国尽忠守节，很多人逃难逃到了大后方，包括北京的大批知识分子都跑了，但当时北平和上海也各留了一位著名作家，一位是留在北大后来又去了上海的周作人，还有一位就是张爱玲。周作人当时是娶了一个日本老婆，周作人觉得自己就是半个日本人，所以留了下来。张爱玲嫁给了一个大汉奸，叫胡兰成。（胡兰成）也是一位作家，但是在汪伪政府中做到了很高的官，后来还做了宣传部副部长。在张爱玲的小说《色·戒》中，大家能明显看出来她对包括胡兰成在内的汉奸们的那种复杂的情感。张爱玲在新中国成立以后继续留在了上海写作，她还曾经和大批作家一起被组织去参观土改，去参观新中国的建设。

张爱玲是没落贵族出身，其实她对新中国并没什么感情，张爱玲本身就是性格很扭曲的一个人，当然没落贵族通常都会出现这种扭曲性格。张爱玲的母亲是李鸿章的外曾孙女，她的爷爷是张佩纶，都是晚清的高官，但是张爱玲的爸爸是典型的纨绔子弟、败家子。后来家里发生了各种各样的变故，张爱玲的母亲和姑妈跑去英国读书，张爱玲从小就离开了妈妈。在她妈妈走后，她爸爸又娶了一个老婆，结果这个后妈虐待她，她后来又逃到自己的亲生母亲那里。所以张爱玲在整个成长过程当中，可以说是经历了各种不幸。由于她的出身还算是贵族，当时民国时期其他的女作家就写文章讽刺她，大家知道那个时期的女作家是非常爱吃醋的。她们说："如果张爱玲这种家世也能算贵族，那就相当于你往太平洋里扔了一只鸡，然后在上海的人都说我喝到鸡汤了……"那意思就是她那身世早就完全被忽略不计了。

在没落贵族家庭成长，曾经嫁给过汉奸，对新中国又完全不能融入，在这样一种扭曲状态下生活的张爱玲，最后离开了内地，来到了香港。张爱玲刚到香港的时候非常艰苦，那时候不光是她，人人都很艰苦。张爱玲逃到香港以后，只能靠写剧本生存。她写了好几十个剧本，还写了一些小说。最后张爱玲又去了美国，嫁给了一个德裔美国人。此人比她大了二三十岁，婚后不久就因中风而瘫痪在床，直到去世。所以张爱玲的一生都不是很幸福，直到最后去世都是孤苦伶仃的一个人。但在她生命的最后二十几年，她的名气越来越大。她在 20 世纪 70 年代后期就不再发表作品，但在这之后就有各种人出她的全集，把她的作品拍成电影，包括《倾城之恋》《半生缘》等，张爱玲越来越火。但是她在最后这二十几年一直住在洛杉矶的一个特别闭塞的地方，闭门不出，也不和周围的人打交道。她自己也没有什么亲人，根本也没人去关心她、照顾她。她在去世以后，还是邻居发现屋里没有了动静才去敲门，结果发现张爱玲早已孤苦伶仃地死在了自己的寓所里。为她悲凉的命运长叹一声！当然优秀的作家经常都是过着这样的人生，一个幸福的人可能也写不出这样的作品。

9月9日

《晓松说——历史上的今天》来到了9月9日。1791年的这一天，美国将首都命名为华盛顿哥伦比亚特区；1850年的这一天，加利福尼亚成为美国的一个州。

| 美国首都定名为华盛顿哥伦比亚特区 |

1791年的这一天，美国将首都定名为“华盛顿哥伦比亚特区”。之前我讲过，美国独立战争胜利以后很长时间都没有建立一个联邦政府，也没有组建国会，后来美国人也觉得一个政府总得成立各种各样的机构来服务于大家。于是在1789年，美国才选出了自己的第一个总统——华盛顿总统，组建了国会，并建了一个新的首都。独立战争期间美国最高的领导机构实际上都在费城，后来大家说咱们还是建一个首都吧，但美国人有一种传统的思想，就是大家都认为当官的人不能总在大城市生活，当官者就要去一个小地方，于是专门建了个不大的城市作为首都，并把它命名为“华盛顿哥伦比亚特区”。美国在西海岸还有一个很大的州叫华盛顿州，著名的华裔政治家骆家辉就当过华盛顿州的州长，他曾任美国驻华大使。大家怕这个首都的名字和华盛顿州搞混了，到底是说西海岸的这个大州华盛顿，还是说这个首都华盛顿特区，所以在美国大家都不管首都叫华盛顿，而是叫华盛顿哥伦比亚特区，而说到华盛顿指的还是那个华盛顿州。华盛顿州也是西雅图所在的这个州，微软这些大公司的所在地。有关华盛顿哥伦比亚特区的建筑我也曾经讲过，包括国会大厦等，关于白宫咱们到9·11事件发生的那天再讲。

关于华盛顿特区，人们还有一个小小的误区，好多人看完华盛顿特区最高的建筑，那个大圆顶、特白特白的建筑的照片，就说那是白宫，其实那是国会大厦。可能因为我们在两千多年皇权社会的统治下，总觉得最辉煌的建筑物就应该是最高统治者待的地方，但在美国其实不是。美国的最高权力机构是国会，它办公的地方就在国会大厦，而白宫并不是一个大的建筑，它不但没法跟国会大厦比，而且跟它旁边的好多建筑物也没法比。在华盛顿特区有一条大街叫宾夕法尼亚大道，两边是美国的各个大部，很多部的建筑物都建得特别辉煌，白宫在其中并不醒目。白宫其实就是总统的家，谁当总统，谁就搬到白宫住。美国很少给官员们提供官邸，大概只有总统和少数大学校长在任的时候，政府会给他们提供一个住处，其他人就是发薪水，自己去租、去买。总统就住在白宫里，总统的那些办公机构也都在白宫里，而国家的其他机构都分散在各大部。国会是美国的象征，是美国最高的权力机构。华盛顿哥伦比亚特区专门有立法规定，在整个华盛顿哥伦比亚特区，不能有任何一个建筑物超过国会大厦的高度。

华盛顿哥伦比亚特区这个城市我特别喜欢，当一个人对高楼大厦看多了，到了这儿以后就会觉得这个城市非常得体，感觉很有文化。华盛顿哥伦比亚特区的建筑都很古老，这座城市是1791年建起来的，美国大部分城市建得都比它要晚得多。在1791年3月的时候，美国共有十四个州，沿着东海岸从最北边的缅因州一直到最南边的佐治亚州。往西去所有的城市都很新，当你在西海岸看多了那些高楼大厦遍布的新城市，一到华盛顿哥伦比亚特区，突然看到各种欧洲式的古老的大磐石建起的那些建筑，也没有高楼大厦，就感觉这个城市很古老。大家如果有机会去看欧洲那些古堡，包括巴黎也好，罗马也好，你都不会看到高楼大厦，你会觉得这些城堡特别古老，但是特别有意思。在华盛顿哥伦比亚特区，没有一座建筑的高度会超过国会大厦。国会大厦的拱形圆顶高达八十八米，再加上约六米高的青铜雕像，其总高度达九十四米。在这座城市里只有华盛顿纪念碑是唯一的例外，这是一个非常高的方形尖碑，高达一百六十九点三米，要比九十三米的国会大厦高出一大截。不过这只是一座供人瞻仰的纪念碑，而不是一座供人居住的建筑物。

华盛顿哥伦比亚特区是一个非常值得去待一阵子的城市，那里虽然没有什么天然的风景，也没有什么旅游景点，但那里还是有很多值得看的东西。那里有一条河叫波托马克河，这条河虽然和密西西比河根本没法比，但在波托马克河的河边上有一个叫乔治城的地方，你可以在那儿吃吃饭，看看那里的历史。那里有幽深狭窄、铺着石板的古老街道，有古色古香的住宅建筑与漂亮的花园，带有英国十八世纪乔治王朝的风格，已被辟为国家历史古迹区。华盛顿哥伦比亚特区也有大量可以参观的地方，你可以去看美国的国会图书馆，去看看美国的国会大厦，美国历史上很多著名人物的雕塑都放在国会大厦里面，你可以进去看看美国的历史。如果你是美国人，你在国会大厦中还能行使自己的权利，是哪个州的公民，就可以直接进入你所在州的参议员或者众议员的办公室去看看，你还可以就某些事情去质询他，因为在美国，选民就是上帝。国会大厦是很有意思的一个地方，所以如果去华盛顿哥伦比亚特区，这个地方很值得去看一看。

| 加利福尼亚成为美国的一个州 |

今天还要讲的另一件事是加利福尼亚成为美国的一个州。加州是我最熟悉的一个州，在 1850 年的今天，加州成为美国的一个州。我在美国主要是生活在加州。北加州有一个巨大的海湾，我曾经在北加州湾区一个叫弗里曼的小城生活过，后来我又在南加州，也是美国西海岸最大的城市洛杉矶生活。我在洛杉矶已经生活了七年，所以我对加州非常熟悉，我的亲友们也基本上都分布在南、北加州。我的大学同班同学也差不多有一半在加州，说起来有点儿不好意思，这么多清华大学的毕业生都在建设着加州。当然了，全世界人民都有“用脚投票”的权利，我上大学时读的是电子系，大家知道美国著名的“硅谷”就在加州，硅谷集中了世界各地优秀的理工男，其中就包括大量我们清华大学的毕业生，光硅谷就有六七千名清华大学的毕业生，而整个加州则有一万多名清华的毕业生。但是这个统计数据包括我们北京的清华大学，也包括台湾新竹的“清华大学”，统计的时候二者并没有分开。其实在美国，中国台湾和大陆已经统一了。在加州清华大学的同学会中，已经不分两岸，而且是两岸的清华毕业生轮流当加州同学会的会长，大家亲如一家。

硅谷的众多大公司今天都在服务着全世界互联网的网民，不管是苹果、谷歌，还是思科公司、甲骨文公司等，都是在给全世界的高科技做着贡献，所以也不能狭隘地说这些清华大学的毕业生就是在建设美国，他们也是在服务全世界的所有人。在加州的这一万多名清华同学当中，光我们班就有十七个在硅谷服务，这个数量确实不少。不光是清华的同学，在洛杉矶，华人有几十万合法移民，再加上几十万上百万非法移民，可以说是人数众多。华人在美国的第二大聚居地就是北加州的旧金山。“旧金山”这个名字本身就是个中国人起的名字，因为在那儿发现了金矿，所以称为“金山”。那为何要称“旧”呢？因为在这发现金矿后不久，又在澳大利亚的墨尔本发现了金矿，故华人便称墨尔本为“新金山”，称这儿为“旧金山”。华人在美国的第三大聚居地是纽约，然后是休斯敦。

在美国，华人都愿意聚居在港口城市，像洛杉矶、旧金山以及东岸的大港口纽约岛。华人比较愿意聚居在一起，不太愿意分散到内陆去，所以大家主要聚居在沿海的这几个大城市。其他的民族也一样有自己的聚居地，在加州居住的主要是白人。这些白人主要是从欧洲来的，被人称为“非西裔”白人。而“西裔”白人是指有西班牙血统的白人，主要来自拉丁美洲。真正的白人不包括“西裔”白人，专指当年直接从欧洲来的白人移民，这些人在加州有不到50%的人口。所以加州不光是中国人多，其他各个民族的人也都很多。很多犹太人也聚居在加州，犹太人也不爱往中部去，为什么呢？因为在美国的犹太人和中国人一样，没有土地。美国人不给土地，所以犹太人只好去做生意，拍电影。

加州是美国农业的第一大州，农业差不多占了加州一半的产值。而加州一个州的GDP要占美国的将近七分之一，在全世界如果按国家排能排到第九，仅次于美国、中国、日本、德国等，第八名是意大利，第九名就是加州。加州最值钱的农业是葡萄的种植与酿造，著名的盛产优质葡萄的纳帕溪谷就在北加州，而硅谷也在北加州，所以北加州既集中了美国最强大的高科技，也集中了美国最强大的葡萄酒业。

今天在整个加州，华人的数量应该是仅次于白人，而且在北加州，华人的数量已经超过了白人。在北加州收入最高的也是华人，我看到的资料说，华人平均家庭年收入在十万美元以上，排第一；第二才是白人，白人家庭年收入差不多是九万多；然后是黑人、墨西哥人，一下子低很多，差不多也就是四五万。犹太人被算作白人，所以犹太人和白人的收入是算在一起的，他们已经被华人超越了，所以华人现在在加州可以说是扬眉吐气的。在南加州有六七个市，从市长到议会成员全都是华人。在北加州的硅谷，华人的收入也超过白人。现在的华人在那儿都非常受尊重，再也不像当年只能从事洗衣服、开小店那样的行业。当年在古老的加州，大家一想到洗衣房就会首先想到华人。现在很多华人进入了议会，加州的参议员当中也有华人。

加州不但是美国经济最强大的州、美国人口第一多的州、种族数量最多的州，而且加州也是美国最自由奔放的一个州。加州还是民主党最重要的铁票仓，只要保住加州的票仓功能，民主党永远能获胜。因为人口最多，加州总共拥有六十五个众议院议席，再加上两个参议院议席，所以加州只要投票支持民主党或者民主党总统候选人，那民主党立刻就多了六十几票，而其他所有的州都不能跟加州比，包括人口第二多的纽约州都不能和加州相比。所以在加州，民主党已经到了“绝对多数制”的地步，加州的州议会里民主党拥有超过三分之二的议席，这代表着可以不与共和党商量而直接修改加州的任何法律。但是在整个加州，也包括沿着东海岸的那些州，都有比较强的自由主义倾向。加州就是一个强大的自由主义政府，同性恋结婚是合法的，吸食大麻也合法。加州的好莱坞电影业也是一个大产业，此外，还有数千家公司形成的大色情产业，这些都说明加州是一个非常自由放任的地方。

加州融合了各种各样的宗教，融合了各个民族的智慧，加州因此被建设成美国最强大的一个州。美国东部的很多州虽然白人多，但其实并不发达，美国最发达的几个州都是移民特别多的州，由此可见，真正发挥聪明才智把美国建设起来的，其实并不是最开始建立起美国整个信仰和制度的那些白人，应该是这些移民。在硅谷有一个说法：“我们这儿最大的产品不是 PC，而是

IC。”“IC”指的就是Indian和Chinese，也就是印度人和中国人。大家到硅谷去看，到处都是印度人和中国人，到处都是中餐馆和印度餐馆。南、北加州的中餐都做得极其好，旧金山也一样，到处都是中国餐馆。北加州中国移民非常多，越是移民多，就越吸引新的移民，所以很多中国的新移民到美国以后基本上都生活在加州，包括我在内。加州对于中国人来说是一个非常友好的地方，到了加州拿中国驾照就可以开车，这个大家一定要记住，不用你再去弄什么国际驾照，所以到洛杉矶、旧金山的很多地方，你驾车出行都没有问题。

加州的娱乐业也是美国最强大的产业之一，至少排在美国的前几名。我们中国这些年一直在发展文化产业，但现在中国的娱乐业也只占到GDP的6%左右，而美国的娱乐业几乎占到整个美国GDP的30%。其中美国最强大的、大家几乎天天都在看的好莱坞电影就在南加州，美国最强大的航天业、石油业也在南加州，美国最强大的港口也在加州。美国的每个州都有一个外号，纽约州叫“帝国州”，因为纽约觉得自己是全世界最牛的地方，而加州的外号叫“黄金州”，因为那里曾是盛产黄金的地方。加州的体育也是美国最强的，美国最强的橄榄球队“掘金者队”，也有译成“淘金者队”的，就来自加州，曾多次获得“超级碗”。棒球有强大的南加州道奇队，还有咱们最熟悉的篮球，光洛杉矶就有两支强大的篮球队，一支是湖人队，还有新兴的快船队。北加州还有著名的国王队，以及金州勇士队，刚才我说了加州的外号就叫“金州”，所以“金州勇士队”用的就是加州这个外号。

我个人认为，加州是全世界最美好的地方之一，那里的阳光也极为灿烂，沿着整个海岸线的景色都极美。大家去加州的话，一定要沿着“一号公路”走一次，从南加州一直开车到北加州，一路上会路过很多美丽的景点，左手是美丽的大海，右手是最美的葡萄园，在一个阳光明媚的午后，那是多好的享受！在加州你永远不会体会到什么是忧伤，一天到晚你都会非常开心，所以大家去看好莱坞电影总会有一个美好的结尾，因为大家一天到晚都会觉得特别高兴。但对于一个艺术家来说，这也会让你缺乏创作的灵感。如果你在纽约就不一样了，那里一会儿下雪，一会儿下雨，大家就会创作出各种忧伤的东西。欢迎大家来到加州！

9月10日

《晓松说——历史上的今天》来到了9月10日。公元前210年的这一天，秦始皇去世；1919年的这一天，一战战败国奥地利与协约国签订《圣日耳曼条约》。

|《圣日耳曼条约》的签订|

我们首先来讲一讲《圣日耳曼条约》的签订。在我们的历史课本以及大家通常所读到的欧洲历史当中，整个东南欧地区，也就是通常被称为巴尔干地区的这一大块地方，可以说是最大的一块盲区。大家只知道这个地方是个火药桶，一战就是因为巴尔干地区的冲突而爆发的，二战也因为它而打得很混乱，今天我们就通过1919年签订的《圣日耳曼条约》来给大家稍微梳理一下这段历史。

先说说根据《圣日耳曼条约》的签订而独立的几个重要国家，有匈牙利、捷克斯洛伐克、南斯拉夫等。说起捷克斯洛伐克，现在的年轻人可能都不知道，《圣日耳曼条约》签订以后它成为一个独立的国家，而到1993年时又分成捷克和斯洛伐克这两个独立的国家。南斯拉夫是一个年轻的国家，也是在 1919 年这个条约签订之后独立的。为什么会出现这种情况呢？大家知道每次大战之后，很少会出现把一个国家给彻底肢解的情况。二战以后德国只是割让了一大块土地给波兰，一小块给苏联，但是也并没有把德国给肢解了。德国后来分裂成东德和联邦德国，那也是因为意识形态问题，但最终还是统一了。日本战败后也只是它占领的周围的一些小岛被剥夺了，日本并没有被肢解。但一战以后却出现了一种很少见的现象，就是奥匈帝国这样一个庞大的国家被肢解了。

大家看看 19 世纪初的欧洲地图，1815 年时的欧洲东南部就只有两个大帝国，一个是奥地利帝国（到 1867 年后改称奥匈帝国），另一个就是奥斯曼土耳其帝国。我曾经说过，19 世纪的主旋律之一就是全世界的列强痛打三个“老财主”，西边痛揍西班牙，中间痛揍土耳其，东边就是在打古老的中国。在被动挨打的过程中，他们的领土也变得越来越小。首先在 1811—1825 年间，从墨西哥到秘鲁，再到智利、阿根廷，西班牙所属的这片幅员辽阔的拉丁美洲殖民地，除了古巴和波多黎各外，几乎都获得了独立。接着在 1817—1912 年间，塞尔维亚、希腊、罗马尼亚、保加利亚与阿尔巴尼亚等国先后获得独立。昔日几乎统治整个巴尔干地区的奥斯曼土耳其帝国，到一战爆发前，其在巴尔干的领土只剩下伊斯坦布尔周围的一隅之地了。只有古老的中国在 1840—1911 年间，虽然腐朽的清王朝屡遭列强侵略，但因悠久的大一统观念与强大的民族凝聚力，除了北部边疆与东南沿海的部分领土被俄日等国侵占外，其绝大部分领土仍得以保持完整。

到一战爆发前夕，在东南欧地区仅剩下一个大帝国，那就是由哈布斯堡王朝统治的奥匈帝国。哈布斯堡王朝曾经在名义上统治过一个非常大的帝国，其全称为“德意志民族神圣罗马帝国”。其实它既不神圣也与罗马没有关系。它只是一个由许多独立邦国所组成的相当松散的政治联合体，其地域范围涵盖着整个大德意志地区，包括现在的德国、奥地利、捷克等国家。从 962—1806 年间，帝国的皇帝虽由选举产生，但长期以来都由统治奥地利的哈布斯堡王朝所世袭。所以在大德意志地区的众多邦国中，奥地利称得上是领袖级的国家。不过到 1806 年，这个有名无实的神圣罗马帝国被拿破仑取消了。但是大德意志地区的统一进程仍在进行之中。到 1871 年时，原来地处帝国东北部的普鲁士王国，在铁血宰相俾斯麦的领导下依靠强大的军事力量，把众多大小不等的独立邦国统一了起来，成立了一个统一的德意志帝国。但是奥地利没有被统一进去。奥地利人虽然也是日耳曼民族，也一样讲德语写德文，但是它当年还统治着一个庞大的帝国，那就是奥地利帝国。在这个大帝国中除了奥地利本土这一小块地方外，其他绝大部分地区的居民都不是日耳曼人。首先在它的东部有大量的匈牙利人。匈牙利人有很强的民族自决精神，一直在争取独立，加上1866年奥地利与普鲁士作战时，又遭到了失败，所以不得不在1867年把一元的奥地利帝国改为二元的奥匈帝国，使匈牙利人取得了与奥地利人几乎平等的权利。另外还有大量的斯拉夫人，其北面的斯拉夫人集中居住在捷克、斯洛伐克与波兰的加利西亚地区。捷克是奥匈帝国境内工业最发达的地区，如果说奥地利是帝国的文化和政治中心，那么捷克就是它的工业中心。直到现在捷克仍然是东欧国家中最强大的工业国。捷克斯柯达工厂生产的各种汽车与轻重武器曾经畅销各国闻名世界。捷克的枪械曾是抗战时期我国军队最重要的武器来源之一。不过在捷克境内，除了斯拉夫人外，还有很多德国人居住。奥匈帝国南面的斯拉夫人，虽然被简称为南斯拉夫人，但它又分成信仰天主教的斯洛文尼亚人和克罗地亚人，信仰东正教的塞尔维亚人以及信仰伊斯兰教的波黑穆斯林等。在20世纪90年代的南斯拉夫内战期间，他们曾经打得一塌糊涂。除此之外，奥匈帝国境内还有其他少数民族，如居住在特兰西瓦尼亚地区的罗马尼亚人，所以其民族的组成可以说是复杂极了。

奥地利军队不能打仗的一个重要的原因就是军队当中的各个民族太多，语言太多，大家说话互相也听不懂，文字也看不懂，信仰的也不是一个宗教，开战以后都是各自为政，谁都不顾谁，这样的军队怎么能凝聚得起来呢？所以当时在德国统一的时候，如果奥地利想要加入，那就有一个前提条件，就是你得把其他的民族都放弃，只有日耳曼民族可以加入，咱们成立一个德意志帝国。但奥地利因为拥有这么大的一个帝国，当然不会放弃对其他民族的统治，于是奥地利在德国统一的时候就没有加入到新成立的德意志帝国中去。虽然奥地利与德国完全是同一个民族，讲同一种语言，拥有同一种文化，以至于有很多作曲家都搞不清楚他们到底是奥地利的还是德国的，但最后奥地利并没有加入德意志帝国。奥地利本来应该是个世界级的大帝国，在《圣日耳曼条约》签订以后，被整个肢解，最后只剩了这么点儿领土，没有了出海口，连平原都很少了，就剩下在山里的这么一小块领土。

关于《圣日耳曼条约》，虽然在我们的历史课本当中讲得并不多，但是实际上它是一个非常重要的条约，它决定了欧洲现在的版图，也埋下了欧洲在二战期间、冷战期间以及战后的大量的祸根，最终决定了今天的欧洲分成了这么多小国。这个条约在其中起了至关重要的作用，因此今天在这里稍微给大家梳理了一下。

| 雄才大略的秦始皇去世 |

公元前210年的今天，一代雄才大略的皇帝秦始皇去世。中国历史上有好几位有雄才大略的皇帝，毛主席有诗曰“秦皇汉武、唐宗宋祖”，秦始皇是排第一的，那确实是雄才大略。秦始皇当时灭了六国，结束了春秋以来诸侯割据混战的局面，统一了中国。他创立的专制主义的中央集权制和郡县制，在中国历史上影响深远。他北筑长城，使长城成为中华文明的象征。他还统一了文字、货币、度量衡。秦始皇不愧是千古一帝。其实早在春秋战国时期，人们出于平息战乱、防治水患、便于通商等要求，就产生了天下统一的强烈愿望。像孔子、孟子、荀子、韩非子等著名思想家都主张统一天下，如荀子提出“四海之内若一家”的想法，而《礼记·中庸》更托名孔子讲出“今天下车同轨、书同文、行同伦”的名言。秦始皇作为一个拥有雄才大略的皇帝，统一了中国，开创了延续了两千年的中央集权制、郡县制，并且进行了“书同文、车同轨、行同伦”的改革，就是让全国统一思想。秦始皇的这种做法就是为了让全中国不能像刚才讲的南斯拉夫那样。如南斯拉夫的塞尔维亚人与克罗地亚人，原来实际上是同一个民族，讲同一种语言，但因信仰不同的宗教（东正教与天主教），采用不同的文字（基里尔文字与拉丁文字，基里尔文字即斯拉夫文字），结果分裂成为两个不同的民族。彼此之间不能相互理解，就容易分裂。而中国作为一个统一的大帝国要用同一种文字，要用同一种度量衡，这样大家相遇时就可以互相沟通、互相理解了，这些实际上也是把一个大帝国维系和凝结在一起的最重要的东西。

当然了，在中国也有一种很有趣的现象，就是所有这些具有开创性的朝代，最后都出现了短命的现象。当年秦朝开创性地制定了这些制度，而且很多制度一直延续了上千年，但是秦朝却是特别短命的一个朝代，只有几十年就灭亡了。秦朝之后就是汉朝，汉朝实际上并没有什么开创性的东西，它其实整个继承了秦朝的这套衣钵，包括郡县制在内的这些东西，但是汉朝延续了好几百年。而后来隋朝时又开始大刀阔斧地搞创新，隋朝最重要的创新就是建立了科举制度，科举制度在中国维系了一千三百年，隋朝还修了大运河，做出了各种各样的贡献，包括它的兵役制、租税制等，但是隋朝也很短命。所以从这儿也可以看出来，这些改革型的朝代都非常倒霉，就是你上来就高屋建瓴地搞这些东西，对于老百姓来说接受起来就有困难，特别是在短时间内搞许多超大型的土木工程与对外战争，使用民力过多过急，搞得老百姓不堪重负被迫揭竿而起，这才是导致这些朝代存在时间很短的最主要的原因。中国历史上的秦朝和隋朝都是很短命的朝代，但在历史上这两个朝代又是非常重要的朝代，它们都是建立新制度的朝代。后来的汉朝继承了秦朝的衣钵，延续了几百年；唐朝继承了隋朝的衣钵，也延续了几百年。秦朝和隋朝短命的教训也告诉我们，一个国家的改革要循序渐进，太过激进就容易出现这种情况。

因为秦始皇搞“焚书坑儒”，人们骂了他两千年，在这儿我还要帮秦始皇平个反。其实当时远没有那么严重，秦始皇焚书并没有把所有的书都给焚了，他也没能力把所有的书都给焚了。秦始皇“坑儒”也不是把所有的知识分子都给埋了，秦始皇当年其实就是埋了几百个方士。这“方士”就是那些整天在那儿装神弄鬼的人，有的是魔术师，有的是练气功的，这种人到今天还有，靠耍耍魔术、练练气功就告诉你他能炼出长生不老药。这些人把秦始皇给骗了，所以当时秦始皇一生气，就把这些人都给埋了。这种行为其实并不过分，要不然还会接着祸害别人。今天大家都看到了，互联网上经常会出现一个所谓的“大师”，然后一堆大企业家、大明星还簇拥着他，其实他就是在骗人，这就跟当年的方士是一样的。

9月11日

《晓松说——历史上的今天》来到了 9 月 11 日。2001 年的今天，震惊世界的 9 · 11 事件发生，这是一件令世界发生改变的事情，今天重点跟大家聊聊这件事。

| 9 · 11事件 |

9 · 11 事件在短短十几分钟内肯定是讲不完的，因为它的发生不但改变了美国，改变了各种各样的关系，甚至改变了今天的整个世界格局。美国是一个联邦制国家，各州的权力都非常大，各州的人民、各县的人民、各市的人民采用的都是一种自治方式，权力越往上越小，到了联邦政府那儿一般就只有对外的权力，也就是主要负责决定对外的战争，以及进行外交这两件事儿。在 9 · 11 事件之前，实际上美国的联邦政府对国内的控制力远远没有各州大，但 9 · 11 事件之后就发生了非常大的改变。所以到现在美国国内还有那种关于 9 · 11 事件的阴谋论，说 9 · 11 事件是那些美国保守的政治家搞的，是他们想要控制人民，等等。美国政府明明知道这事，但还是让飞机去撞了……其实美国国内一直都有各种各样的阴谋论，包括珍珠港事件发生的时候，美国国内也有人说这是罗斯福为了要参战搞的阴谋，他想要帮帮他那位英国表哥，或者想要治治日本，所以他明知道日本要袭击珍珠港，但他还是让日本人干了，这样就把美国拖入了战争。珍珠港事件和9·11事件的时候，美国死的人数其实差不多，珍珠港事件美国死了有两千多人，9·11事件也有三千多人遇难。

美国从9·11事件之后到今天，这十几年来可以说是发生了天翻地覆的变化，美国政府开始以“反恐”为名在国内做各种各样的事情，包括对美国人民的强制征税。以前联邦政府不敢随便对老百姓强制征税，现在包括我在内，所有人都要强制交一个3%的反恐税，而且没有任何退税理由。别的税可以因为你生小孩，因为你贫困或其他什么原因去退税，但是这项反恐税是不能退的。由于征了反恐税，美国联邦政府就有足够的钱支撑，于是建立了一个庞大的特务机关。原来在美国并没有对国内的强大的受中央控制的机关，之前美国的中央情报局（CIA）很强大，但中情局主要是对外的，9·11事件之后美国成立了国土安全部，这国土安全部可是一个完全对内的部门。国土安全部综合了美国联邦的各个情报机构，包括从军事到警察各方面的，它控制了包括海关、使馆签证等各方面的事情，之前爆出来的“棱镜门”事件也和国土安全部有关。

在9·11事件之后，美国还通过立法实现了对整个国家的控制。我记得9·11事件之后关于监听的立法还在美国全国爆发了大辩论，如果没有9·11事件，美国人民是坚决不会同意让政府去监听人民的电话什么的。由于9·11这个事件，美国人觉得还是活命最要紧，在自由和活命之间，人们还是选择了活命，于是监听立法也被全民同意。“棱镜门”事件出现以后，奥巴马就说：“既然大家要安全，那大家就得牺牲一部分自由。”其实就相当于美国政府在要挟老百姓，如果你不牺牲你的一部分人权，不牺牲你的自由，那你的安全就保障不了，最后美国人民只好把自己的自由向国家献出了一部分，向后退了好几大步。实际上，后来的“棱镜门”事件在美国也没有引起特别大的反对声浪，没有人特别激烈地说你政府不能这么做。当然年轻人还是觉得斯诺登是个英雄，但是大家也没有对政府产生大规模的反对。为了反恐，就这么一个理由，从这儿也可以看出来，现在整个美国联邦政府已经到了非常威权的地步。

所以9·11事件极大地改变了美国的现状，而且也极大地改变了国际格局。其实在此之前，美国正处在冷战后期，当时的美国可以说已经没有敌人了。之前冷战的时候美国还拉拢中国，实际上是想让中国帮着它一块儿对付苏联。但后来苏联解体了，冷战结束了，美国最担心的其实就是中国。1999年美国针对中国驻南斯拉夫大使馆的导弹轰炸，2001年美国在南海针对中国战机的撞击，都严重地侵害了中国的领空、领土，中美之间的摩擦当时已经非常严重了。但是9·11事件一爆发，美国的整个重心、重点就全都从中国转移到了恐怖组织身上，转移到了那些搞自杀式袭击的极端分子身上。所以从这个角度来说，对美国是个大悲剧，但是在国际关系上，9·11事件的发生却给了中国十年的机会。因为在9·11事件以后的十年间，美国全部的精力都转移到反恐上面去了，没工夫再和中国对着干。而且这个时候美国还需要中国的合作，因为在它全力以赴去反恐的时候，世界上如果有一个大国处处跟它来劲，处处不同意它，那美国也会非常被动。所以美国这个时候就去想方设法地拉拢各个国家，当然也包括中国，说咱们一起去反恐吧，咱们先把恐怖组织打掉最重要。

9·11事件发生之后，美国国内的局势也非常紧张，我记得当时每次到美国去，一下飞机就会看到大量的美国警察，他们先把所有长得像穆斯林的人全都择到一边。以前这样的事情在美国几乎是不能想象的，因为以前如果这样做，那就叫种族歧视，而且是严重的种族歧视。但是9·11事件之后好几年，在美国只要乘客一下飞机，警察就会过来先把所有长得像穆斯林的人都弄到一边去单独检查，其他人尤其长得像中国人的都没事儿，直接就放过去了。所以大家从这件事儿也能看出来，当时美国国内实际上已经紧张到了这种地步，连种族歧视都开始了，所以说，在21世纪刚开始的第一年发生的9·11事件，是本世纪非常重要的一件事情，其影响之大是非常惊人的。

9·11事件发生的那天我记得特别清楚，我当时正在美国的家里，一开始是接到一个电话，让我赶紧看新闻台，我当时还不知道看什么，就赶快把电视频道调到新闻台。之后有好几天我都没出门，就是从头到尾地看新闻，因为当时美国所有的电视台已经不再播别的东西了，从早到晚二十四小时全是关于9·11事件的直播，那个架势就跟当年中国的5·12地震是一样的。我记得我看的时候先是第一架飞机撞上了世贸中心，开始还不明白是怎么回事儿，突然第二架又过来了，我记得特别清楚，这时所有的摄像记者都在那儿尖叫，然后眼看着第二架也撞过去，直到世贸中心那两栋大楼倒塌的时候，所有现场的记者几乎都快疯了。世贸中心的双子大楼是纽约的标志，是美国的标志，那是美国最高的大楼，是美国的标志性建筑。以前大家只要一看到纽约的照片，永远都是那两栋高高耸立的大楼，在9·11事件后美国人很长时间都不敢再去看有关纽约的老电影，因为电影中一定会出现那两栋大楼，大家一看到就会觉得非常伤感。今天的纽约标志已经变成了帝国大厦，而当年世贸中心的双子大楼才是美国的标志，只要看到这座大楼马上就能知道这是纽约。

9·11恐怖袭击应该算是世界恐怖袭击史上最厉害的一次，而且当时所有的恐怖分子可以说是已经疯狂了。那次的恐怖分子一共有二十个人，但有一个没有上飞机，这个人最后也被抓起来关进了监狱，另外十九个人分别上了四架飞机。他们选择的全都是美国从东海岸飞西海岸的飞机，也就是在美国国内飞行距离最长的飞机，因为长距离飞行的飞机装的油多。从美国东海岸飞到西海岸要五六个小时，这样飞机至少要装上上百吨的油，这上百吨的油其实才是恐怖分子真正的武器，那差不多就相当于一个小型原子弹。当装满了油的飞机快速撞向高楼的时候，会引起剧烈燃烧，从而导致高温，这个高温几乎能把整栋大楼的构架都熔化了，然后楼就会迅速地垮塌。所以大家看录像会发现，这几架飞机撞向大楼的时候，选择的撞击目标都是大楼很低很低的楼层。因为楼上面的部分很重，你撞的目标越低，那么当飞机里的燃油剧烈燃烧时，只要大楼一燃烧，这栋楼的构架就会熔化、弯曲，整个楼就会垮塌。

当时我看美国的电视直播，电视台做了各种专访，他们还专门找到了那些恐怖分子去航校学开飞机时的教练，对教练进行了采访。教练一边描述这些恐怖分子的情况，一边才恍然大悟，说："哎哟，我当时怎么那么笨，这帮恐怖分子当时只说学怎么降落就行，而不学如何起飞。我还奇怪这些人为什么不学起飞呢，今天我终于明白了，原来他们是要劫机。"大家知道劫机的时候，起飞是不需要恐怖分子去做的，飞机驾驶员起飞就行了，这些恐怖分子在劫机之后只要学会降落就行。其实对准一栋大楼去进行恐怖袭击的难度是很大的，因为一般飞机降落的时候，跑道周围通常没有其他的建筑，所以周围的气流是比较稳定的，而要精准地对一栋大楼进行袭击要求是非常高的。纽约到处都是高楼大厦，你要穿过这些高楼大厦并准确地撞在一栋高楼一半高度以下的地方，而且降得越低越好，这就需要恐怖分子掌握极高超的降落技术。大家看到，在第二架飞机撞向大楼的时候，已经完全失控了，当然最后还是准确地撞到了大楼。所以这些恐怖分子在学习降落技术的时候就是怀着必死的决心的，不学起飞，只学降落。

9·11事件的发生其实和美国政府对待阿拉伯人的政策有着直接的关系，在9·11之后美国还是以强势的方法去对待这些阿拉伯国家，包括打阿富汗、伊拉克等，但他们并没有真正地反思这些恐怖分子为什么会如此决绝。这十九个人实际上都在美国生活了很多年，他们也都受过很好的教育，很多人还是硕士，有人还留过学，他们并不是那种愚昧、无知的人，但是这些人竟然为了自己所谓的“信仰”去做出这样极端的事情。大家知道在世贸大厦双子大楼办公的那些人，其实跟军事没有任何关系，甚至他们很多人并不是美国人，这三千多名遇难的人来自六十二个国家。这些恐怖分子竟然向全世界的平民去实施报复，去发泄对美国政府的不满，我觉得这就叫恐怖袭击，必须要受到惩罚。

我看现场录像的时候觉得特别难过，大家知道以前在美国是楼层越高越有风景，所以租金就越贵，世贸大厦到顶层一百层、一百一十层的时候租金已经非常贵了，那里全都是美国最好的公司，包括融资公司、媒体公司等，全是水平最高的精英在那里工作。飞机撞到大楼以后，整栋楼起火燃烧，大家实在没有办法逃生，就看到十个人、八个人、七个人一起贴在窗户外头，大家手拉手，从一百层、一百一十层跳下来。当时我看到这个场面都快哭了，因为那些人，咱们且不说那是精英吧，就是普通的老百姓，我猜每个公司里肯定还有各种不和，你吃我醋，我吃你醋，任何公司都有这种情况，而在那个瞬间，大家手拉手一起跳下去。从一百层的高楼跳下去是不可能活的，底下发出那种特别恐怖的惊叫，美国人很少经历那样的苦难，它不是一个饱经苦难的民族，看完那一幕简直是太恐怖了！

9·11事件之后，美国凡是在高楼办公的公司，员工都要求配备降落伞，不但要买降落伞，还要求更高的工资，所以后来就变成越大的公司租的楼层就越靠下，越小的公司因为没钱就都租在顶层。我记得当时还看到有记者采访了一位女性，她说："我昨天被开除了，当时特别生气，我丢了工作，怎么办，正在家郁闷呢，突然听说今天我的同事们都死了，我觉得我是最幸运的一个人，人生就是这样的。"还有一个公司，老板出去开会，开会回来以后全公司都没了，所有的员工都死了，就剩他一个人了。这个老板在接受采访时说："我和董事会做了一个决定，我们这个公司以后每挣一块钱，就会拿出四分之一，为公司所有遇难的员工建立一个家属基金，我们必须这么做，这样我们的良心才能过得去。"当时所有的人都守着电视看，就跟我们 5 · 12 地震以后一样，大家看着电视除了哭就是哭。

我们还看到了各种英雄事迹，当时第四架飞机的袭击目标是白宫，最后在头等舱的那几位乘客英勇地上前和恐怖分子搏斗，因为他们已经知道自己肯定活不了了，其中有一个人还给妻子打了电话，妻子告诉他前三架都已经撞了，这架飞机看电视直播应该是往白宫飞。他分明是惊呆了，随后告诉妻子他们不会坐以待毙，最后对妻子说："我们必须做一些事情。"那其实就是在做最后的诀别。头等舱的那几个乘客中有好几个都是大学橄榄球队的四分卫，那都是精英，他们就和恐怖分子勇敢地搏斗，最后才使得这架飞机没撞到白宫。

世贸大楼着火以后，也牺牲了很多消防队员，所有的消防队员都义无反顾地冲向大楼。大楼里的人都排成一排单列，这个确有其事，并不是做的宣传。我在美国亲身经历过火灾，当时我从十层楼上跑下来，大家都是排成一排单列沿着墙往下跑，另外一侧全部让给消防队员和伤员，或者是留给老弱病残的人。世贸中心起火以后，从八十层开始，人们全都排成一排，沿着楼梯往下走，另一边全都留给消防队员往上冲以及往下抬伤员。在直播中还出现了一个华人，他从大概八十层背着一个伤员往下走，实际上他根本就不认识这个伤员，但是就这样一直背下来，当时有大量这种感人的故事发生。

9 · 11 事件过了一两年以后，我还到世贸中心的遗址去看了看，因为纽约停车场很少，我当时把车停在稍远的一个地方，交给一个莫斯科人帮我看管，我还跟他聊了聊天。我说："你们离世贸中心这么近，当时应该看到 9 · 11 事件发生时的那个场景了吧？"他说："是的，当时突然所有的灯全灭了，那种滚滚的尘土就进来了。"其实第一架飞机撞向大楼的时候，中间的楼就被撞塌了，飞机的碎片带着楼的碎片一起飞出去，把下面的楼都埋掉了，正好把入口埋住了，整栋楼全黑了，只能看到滚滚的尘土。他说："我一直冲出去，直到第二天早晨才被大家刨了出来。我永远都记得，整个街道这么厚的尘土，全都是那些碎片以及人被炸飞后的碎片，再加上那些建筑的碎片等，整个街道都已经面目全非。"

9·11 事件是一次非常严重的恐怖事件，我觉得无论有什么民族矛盾，有什么宗教矛盾，大家都不能找平民去报复。

Today

in History

9月12日

《晓松说——历史上的今天》来到了9月12日。1948年的这一天，辽沈战役爆发；1980年的这一天，姚明出生，生日快乐！

| 辽沈战役爆发 |

1948年的这一天，辽沈战役爆发。我们的历史书中一直记载的都是“三大战役”——辽沈战役、平津战役和淮海战役，给人的感觉是三大战役的规模不相上下，而且辽沈战役在三大战役中歼灭敌军的数量还是最少的，但是实际上辽沈战役才是战争真正的转折点。大家下过围棋就知道，围棋最紧要处谓之“胜负手”，乃决断之机，辽沈战役就是战争中的“胜负手”，这个时候抛出“胜负手”就是要跟对方拼了，而且当时双方都没有胜利的把握。而到淮海战役的时候，实际上就已经是“屠大龙”了，因为“胜负手”的关键问题在辽沈战役中已经解决了，剩下的就是能不能歼灭这条“大龙”了。而到平津战役的时候，实际上就已经是收官战了。所以三大战役中的后两次战役，早打还是晚打，战果大小，都不会影响解放战争的整个格局，只是会影响一点儿进程，但是辽沈战役这个“胜负手”之战却是非常关键的，双方哪边胜，对方就基本上大势已去，所以辽沈战役是解放战争中最重要的转折点。

关于辽沈战役有很多的细节，今天我就不多讲了，我主要讲一下为什么我管这场战役叫作抛出“胜负手”。在辽沈战役之前和之后，我军的战局有重大的不同：辽沈战役之前，我军的总人数、总实力都不如国民党军，但辽沈战役之后整个战局发生了改变，我们的优势已经超过了国民党军，而且两军在各个战场互相僵持的情况下，我军腾出了一只最强大的“手”。辽沈战役之前东北的国民党军和我们东北的野战军一直这么互相掐着，东北野战军的实力要稍微超过一些东北的国民党军，但是这是当时我军实力唯一超过国民党军队的地区。大家知道辽沈战役当年是在锦州开打的，而在离辽沈战场最近的平津地区，集中了傅作义集团的五十多万大军，而且实力远远超过当时跟它僵持的聂荣臻元帅指挥的华北野战军。在整个华东地区，当时由粟裕指挥的“三野”的实力也不如集结在徐州的将近八十万的国民党重兵集团。在华中地区，白崇禧率领的以武汉为中心的重兵集团的实力也远远超过“二野”，当时刘邓大军由于挺进大别山损失巨大，大概只剩下了七八万人，后来被称为“二野”。“二野”因为没有后方基地，损失也巨大，在实力上远远不如华中的国民党军。而在西北，彭德怀指挥的“一野”的实力，更是远远不如当时集结在西安的胡宗南的重兵集团。所以我们各个地区的军队实力都不如国民党，但我们当时的策略是“全国一盘棋”，虽然在各个地方我们的实力都弱于国民党军，但我们却在每个地方都死死地缠住了国民党军，让国民党军队不能随时过来支援东北战场。

大家想，北京离山海关那么近，如果在辽沈战役中，国民党军队能够随时过来支援的话，那战争的形势就会大变。当时傅作义如果真的是蒋介石嫡系的话，很快就能打进山海关，支持辽沈战场。可惜傅作义不是蒋介石的嫡系，傅作义一开始就是晋绥军出身，他是阎锡山的部下，后来他连阎锡山的话也不听了，在抗战当中形成了自己的傅系晋绥军，根本就不听蒋介石的。如果国民党像我们一样“全国一盘棋”的话，那平津地区傅作义这支五十多万的大军完全可以放弃平津，直出山海关夹击我军，那我军就会变得非常被动。当时国民党的海、空军的实力远远超过我们，如果集中在徐州的将近八十万国民党重兵集团立即海运，或者一起北上，哪怕是在北平的和在徐州的重兵集团一起夹击在济南周围的“三野”，然后共同北上，那都来得及。但是当时的实际情况是我党、我军令行禁止，全国一盘棋，而国民党军队完全是分散作战，大部分军队都是在那儿看。辽沈战役开始以后，我军的整体实力虽然不如当地的国民党重兵集团，但是全部向国民党军发动了进攻，其实就是为了拖住全国的国民党军，为东北地区腾出时间和兵力。

而国民党军全都在那儿看，首先是傅作义庞大的晋绥军系统就在那儿看着不动，连蒋介石亲自到了北平指挥都没用，最后蒋介石只把傅作义下面自己嫡系的中央军调出来了大概两个军。其实当时在傅作义下面还有好几个中央军的重要兵团，比如李文兵团、石觉兵团，都没有动。傅作义还有一大批部队被聂荣臻指挥的华北野战军死死拖住，华北野战军实际上还不如傅作义部队精锐，但他们死死地拖住了傅作义。粟裕指挥的华东野战军，也就是后来的“三野”，更是奋不顾身。9 月 12 日，东北野战军发动辽沈战役，两天之后华东野战军在南北都是国民党重兵集团的情况下，强攻济南，这是非常重要的一手配合，就是在“胜负手”的时候，你在这儿断一手，在旁边还要配合一手。济南被我军攻下以后，立即就切断了国民党军队在徐州和北平的两大重兵集团之间的联系。傅作义不要说再去支援东北，这回连自己的后路都被切断了。大家知道，北京、天津、济南、徐州都是津浦线上最重要的城市，国共两军都据守在这里。我军在进攻济南的时候，无论是北面的平津还是南面的徐州，这两边都有国民党军队的重兵集结。当时差不多就是这种阵势，所以华东野战军也没有取胜的绝对把握。但最终华东野战军还是一举攻下了济南，彻底切断了徐州与平津这两大重兵集团之间的陆上联系，这使得津浦线沿线的局势一下子得到了改观。其实在这个时候，如果傅作义在北平的集团和杜聿明在徐州指挥的集团共同南北对进，再反攻回济南，还是有机会把济南夺回来的。可是国民党这个时候是怎么干的呢？由于国民党在东北的主要将领水平都不行，最后国民党只能把杜聿明从徐州调到葫芦岛去指挥辽沈战役。而杜聿明从徐州一调走，在那里的八十万国民党军居然就停在那儿原地不动了，一直等到辽沈战役结束也没有做出任何动静。实际上当时华东野战军刚刚攻破济南，我军伤亡重大，而且还需要大量的时间对在济南俘虏的国民党起义部队进行再教育，然后才能编进我军，之后还要进行共同训练，因此，这时候国民党还是有很多机会收复济南的。但国民党驻在徐州的将近八十万大军就在那儿一动不动地看着；武汉那边就更不用说了，白崇禧的桂系也和蒋介石不是一条心，根本就不肯动，连淮海战役打到最关键的时刻他们都不愿出动一兵一卒去支援；西北地区的国民党部队也不动，当时彭德怀的西北野战军的实力实际上只相当于东北野战军的两个军，但是也拖住了国民党的几十万重兵。

在这种局势下，虽然我们在大部分地区单独的军队实力都不如国民党军队，只是在东北稍微占有一些优势，但是我们执行的是“全国一盘棋”政策，大家都全力以赴，所以辽沈战役称得上是一场“大决战”。辽沈战役还不像后来的淮海战役，在打淮海战役的时候，我军是有大后方的，当然打得也很艰苦。平津战役就更不用说了，当时国民党军队已经是必败无疑了，他们所面对的问题已经是投降、逃跑还是顽抗了。

辽沈战役的关键性的第一仗——攻打锦州是在双方都断了对方后路的情况下进行的，此时守卫锦州的国民党军队已被我军团团围住，而围攻锦州的我军当时最重要的后勤补给基地就是彰化，也被国民党军队切断了。国民党军最精锐的廖耀湘兵团（即抗战时由美国在印度训练的新一军与新六军，被称为驻印军，俗称远征军）从沈阳出动以后干的第一件事儿，就是把我围攻锦州的东北野战军的最重要的后勤补给基地彰化给占领了。东北野战军几十万大军的后勤补给线被切断后，我军马上就动员人民从内蒙古临时修了一条补给线。而在东北的所有国民党军队早就被我军包围在沈阳、长春与锦州这三座孤立的城市里。所以廖耀湘兵团离开沈阳，其后勤补给线也随时有被我军切断的可能。而另一支国民党援军侯镜如兵团是从葫芦岛登陆的，当然也没有稳固的陆上后勤补给线。所以攻防锦州的国共双方当时都被占领了后勤补给的基地，而在双方都没有后方的情况下，最后就是决一死战。英雄的东北野战军打出了士气，不仅在塔山挫败了侯镜如兵团的猛攻，还一举攻克了设防坚固的锦州，全歼了守敌，打赢了关键的第一仗。接着又和平解放长春，最后再以摧枯拉朽之势迅速全歼廖耀湘兵团，解放了沈阳与东北全境。当时在东北的国民党军队虽然数量不如东北野战军多，却是一支非常精锐的部队。抗日时期国民党最重要的驻印军与远征军，以及其他的重要嫡系部队都在那儿。最后东北野战军居然歼灭了四十七万多国民党军，而我军的伤亡仅为六万多人，这是非常漂亮的一仗。这一仗打完，东北野战军的百万大军入关，全国的战局就此彻底改变，国民党军队当中已经没有任何一支部队能跟东野抗衡。所以这场战役是真正的解放战争“胜负手”，辽沈战役打完以后，解放战争就大局已定了。

| 篮球巨星姚明出生 |

下面讲一讲姚明。1980 年的今天，姚明出生。我从小就特别喜欢看各种体育比赛，于是就养成了一种特别怪的心态，每次看各种比赛都会觉得这些叔叔踢得非常好，或者球打得非常好，老觉得自己是个小孩。以至于后来看姚明的时候还把自己当作一个小孩，以那种仰视的心态，总觉得这些大球星好厉害！但是再一想，哦，1980 年出生的姚明已经退役了，他比我小了将近一轮，然后就觉得很伤感，姚明已经是一个老运动员了，我也是一个老观众了，连世界杯都看了那么多届了，时光飞逝，真可怕。

关于姚明，大家都非常了解，我就不多说了。我只说一个稍微有一点儿伤感的事情，就是 2013 年的全明星赛正好在休斯敦。每年的全明星赛都是最漂亮的，东部、西部的明星全部参与，基本上就是属于一场表演赛。每次赛场第一排的座位都会坐满各种明星，这次我特别激动地看到了姚明，当时镜头一个一个地推向那一场的众多明星。当镜头给到碧昂斯的时候，全场热烈地鼓掌，碧昂斯的老公 JAY-Z 当时也在现场，场面非常热烈。当镜头给到休斯敦火箭队当年的老球员时，全场也都热烈地鼓掌，感谢他们对休斯敦队做出的贡献。结果当镜头给到姚明的时候，我们大家都惊呆了，全场竟然鸦雀无声，姚明虽然是老运动员了，他也是久经赛场，但我看到那时候他也非常尴尬，解说员也很尴尬。本来解说员说到姚明的时候也特别有激情，但结果居然全场一点儿掌声都没有，然后解说员赶快说下一个人，才让这个尴尬的瞬间赶紧过去。我也看了这场比赛的直播，就在那儿想，姚明作为休斯敦火箭队当年绝对的主力，代表休斯敦打了那么多年球，参加了那么多场全明星赛，可是在休斯敦的观众、球迷们感谢一个又一个的老球员的时候，居然到了他那儿没有了掌声，这让人非常奇怪。

当然我们不能把原因归结到种族歧视，在体育界是没有种族歧视的，尤其是在篮球界，黑人球星从乔丹到科比等，都是深受大家崇拜的大明星。那究竟是什么原因使姚明会遇到这种尴尬？我也比较热爱篮球，喜欢看 NBA 的比赛，而且我尤其喜欢姚明当时效力的休斯敦火箭队。我住在洛杉矶，每次看球都感觉自己特别另类，尤其是看湖人队与火箭队的比赛时，全酒吧的人都支持湖人队，只有我一个人为火箭队欢呼。在美国，NBA 的常规赛是不在开路电视台放的，常规赛是收费的，到季后赛才会在开路电视台放，我为了看火箭队的比赛，专门每年花 47.99 美元，购买一季的火箭队的常规赛的比赛收视权。这次我突然发现了姚明遇到的尴尬，我也没时间去采访一下休斯敦的球迷到底是出于什么心态，只能猜测一下，可能是因为姚明最后两个赛季成绩不好，或者是那么容易受伤，大家觉得有点儿蹊跷。不管怎么样，我都相信姚明受伤是真的。即使有问题那也是整个经纪团队从商业角度出发去做的事情，可能很多经纪团队都会有这种想法，他们永远希望运动员留给大家的都是他最辉煌的时刻，包括另外一位上海籍的大明星运动员刘翔遇到的也是这种问题。当时球迷们可能会觉得你不是在那儿全心全意为休斯敦打球，而是出于更多的商业考虑、更多的商业包装，所以才导致了最后球迷们也不是那么热情了。当年这些球迷热爱姚明简直都快到了疯狂的程度，姚明一接球全场都会热烈欢呼，他可是休斯敦最大的骄傲之一，但是现在成了这样的局面。所以我觉得运动员们或者其他的明星也都应该想一想，到底是商业包装、商业开发最重要，还是全心全意打球、全心全意做艺术更重要。

9月13日

《晓松说——历史上的今天》来到了 9 月 13 日。在 1759 年的这一天，英国进行了七年战争，最终击败了法国军队；1814 年的这一天，美国国歌《星条旗》诞生；1860 年的这一天，美国六星上将潘兴将军出生。

| 英法战争中英国击败法国 |

我每次都是尽量把历史事件联系起来讲，在同一天发生的事件，如果能有巧合，能有联系，当然是最好的，今天正好就有两件事有联系，1759 年英国经过了七年战争打败了法国，1814 年美国国歌《星条旗》诞生，我们把它们联系起来讲。

先说 1759 年的这一天，英国最终在魁北克地区打败了法国。英法七年战争的原因我们就不多讲了，因为比较复杂。当时在整个北美，英法殖民地相互交错。如果你打开 1750 年的北美地图就会发现，法国的殖民地从东北的圣劳伦斯河流域（今加拿大魁北克省），到中部的五大湖与密西西比河流域，直至南面的新奥尔良港口，连成一大片，占据着北美大陆的核心位置。而英国的殖民地则分成南北两部分，其东南一块是沿大西洋的北美十三州，其北面一块则分布在冰天雪地的哈得孙湾周围。所以英、法的殖民地就是这样互相交错分布。由此导致英法两国的交战地点也非常多，但是两国在魁北克的这一战，确实对后来的发展产生了非常深远的影响。对法国来说，直接影响到它内部的稳定，其专制统治也从此开始动摇，人民开始革命。而法国的战败也对英美两国产生了重大影响，为什么呢？大家知道，虽然英国胜了，但是长达七年的战争使英国耗费了大量的军费，到最后英国的财力也已经难以支撑了，于是英国就开始在它的北美殖民地额外征收各种各样的税，包括茶税、印花税等。为了反抗英国的横征暴敛，作为英国殖民地的北美十三个州的人民开始揭竿而起、举兵反抗，这就是美国历史上的“独立战争”。但美国人并不把这场战争称为“独立战争”，他们称之为“解放战争”，美国人认为他们并不是为了建立一个国家而去打仗，而是为了人民的自由、为了人民能够获得平等的权利而战。如果政府要向老百姓征税，那必须得有议会的授权，但议会中最起码得有我的人说话，如果议会中连我的人都没有，那向我征税肯定不行，这样才爆发了美国的“革命战争”。美国“革命战争”的爆发与胜利其实是直接受到了法国和英国的影响。法国因为战败，也跟英国死活不对付，所以就在美国的独立战争中坚决地支持美国。正是在法国的支持下，美国才取得了“独立战争”的胜利，不然光靠美国人民那几条破枪、那些游击队，是根本打不赢英国的。

英法七年战争结束，英国在魁北克战役的胜利，不但直接影响了美国的“独立战争”，而且还影响到了后来在1812年爆发的英美战争。1812年的这场战争又被称为“第二次独立战争”，不知道历史学家为什么要这么称呼这场战争，因为当时其实并不是英国不让美国独立，英美双方早已经签完协议了，美国联邦政府也已经成立了二十多年了，所以再叫“第二次独立战争”是不是不太合时宜？但不管怎么样，1812年战争在美国历史上都是非常重要的一场战争，美国历史上先后有三位总统都是来自于这场战争的战争英雄。1812年战争的爆发实际上有两个原因，一个是美国要把自己的领土向中西部地区推进，另一个是英国对美国一直支持法国耿耿于怀。

大家看美国地图会发现一个很有意思的现象，美国在刚刚独立的时候只有十三个沿海州。而现在美国的五大湖地区，包括芝加哥等，都被称为中西部地区，可是如果你在地图上看，这明明就是在美国的东边。美国从西往东一共分了四个时区，芝加哥只比纽约大概晚了一个小时，再往西再晚一小时，到加州沿海西海岸时再晚一个小时。最开始我还弄不明白，我说这芝加哥明明在东边，但为什么被称为中西部地区？其实就是因为当时美国刚刚独立时，只有东海岸的十三个州，之后就从这十三个州开始向中西部地区发展，后来美国一直推进到太平洋海岸的时候，这个地方就习惯性地被称为“中西部地区”。美国在向中西部地区推进的时候，已经接近了五大湖对岸的加拿大，当时英国政府就觉得很恐惧，美国越来越往外扩张，眼看都已经推进到五大湖南岸了，跨过五大湖再向北走就是加拿大，英国感受到了来自美国的严重威胁。大家再想想，1812年正是法国的拿破仑在欧洲称霸事业的高潮期，拿破仑率领六十万大军进攻俄国。这个时候英国以及欧洲各国也都在全力以赴地跟法国的拿破仑干。由于“独立战争”期间法国支持美国，所以美国与法国的关系始终都非常好。在“独立战争”以后美国继续保持和法国的贸易，支持法国。这时候英国一看，我这儿都跟拿破仑打成这样了，你美国还支持法国，再加上英国恐惧美国向中西部地区的大幅推进，所以才爆发了美国1812年的“第二次独立战争”。

现在魁北克地区属于加拿大，但直到今天，魁北克省还是一个讲法语的地区，当然它的法语已经跟法国国内讲的法语有很大不同了。魁北克省在1759年就被英国攻占了，后来法国的法语本身也在不断发展，有好多词都不用了，但魁北克省现在讲的法语还保留着法国已经不用的那些单词。我曾经帮席琳·迪翁录过音，席琳·迪翁就是魁北克省人，所以她的整个团队相互之间交流都用法语，当然他们的英语也没有问题，因为他们都是加拿大人。我们在一起录音的时候，大家会用好几种语言交流，他们自己相互之间说法语，然后和我们交流的时候就说英语。魁北克省还诞生了全世界最著名的太阳马戏团，我之前正好看过一部商业片，叫《大明猩》，讲的是关于大猩猩的事情。它的英文字幕当中就出现了一个不应该有的错误，它把“太阳马戏团”的名字给写错了。太阳马戏团应该叫“Cirque du Soleil”，这是一个法语名字，太阳马戏团是赫赫威名的老字号，很多著名的大秀都是它做的。所以当用它的名字的时候，一定要尊重魁北克人的习惯，人家用的是法语的名字。我看《大明猩》那个字幕上太阳马戏团下面写的是“The Circus of the Sun”，这说明翻译的人其实不知道太阳马戏团是从魁北克法语区来的，这是一个法语名字。

| 美国国歌《星条旗》诞生 |

1812年，美国的“第二次独立战争”爆发，《星条旗》这首歌就是在战争进行到1814年的时候诞生的。英国海军当时在世界上还是举世无双的，他们向巴尔的摩发起了进攻。巴尔的摩是离首都非常近的一个港口，在硝烟弥漫中，有一位美国诗人目睹了这一场景，他看到星条旗在战火中已经被打得几乎变成一块破布，但依然在硝烟中飘扬，于是眼含热泪写下了一首诗——《星条旗》。这首诗很快不胫而走，后被配上曲谱后流传全国。1931年，美国国会正式将《星条旗》定为国歌。（苏萨的著名进行曲《星条旗永不落》经常被误认为是美国国歌，这是不正确的。）

在我听过的世界各国的国歌当中，我觉得最好听的是三首战歌。第一首是我国的《义勇军进行曲》，那是在民族危亡的时候，人民发出的怒吼；第二首是法国的《马赛曲》，那也是法国大革命时期引导人民前进的战歌；第三首就是美国的《星条旗》，当时美国还是个弱小的国家，在和全世界最强大的英国战斗的时候，为了鼓舞人民的士气而写的这首战歌。这些战歌都非常好听，因为那是在战场上、在民族危亡的时刻，人民发自肺腑的声音，甭管是作曲家还是作词家，都是怀着最充沛的感情写出来的。所以说，我认为只有战歌才是最好听的国歌。

在这儿再多说一句，美国人民对国歌、国旗都怀有极为尊崇的信仰，无论你在什么地方，只要国歌响起，大家都会起立，而且要把手放在心脏这里，跟着唱国歌。在各种体育比赛之前运动员也要唱国歌，美国每年最盛大的橄榄球总决赛的时候，大家都要唱国歌，全场都跟着唱。我讲姚明的时候说到了NBA全明星赛，全明星赛的时候也要全场唱国歌，然后向着国旗敬礼，这就是美国强大的爱国主义教育。美国也有大量的这种洗脑式的爱国主义教育，包括每星期一的早晨各所学校都要唱国歌。其实好莱坞的电影也有非常强烈的政治倾向，就是要引导人民爱国，腐败的政府可以骂，腐败的官员可以骂，但是这个国家永远是至高无上的，永远是最好的，大家永远不能怀疑这个国家。

当然《星条旗》这首国歌也给美国带来了一个重大的问题，就是因为歌中唱到了“In God is our trust（我们信仰上帝）”，于是每次在升国旗、唱国歌的时候，尤其是学校强制升国旗、奏国歌的时候，信仰其他宗教的学生和家长就会来抱怨，甚至还因此产生过诉讼。他们说：“为什么要强制我们的孩子唱‘In God is our trust’，我们能不能唱‘In Buddha is our trust（我们信仰佛陀）’？因为我们是信佛教的，我们也爱这个国家，但是我们不能唱‘In God is our trust’。”除了关于这个的诉讼，还有一个诉讼是关于美国总统手按《圣经》宣誓就职，有好多人就觉得美国总统为什么要手按《圣经》宣誓？最后法院给出了判决：“总统有自己的自由，个人自由是超越一切的，总统可以按着任何一本书宣誓。”只是到现在为止，美国总统按的都是《圣经》而已。关于国歌的诉讼也是，诉讼到最后也赢不了，美国政府说，这只是歌里的一句歌词，《圣经》就是这么说的，宪法规定我们不歧视其他宗教，但歌你必须得唱。所以最后还是得在每个星期一的早晨一起唱“In God is our trust”，这在美国确实是一件很有意思的事情，很多人对个人的这点儿自由都斤斤计较。

| 美国陆军特级上将潘兴将军出生 |

下面来讲讲美国一战时期被独立授予陆军特级上将称号的潘兴将军。一战对于美国来说，并不是一场非常光荣的战争，一战时期的美军也不像后来二战时期那么叱咤风云、横扫世界、天下无敌。一战时期美军总的来说就是一帮“业余选手”，当时潘兴将军率领的美军部队其实大都是志愿军，都是大家各自从乡间、县里招募的一个连、一个营、一个团，他们都跟着潘将军去了前线。到了欧洲以后，这些美国大兵被英军、法军看不起，他们觉得你们这帮美国人根本不会打仗，干脆把你们拆成一个一个的团，编进我们法军或者英军当中。所以，美国一战以后没有一个英雄去当总统，大家知道美国每一次大战以后都会出现大批当总统的战争英雄，“独立战争”也好，1812 年的“第二次独立战争”也好，再包括美墨战争、美国内战、二战等，战后都有战斗英雄当了美国总统。美国内战以后有六个战争英雄当了总统，二战以后有七个战争英雄当了总统，而一战中一个都没有。

美国是个多民族的国家，每个民族都会绽放出自己民族最强的一面，德裔能征善战，华裔能写会算，各有千秋。大家看到一些高科技部门，像什么美国国家航空航天局，里面尽是华人。打仗的时候，德裔的美国人是最厉害的，所以美国最著名的将领中有好几位都是德裔。美国陆军历史上一共有两个特殊上将，一个就是潘兴，另外一个就是华盛顿将军，在独立战争的时候华盛顿还是中将，到美国建国二百周年，也就是 1976 年的时候，华盛顿被追授为合众国特级上将。在美国陆军中著名的五星上将，指挥整个欧洲战场的艾森豪威尔，也是一名德裔，还有指挥整个太平洋战场的总司令——海军五星上将尼米兹，也是一位德裔。这个非常有意思，大家知道，一战、二战都是美国跟德国人打，而这些美国的大统帅全都是德国人的后裔。

9月14日

《晓松说——历史上的今天》来到了 9 月 14 日。在 1368 年的这一天，元朝灭亡；1867 年的这一天，马克思的《资本论》第一卷出版。

| 元朝灭亡 |

首先讲讲 1368 年的这一天，中国历史上的元朝灭亡。这是无数汉人，包括有民族主义情结的人们特别高兴的日子，这一天我们驱逐了鞑虏，恢复了中华，实现了汉人的统治。实际上，我们整个中华民族在历史上就是在不停地“驱逐鞑虏、恢复中华”，这样的斗争一直持续到二十世纪初。当年蒙古帝国曾经横跨欧亚两洲，元朝作为世界历史上最强大的军事帝国之一，结果只统治了一百六十二年就灭亡了。我觉得这是一个值得深思的问题，不光是我们现在在思考，我猜清朝入关后，应该也做了很多的反思。正是在这些反思的基础上，清朝才得以统治将近三百年，清朝统治中国的时间几乎两倍于元朝。

实际上在元朝的蒙古帝国时期，整体的实力远远超过后来清朝的满族统治时期，但元朝为什么只统治了那么短的时间，我觉得最重要的一点就是元朝时期推行了赤裸裸的种族歧视政策，这个种族歧视政策永远都是非常负面的，包括对统治者自己。清军入关以后，虽然是满族统治了中国，但实际上清朝大量起用汉人来进行国家的管理，尤其到了清朝的后期，有大量的汉人进入到了统治阶层。满族人深知自己的民族人数少，不可能彻底地统治这个国家，所以清朝的皇帝一开始就认真地学习并吸收汉族文化，包括科举制度等，这些大清的皇帝慢慢就变成了比大部分汉族人还汉族化的满族皇帝。但是元朝时期不是这样，当然一个重要的原因就是蒙古帝国太强大了，蒙古人是从马上得天下的，它根本就看不起汉民族，也看不起当地的汉文化。蒙古当年可以说是“灭国四十”，走到哪儿都是屠城，到了中原也一样，它就觉得你们这些汉人不行，你们这些人打不过我，所以就都得听我的。到最后蒙古帝国统治了那么大的疆域，但蒙古人一共就那么两三百万，根本就没有足够的人做官来管理这么大的国家。但即使这样，蒙古人也不让汉人来做官，最后蒙古人实在不够了，他们就弄来了一堆色目人来元朝廷做官。当时蒙古人已经征服了欧亚大陆的大部分地区，在中亚、东欧与中东等地居住着众多民族。他们名称各异，叫法都不相同。当时就把这“各色名目的人”统称为色目人。还有一种通俗的讲法，是说中亚地区有大量的波斯人、阿拉伯人，这些人种的眼睛是有颜色的，大家也分不清他们到底是波斯人还是阿拉伯人，就统称为“色目人”。当然这种讲法虽然很生动易记，却是一种望文生义的说法。所以蒙古人统治中原以后，把中原人分成了四等，分别是蒙古人、色目人、汉人、南人。

排第一的当然是蒙古人，那是最高贵的。其次是色目人，蒙古人从中亚那些地方弄来了很多色目人来做官，包括后来明朝著名的大太监郑和，郑和的爷爷就是从中亚来的色目人，郑和的爷爷还去过麦加。所以郑和就是色目人，他爷爷就是那个时候来到中国的。后来我还开玩笑说，郑和下西洋的主要目的其实就是寻根，也就是找他的老家，因为他是穆斯林色目人。当时郑和舰队的全体指挥官，虽然他们都起了中国名字，但是实际上大部分都是色目人，所以郑和舰队实际上是大批的色目人去航海。排第三的是“汉人”，但是这个“汉人”跟我们现在说的汉人还不一样，这里的“汉人”指的是当时北方的汉人。排第四的是南方的汉人，也称为“南人”，当年南宋抵抗了蒙古很多年，所以蒙古人就觉得南方的汉人应该是排在底层的。

元朝最初一直不让汉人做官，不让汉人参加科举考试，直到元朝后期觉得实在不行了，才恢复了汉人参加科举考试的权利，但是那时候已经来不及了，大厦将倾，已无力回天。大家纵观一下科举考试一千三百余年的历史，应该说中国绝大多数的状元、榜眼、探花都来自南方，其中有七成状元来自江浙两省，但元朝把这些“南人”排到了社会的最底层，大量的精英没有机会进入到统治阶层。元朝还把人分成了三六九等，当时有“一官二吏三僧四道五医六工七优八娼九儒十丐”的说法，知识分子也被打到了社会的最底层。“七优”，“优”是什么人？就是我们这些搞音乐、跳舞的；“八娼”，“娼”就是娼妓；“九儒”，“儒”就是知识分子，知识分子还排在娼妓的后面，所以为什么叫“臭老九”？就是因为知识分子被排在第九位；“十丐”，“丐”就是指乞丐，只有乞丐排在知识分子后面。所以，大家看元朝时候的知识分子竟然处于这样的位置。当然有一点我比较高兴，就是在整个中国历史上，搞音乐的人一直都毫无地位，跟文人相比，这些艺人几乎什么都不是，但只有在元朝，艺人也就是“优”排在文人前面，排第七。

元朝给中华文化带来的破灭也是巨大的，在南宋时期，中国在世界上已经处于非常领先的地位，当时中国的经济总量已经占到了全世界经济总量的很大一部分，全世界其他国家都没有南宋富有。南宋的科技、工商等各方面也都处于世界前列。但到了元朝，中国的领先地位已经荡然无存，元朝毁灭了中国大量本来可以持续发展的东西，要不是元朝把这些东西断开，我们可能早就文艺复兴了，我们可能早就实现大航海了，我们可能早就进入了资本主义了，但这一切都被元朝给隔断了。但元朝唯一的好处，就是对原来处于社会底层的娱乐文化的发展有一定的刺激作用，过去的知识分子因为都热衷于参加科举考试去当官，所以大家认为写诗、写词什么的并不是个正事儿，把这个叫作“淫词艳曲”，大家认为所谓的正事就是去做官，副业才是写点儿诗词。到了元朝，因为这些汉人知识分子没法去参加科举，也当不了官，所以大批的知识分子就被迫靠写作、靠音乐为生。元朝有一个供知识分子去卖自己的音乐和文学作品的地方，那就是“勾栏”，这勾栏其实就是宋元戏曲在城市中的主要表演场所，相当于现在的戏院。那个时候对于这些处于社会底层的文人来讲，已经当不了官了，要靠写这个养家糊口。你做官的时候写的诗，有人看没人看无所谓，反正有俸禄。但这个时候你要靠写作生存下去，就要让青楼里面弹唱的都是你的词，演奏的都是你的曲。如果没人爱看，没有客人来，那你马上就会被解雇，你马上就失业了。所以大家只能拼命写，结果由此诞生了中国历史上非常辉煌的元曲和元杂剧。在元朝之前文人们也就是写写小品，最多写篇文章，也就是写出像《赤壁赋》《滕王阁序》这样的文章，到了元朝才有了戏剧这样的东西。在整个世界文学史上，戏剧的地位当然已经是远远高于小品文、散文等。元朝由于实行的是市场化，戏院需要演出，需要卖票，需要招揽客人，所以就诞生了大批像关汉卿、白朴等这样的大戏剧家。元朝的戏剧当中用了大量北方的白话文，你看关汉卿写的东西，今天基本上都能看得懂，也不掉那么多书袋，里面用了大量的北方民间的白话文，我觉得这是中国文学史上的一个高峰。元曲的音乐也是中国音乐的巅峰时期，可谓中国音乐及外族音乐的集大成者，但可惜元曲至今已失传大半。很多流传下来的词当时都是能唱的，什么“我是个蒸不烂、煮不熟、捶不扁、炒不爆、响当当一粒铜豌豆”，但现在只剩下了词，也不知道因为什么这些曲子都失传了。

在我们的正史记载中，元朝只统治了一百六十二年就灭亡了，但实际上，按元朝自己的记载，元朝并没有灭亡，只是统治的地方变小了，原来元朝统治那么大一块地方，到后来退回到自己的老家去了，但那也是咱今天中华民族的一部分，也是咱中国版图的一部分，只是它变成了“北元”。最后也没有打仗，徐达北伐到了通州，就是今天北京通州区，元顺帝自个儿出了北门就回家了，历史上管这个时期叫“北元”，但人家自己的历史记述中根本没“北”这字，还是叫“元”，只是统治的地方回到了自己老家而已。北元在明代初年又苟延残喘了三十多年（1368—1402）才彻底灭亡。

|《资本论》第一卷出版|

在 1867 年这一天，马克思的《资本论》第一卷在英国伦敦出版。《资本论》中文版的发行量，应该是全世界所有其他国家各种版本发行量的总和，我们从小学历史、学政治等都要讲到《资本论》，到今天我们的大学里还有马克思主义哲学这个专业，还有硕士、博士学位。关于《资本论》我就不多讲了，我只讲一点儿小事情。

传说革命导师马克思由于写《资本论》，每天都泡在伦敦图书馆，他查的资料可谓汗牛充栋，以至于有人说在大英图书馆中，他常坐的那个位子底下竟然磨出两个坑来。当时看到这个记载以后觉得好震撼，马克思还有点儿少林功夫的意思，因为以前去少林寺曾经看见地上确实能踏出两个坑来，就觉得马克思的武功好高深。后来我专门去了大英图书馆，还认真仔细地找了找，也询问了工作人员，实际上并没有那两个坑。但是这并不代表马克思不努力，估计他并不是老坐在同一把椅子上，所以两个坑是没有的。很多这样的传说其实都是大家为了敬仰某一个人，为了表示尊重某一个人，就经常把很多美好的东西都赋予在他身上。比如大家都传说西点军校有雷锋像，我就专门去西点军校找了半天，我还问雷锋像在哪里，后来确实没有看到雷锋像。当然这并不代表雷锋不伟大，只不过很多时候大家为了尊敬一个英雄、尊敬一个导师，经常会创造很多传说。其实这是我们的传统，比如说大家把诸葛亮说得神乎其神，把关羽已经神化到关帝的地步了。

9月15日

《晓松说——历史上的今天》来到了 9 月 15 日。在 1939 年的这一天，著名的诺门罕战役结束；1950 年的这一天，美军在朝鲜仁川登陆；2008 年的这一天，美国投资银行雷曼兄弟破产，引发全球金融危机。

| 诺门罕战役结束 |

首先来讲一下让中国人民听了以后觉得扬眉吐气的诺门罕战役，1939 年的今天，著名的诺门罕战役结束。大家想一想诺门罕战役结束的时间，1939 年 9 月 15 日。在 1937 年 7 月 7 日的时候卢沟桥事变爆发，日军开始大规模地侵略中国，到 1938 年武汉已经被日军占领，1939 年中国已经进入到抗日战争最艰苦的相持阶段。这时候苏联军队在蒙古和东北的边境诺门罕地区大破日本最精锐的关东军，给中国人民以极大的鼓舞。诺门罕战役也对二战的形势产生了深远影响，虽然从规模上来讲，它和二战期间的其他各大战役是没法相比的，不要说和苏德战场上动辄出动百万大军互相搏杀是没法相比的，即使和中国抗战时期的淞沪战役、武汉战役双方均出动数十万大军激战都没有办法比。

诺门罕战役虽然规模不大，但是它对二战的形势产生了极为深远的影响。为什么呢？大家知道，德意日是二战中的“轴心国”。这三个轴心国其实就是三条狼，准备对付世界上的另外三只大老虎，其中英法是一只大老虎，苏联是一只大老虎，美国也是一只大老虎。这三条狼要想战胜这三只大老虎，当然最好的方法就是先合伙攻击其中一只大老虎，直到咬死它为止，然后一起去咬死第二只大老虎，最后再一起去咬死第三只大老虎，这应该是狼群作战中最有效的方法。但在二战爆发后，这三个轴心国却变成了各自为战，即名为德国的这条狼在欧洲独自去咬苏联这只大老虎，而名为日本的这条狼却在亚太地区独自去咬美国这只大老虎。它们互不配合，完全是孤军作战。那么德日两国为何会采取这种最笨拙的作战方式呢？诺门罕战役在其中起了重要作用。在诺门罕战役中日本从东边打的虽然是蒙古，但实际上面对的是苏联，德国当时是从西边面对苏联，如果日后的战局不是各自为战，而是德、日两国东西对进合力攻打苏联，那么整个二战的进程就会改变。如果后来日本不去袭击珍珠港的话，美国也没有理由去参战，美国这只大老虎便会在一旁驻足观看，看着德日意这一群狼一起去咬苏联这只大老虎，那么二战的结果就会完全不一样。

日军原来是不怕苏俄的。日军曾在日俄战争中大败俄军，当时那场战争就爆发在我们中国东北的土地上，日本从此也进入了世界强国的行列。加上苏联十月革命以后，日本还跟着美国等列强一起出兵到过西伯利亚，东打西打了一通，虽然最后日军还是撤回来了，但是那时候日军也没觉得苏联红军有多厉害。日本武士道精神就是整天觉得自己天下无敌，所以诺门罕战役是日军主动跑去挑衅苏军的，想看看苏联红军到底厉害不厉害。但在这次战役中日军被打得溃不成军，所以从此对苏联红军产生了极大的畏惧。从表面上看诺门罕战役是“伪满洲国”和外蒙古之间的战争，因为诺门罕是处于“伪满洲国”和外蒙古交界处的一个有争议的地区。其实这场战争是由双方背后真正的掌控者在打，众所周知，真正掌控“伪满洲国”的是日本人，而实际掌控外蒙古的则是苏联人。在诺门罕战役中苏军总共投入了十万大军，日军也把关东军的大量精锐部队投入前线。双方的空军、装甲兵与炮兵也都悉数投入了战斗。

诺门罕战役开始的时候二战还没有爆发，所以这次战役应该说是日苏两军有关机械化战争的一次真正的战前实践。在一战之后，世界各大强国都提出了关于装甲兵作战的理论，德国的古德里安有他的一套战争理论，苏联红军的图哈切夫斯基也有他的一套战争理论，但是这些理论大家都没实践过。诺门罕战役应该是世界战争史上第一次双方都投入大量装甲兵进行残酷较量的一次战役。苏联的装甲兵一加入战斗，日本才发现自己的部队根本就不行，完全不符合现代战争规律。当时日本的陆军虽然也号称世界一流，但其实只是单兵素质比较高，枪打得比较准而已，其武器装备与作战理念已经明显落伍，仍停留在那种以步兵为主、炮兵为辅，飞机与坦克只起次要作用的较低水平上。而当时的苏军虽然也是第一次加以实践，却已提升到以坦克集群为进攻主力、以飞机大炮提供强大火力支援，然后再由步兵跟进的标准的机械化作战的较高水平上。所以苏军的整体作战能力已远远胜过日军。

苏联在诺门罕战役中的指挥官就是后来的苏联红军统帅朱可夫将军，当时朱可夫还不是那么有名，诺门罕战役可以说是他的成名之作。在这次战役之后朱可夫被封为“苏联英雄”，在二战期间成为苏军的最高统帅。朱可夫是一个善于运用新军事思想的统帅，他在诺门罕动用了大量的装甲兵、炮兵与空军，最后把日军打得落花流水。当时的日本陆军仍以步兵为绝对主力，在众多的部队中只有一个机械化师团。当这个唯一的机械化师团上了诺门罕前线后，竟然也与步兵一样，在苏军的装甲部队面前变得不堪一击。原来日军的坦克全部是那种只有七八吨重的轻型战车。这可能与日本山脉众多的地理状况有关，那些山沟沟里的桥梁其实形体与承重量都特别小，所以日本开发的坦克都是极轻型坦克，比欧洲的轻型坦克还要轻得多。这种坦克主要是为了能在水稻田里行驶，能在深山峡谷中钻进钻出。所以当苏军的重型坦克冲过来时，日军的轻型坦克根本就不堪一击。日军的坦克还来不及开炮回击，苏军的坦克就直接从它的上头碾过去了。当坦克不堪一击时，日军只能靠步兵来发动自杀式冲锋了。不过当他们拿着手榴弹冲向苏军坦克时，等待他们的只能是死亡。在诺门罕战役中日军可以说是全军覆没。

最后日军的战俘倒是都被放回去了，但是他们回去以后就跟受了刺激一样，一个劲儿地说：“咱们千万别再跟苏联打了，那炮火之猛烈，咱们的军事教材里根本就没有讲过，我们从来就没学过怎么面对这么猛烈的炮火，这仗该怎么打都不知道了……”为了能与苏军对抗，日军使尽了一切招数。除了出动唯一的机械化师团被打得全军覆没外，日军还出动了大批战机进行空战，结果也被打得落花流水。之后又不惜工本拉来一切可以调动的大炮与苏军对轰，结果又被打得一败涂地。最后日本竟然从哈尔滨调来了臭名昭著的731部队参战。关于731部队，中国人民都特别熟悉。这个731部队上了诺门罕前线以后，试图往水里下毒、搞细菌战，结果由于苏军防范措施十分严密，没有一个中毒的，反而有一千多名日军因为耐不住饥渴，喝了受污染的水以后中毒身亡。

诺门罕战役日军大败之后，对日本和德国之前计划的“东西对进合击苏联”的阴谋产生了重大的影响。日军在对外侵略的战略方向上一直有以陆军为主的“北进派”与以海军为主的“南进派”之分。苏军在诺门罕战役中大败日军，是从战略上对日本的北进企图狠狠地给了当头一棒，打得它晕头转向。特别是在诺门罕战役打到一半，也就是1939年8月23日的时候，德国突然和苏联签订了《苏德互不侵犯条约》，日本就有一种被欺骗的感觉，觉得本来已经和德国说好两家一块儿干了，怎么它突然和苏联签订了《苏德互不侵犯条约》。所以从此之后，日本不得不将原来的“北进政策”调整为后来的“南进政策”。日本军队内部的陆、海军长期以来非常不对付，最后由于陆军大败，海军说你看就你这点儿本事，还要搞什么“北进”，你别胡闹了。于是日本就把“北进”改成了“南进”。日本为了南进而袭击了美国的珍珠港，从而导致了美国对日宣战。诺门罕战役虽然规模不大，但是在世界战争史上确实是一场很重要的战役。

| 美军在仁川登陆 |

1950年9月15日，美军在仁川登陆。在两个多月之前，也就是1950年6月25日，朝鲜为了统一祖国，率先向南部发动进攻，当时整个朝鲜南部政权除了警察以外，根本就没有多少正规军。朝鲜军队一路势如破竹，在三天之内占领了汉城，也就是现在的首尔。在这之前美、苏占领的朝鲜的军队（当时美军占领了南边，苏联占领了北边）都已经从朝鲜撤出了，所以这场战争就相当于是朝鲜的统一祖国之战。朝鲜由于准备充分，一路向南打到了釜山。当时朝鲜拥有大量的苏式武器，还有大量身经百战的朝鲜族军人，这些朝鲜族军人很多都是当年在我们解放战争中身经百战的四野士兵。在中国的延边有很多朝鲜族人，这些人也参加了朝鲜军队，因为实际上他们是同一个民族，为了统一祖国而战。釜山是当时韩国最南边的一座城市，现在的釜山很漂亮，还有釜山电影节，是一个著名的旅游胜地。朝鲜军队打到釜山以后，等于把美军包围在釜山。美国军队被朝鲜打得落花流水，连釜山的美国籍市长都被俘虏了，一直到战争结束双方交换俘虏，朝鲜才把这位市长还给美军。

大家去看地图就会发现，朝鲜的所有主力部队，包括它的坦克师和步兵，全都集中在韩国的最南端釜山附近，而当时整个朝鲜半岛北边长长的东西海岸线，除了有几个连或营驻扎外，几乎没有什么部队在防守。从这点也可以看出来朝鲜的指挥官们其实并没有太多的战争经验。当时新中国已经成立了，中国和朝鲜成为非常友好的国家，在解放战争中，朝鲜也给了我们很多帮助，大家是用战争的鲜血凝成了友谊。在解放战争中我们曾经俘虏了很多国民党的高级将领，包括廖耀湘这些远征军将领，他们都是在美军的训练下成长起来的将领。当时，我们还命令这些被关押在监狱中的国民党将领关注朝鲜战争的进程。于是这些被俘的国民党将领就在监狱里仔细地研究地图，还用箭头标出来朝鲜军队所在的位置。他们其实已经判断出来美国军队很有可能就在仁川这一带登陆，因为仁川离汉城（现在首尔市）其实是非常近的，现在首尔的机场就在仁川这块。我军把这个判断通知了朝鲜，但是因为我军没有抗登陆战的经验，朝鲜也没有，所以大家就都没有当回事儿。再加上朝鲜东西海岸的地形非常复杂，它不像法国的海岸都是沙滩，朝鲜的东西海岸全都是悬崖峭壁，大家都觉得在仁川登陆可不容易，不管是潮汐，还是这里的地形，要想登陆都非常艰难，因此大家都不相信美军会在这里登陆。

其实当时关于登陆地点的选择在美军内部也有很多争论，但是这个时候正好是 1950 年，美军经过了长时间的二战，在太平洋岛屿上经历了多次漂亮的登陆战，这些身经百战的美军官兵以及当时的统帅还都在。最后麦克阿瑟将军坚定地说：“咱们二战期间进行了那么多次登陆，在那么复杂的地形都登陆成功过，这次就在仁川登陆。”最后在1950年9月15日，以陆战一师为首的美军大批部队在仁川成功登陆。美军的陆战一师在二战中曾经从珍珠港一直打到东京湾，是美军最精锐的部队。在仁川登陆以后，美军等于把朝鲜半岛从当中截断，朝鲜的军队全部被隔断在南方，最后不得不退回“三八线”，回到北方，到后来朝鲜军队都已经被打溃散得不成建制了。在仁川登陆以后，所谓的“联合国军”在美军的指挥下，一路几乎就没有怎么打，就到了鸭绿江边。这才导致了我们最后去抗美援朝，因为当时朝鲜确实已经没有多少抵抗武装了，我们为了保家卫国，才出兵抗美援朝。

| 美国投资银行雷曼兄弟破产 |

2008年的今天，美国投资银行雷曼兄弟破产，全世界人民至今都对那场金融危机记忆犹新，当时全世界都陷入了恐慌之中。2008年的这次金融危机大概是1929年以来最严重的一次，美国当时已经接近崩溃的边缘。我记得花旗银行，那么古老、曾经那么强大的银行，它的股价都已经跌破了一美元，市值缩了上百倍都不止。金融危机爆发的原因是美国华尔街的众多投资银行发行了大量的杠杆金融衍生产品，具体原因我们就不多讲了，总而言之，华尔街那里全都是对全世界特别贪婪的金融资本家，这些人以犹太人为主，雷曼兄弟也都是犹太人，当时美国人民都快恨死他们了。

雷曼兄弟公司破产，连香港都爆发了大游行，因为雷曼兄弟在香港发行了一种债券，结果没法兑现，导致香港买那种债券的大批民众上街抗议，抗议美国，抗议雷曼兄弟。美国人民也非常痛恨雷曼兄弟，进行了各种抗议，后来还爆发了占领华尔街运动。其实像雷曼兄弟的这些老板，他们宣布破产对自己并没什么影响，宣布破产就是说：“我没有那么多钱还你们了，就剩下这么多钱了，你们拿走吧。”但他们自己依然过着非常富裕的生活，倒霉的就是这些投资者。美国有一本专门揭露这些资本家的著名杂志叫《名利场》，有一次在纽约的某个高级健身俱乐部，《名利场》的一个高级编辑正在那儿健身，转身一看正好看到了雷曼兄弟的老板，便大叫一声："就是他，他害了我们！"于是当时在健身俱乐部中的所有人都不健身了，大家全都冲了上去，把雷曼兄弟的老板摁在那儿暴捶了一顿。当时美国新闻还争相报道，全美国人民都觉得稍微扬眉吐气了一下，可见这些金融资本家是多么招人民痛恨，华尔街是多么腐朽！

9月16日

《晓松说——历史上的今天》来到了9月16日。1620年的这一天，“五月花号”起航前往北美洲；1919年这一天，周恩来组织的觉悟社成立；1908年的这一天，美国的通用汽车公司成立。

| 通用汽车公司成立 |

我们首先讲讲1908年的今天，通用汽车公司成立。2013年新闻的一个大热点就是关于底特律的房子，大家讨论得非常热烈，连中央电视台都播了好多次，什么五十美元可以买一栋房子、五百美元可以买一条街区之类的新闻，都极大地震撼了大家。底特律市最后还申请了破产，美国虽然也有很多市、镇在之前申请过破产，但是像底特律这么大的城市申请破产还是史无前例的。纽约曾经差一点儿破产，加州在施瓦辛格州长的管理下也曾经差一点儿破产，但是最后都挽救回来了，并没有真正破产。底特律的破产跟今天我们要讲的通用汽车有很大的关系。关于通用汽车，我不是替它做广告，我只能说它曾经有过极为辉煌的历史。大家知道美国早期的汽车品牌主要是福特，大家看上海的老电影，那时的上海也到处都是福特汽车，“福特”几乎成了汽车的代名词。在美国的国会大厦里，每个州都要选送两个代表本州精神的人物雕像，有的州送的是将军的塑像，像弗吉尼亚州送的是华盛顿总统和罗伯特•李将军的塑像，密歇根州送的就是亨利·福特的塑像，可见当时的福特汽车有多么厉害。

但后来通用汽车公司超过了福特汽车，长期占据“世界第一大汽车公司”的称号，其中非常重要的一点就是一个小小的思想上的变化。大家知道以前的汽车都是黑色的，所有人天经地义地认为汽车就应该是黑色的，但通用汽车当时就说：“为什么汽车非得是黑色的，为什么不能是彩色的？我们就要生产彩色汽车。”福特公司当时没有跟上，还保守地说我们福特公司就是要生产黑色的汽车，这是我们的标志。结果没想到全世界很多人都对通用汽车公司新开发的彩色汽车非常喜爱，包括当年我们的赵四小姐和上海的一位名媛，就曾经开着两辆彩色的通用汽车上街，大家当时全都看呆了，这简直太好看了，这就是时尚，是与时俱进的潮流。而福特公司一步没跟上，就被通用超越了。当然企业都会有那种马太效应，也就是强者愈强、弱者愈弱。一个企业越大，它就越容易变得更大，它可以成为上市公司，可以收购更多的公司等，通用后来连续收购了大量的美国汽车公司，包括凯迪拉克、别克、雪佛兰等品牌。当年美国的雪佛兰主要是生产最普及的农用低端车，但是生产数量全美最多，美国人亲切地管它叫“Chevy”（意为追赶）。通用公司收购了高端的凯迪拉克和低端的雪佛兰，有七八个汽车品牌，最后慢慢扩展成了世界上最大的汽车公司。

但是在几年前，通用汽车公司还是被日本的丰田汽车给超越了，因为美国的汽车业后来越来越不景气，底特律城的兴衰其实跟福特、通用这几个大汽车公司的兴衰紧紧地捆在一起。在这些汽车公司最辉煌的时候，底特律简直就是全世界最好的地方，可以说是遍地黄金，到那儿随便找个工作就能过上中产阶级的生活。但后来这些汽车公司慢慢地衰落了，还背上了越来越多的包袱，尤其是工会。美国的工会后来越来越强大，因为工厂雇的人越来越多，工会最厉害的一招还不是罢工，因为工人罢工，公司可以解雇你，工会最厉害的一招是选票。因为资本家即使再厉害，一个人也只有一张选票，加上你们全家也就只有三四张选票，可是工会一组织起来就是几百万张选票，再加上家属那就有上千万张选票。所以当汽车厂越来越大，雇佣的工人越来越多的时候，美国的汽车工人工会就越来越强大，在最高潮的时候，美国的汽车工人工会大概能有两千万张选票，这几乎都能左右美国的整个政局。

美国最强大的工会就是汽车工人工会和港口工人工会，这都跟美国最强大的制造业有关。当汽车工人工会越来越强大的时候，工人的要求也越来越高，要求保底工资、福利、退休金等等，工会最后还要求公司不但要给工人买医疗保险等各种福利，连配偶、孩子都要有医疗保险。这些要求资本家都同意了，最后汽车工人工会强大到即使同性恋的配偶也要公司给买保险，也要给相应的福利，这些要求都被答应了。2013 年美国最高法院有一个重要的判例，就是所有同性恋的伴侣和同性恋者领养的孩子，都同时获得跟所有的异性恋配偶、异性恋家庭的孩子一样的福利。由于高法的判例，美国的各州从那年开始执行这项政策，可是美国的汽车工人工会，早在很久以前就已经争取到这个福利了。

由于工会的要求不断增加，美国的这些汽车厂家因此背负了大量的包袱。在汽车工业蒸蒸日上的时候，只要汽车的销售量高，涨工资也好，提高福利待遇也好，一切都不成问题。但是一旦到了金融危机的时候，美国的汽车工业一下子就不行了，在 2008 年大规模金融危机开始时，美国的整个汽车工业急转直下。当时我在洛杉矶感受非常明显，雪佛兰汽车买一送一，大家想，汽车的销售都已经到了买一送一的地步，就是因为汽车厂家的资金实在周转不开，最后就连汽车赔本卖都没有关系，只要能把现金收回来，工厂能周转就可以。在美国加州，法律规定的最低工资是八美元一小时，可是在汽车工业已经遭遇到如此困境的情况下，底特律的美国汽车工会还是一直要求工人的最低工资保持在七十九美元。当时连美国政府、美国国会都出面和汽车工人工会对话，说你们能不能稍微向日本看齐，你看看日本的企业跟工人之间的关系多么友好。日本的企业和员工像一个家庭一样，企业困难的时候大家共渡难关，也不随便开除员工；企业好的时候大家一起受益。说大家能不能渡难关，咱们也不用降得太低，就跟丰田汽车一样就行，当时的丰田汽车厂工人的工资是一小时四十九美元。可是美国的汽车工会坚决拒绝，根本不和政府谈，就是要求七十九美元。但即使这样，政府也不敢说让公司破产，让工人失业，因为你一旦让汽车公司破产、让工人失业，工会就会组织这些选民靠选票把这些议员甚至总统都选下去，因为他们手里有两千万张选票。总统是这些工人选的总统，议会是这些工人选的议会，所以必须由联邦政府出钱资助这些汽车厂。于是在 2008 年金融危机之后，美国政府出了大笔的资金去入股这些汽车厂，就是为了满足汽车工人工会坚决不减薪的条件。但是光靠政府支撑也不是长久维持的办法，这样美国其他的纳税人就不干了。美国是一个“check and balance”（权力制衡）的国家，凭什么你们汽车工人工会一闹，汽车公司就能获得大量的联邦政府的资助，你汽车公司就能继续维持下去？你用的是我们其他纳税人的钱。大家最后都不干了，联邦政府也不能为了这两千万张的选票，放弃另外两亿张选票，所以最后汽车公司该倒闭的还得倒闭，该破产的还得破产，大家该搬走的就得搬走。

再加上美国汽车工业还有另外一个致命的弱点，就是它生产的一直都是大排量汽车，这是全世界经常批评美国的地方。尤其是欧洲人一到美国，对美国开那么大排量的车一直都指责不断。通用公司生产的汽车，包括雪佛兰、凯迪拉克、别克等，跟日本车比起来，耗油量都大得多。所以在经济不好的时候，大家都买日本车，因为排量小省油，现在你看美国大街上跑的尽是日本车，像丰田的普锐斯都成了美国最流行的车。可是丰田、本田这些日本大汽车厂根本就不去底特律建厂，因为底特律的工人太厉害，这些日本汽车公司全部南下，把厂子都建在美国南部的田纳西州。因为田纳西州的法律没有那么厉害，工会也没有那么厉害，所以田纳西州后来成为日本汽车公司在美国的一个重要的汽车生产基地。

底特律城后来就越来越不景气，越来越衰落，工厂不断地倒闭，不断地缩减，工人不断地下岗。但下岗的工人可以用脚投票，我还有劳动能力，我就离开底特律去别的地方找工作，结果又导致了底特律的税收减少。税收减少就导致政府开支减少，警察也跟着减少，社会治安就变差。大家知道美国的警察制度和中国不一样，中国是由中央往下这么管理，所有的警察都是统一调配的，而美国不是，美国全部靠纳税人的钱养着这些警察，纳税人交的钱多警察就多，纳税人交的钱少警察就少，没人纳税那就没有警察。最后没有办法，警察一减少，这个地方的犯罪率就上升，犯罪率一上升，大家就更不能在这儿待下去了，更得跑了。所以最后留在底特律的都是些退休的汽车工人和他们的家庭，汽车厂虽然倒闭了，但这些人的退休金得由政府来发，不能说汽车厂倒闭了，这些人的退休金就没有了。所以现在留在底特律的，大概只剩下原来三分之一的人口，大部分是老人和儿童，老的在吃退休金，幼的在吃福利。整个城市变成了这个样子就无以为继了，最后只能破产，所以今天讲到通用汽车，跟底特律市破产有巨大的联系。

底特律曾经是美国最好的城市之一，是美国五大湖地区的明珠之一。五大湖地区当年也是美国最发达的地区，钢铁业、汽车业、造船业曾经闻名世界，现在五大湖地区也已经全面衰落了。中国成了当今世界钢产量最大的国家，在这之前日本是钢产量最大的国家，造船业现在中、日、韩占世界一大半，五大湖地区的汽车业也已经完全衰落了。当年美国五大湖地区的大明珠芝加哥也是非常发达，我最近几年到过芝加哥，它也是衰落得非常严重，现在芝加哥只剩下了一个产业。所以美国不是一个按大家的规划行事的国家，它完全靠人民自己用脚来投票，人民自己决定在哪儿生活，干些什么，或者是废弃掉哪个城市。所以美国后来有不少城市被废弃了，除了底特律之外，比较典型的还有当年黑人民权运动的中心，曾经爆发过黑人大规模的游行，现在黑人也非常多，这个城市也在慢慢地衰落。我 2013 年还去过另外一个黑人民权运动的中心，就是当年马丁·路德·金被刺的那个城市——孟菲斯，现在这个城市也不行了，很多人都搬走了，也是一派衰败的景象，除了生产吉他和猫王的故居值得一提，那里已经没有什么产业了。所以美国这样一个全靠底层人民自由组合，自己选择，拿脚投票的国家，就经常会出现这样的问题。

| “五月花”号起航前往北美洲 |

前面我说到了美国一些城市的破产和衰败，这些问题是怎么造成的呢？这就要讲到 1620 年的今天，一艘来自英国的帆船“五月花”号起航前往北美洲的事情。在美国，不管是历史课本还是语文课本当中，“五月花”号都是非常重要的一课，全美国人民一想起“五月花”号，就会想起我们这个国家从哪儿来。

其实最开始的时候“五月花”号也不是要去美国，大家想想 1492 年的时候哥伦布就已经发现了美洲，这时已经到了 1620 年，很多人都已经到美洲去了。“五月花”号之所以在美国的历史上这么重要，就是因为“五月花”号上面的那四十一个人，在这艘船靠岸之前，共同签署了一份公约，被称为《五月花号精神》或者叫《五月花号公约》。这份公约是美国历史上第一份重要的政治文献，代表着整个美国的精神，“五月花”号就是“美国精神”的一个缩影、一个代表。“五月花”号上的这些人都来自于欧洲，大家都习惯了欧洲有国王、有贵族、有这样那样规定的制度，统治者不是我们选的，法律也不是我们制定的，而是为了限制我们的，等大家终于离开了欧洲，来到了一片新大陆、一片自由的土地，大家就决定自己签署一个全新的公约。

于是这四十一个男人代表大家签署了《五月花号公约》。在这份公约中有两条是最重要的：第一，如果我们上岸以后需要一个政府来为我们服务，这个政府一定是经过我们所有人的同意选出来的；第二，如果我们需要制定法律，这个法律的出发点必须是为了保护我们的利益。这两点跟他们原来生活的欧洲是完全不一样的，大家知道欧洲的国王、贵族都不是老百姓选出来的，欧洲的法律也是国王、贵族制定的，不是为保护老百姓的利益而定的。所以《五月花公约》中最重要的就是这两条：政府必须我们选，法律出发点必须是保护我们。在签署了这个公约以后，大家一起上了岸。美国最终是由千万个像“五月花”号上的家庭组建起来的国家，从北到南，一个一个的殖民地，组建起来了一个个城镇，组建成各个市、各个县，最后又组成一个个州，最终组成一个国家。这个国家到今天，底层的自治组织依然是最强大的、最重要的，联邦政府不能随便规定这样那样的东西，联邦政府甚至也不能拿全国人民纳的税去专门帮助底特律市，而一定要获得人民的支持才可以去做任何事情。

| 周恩来组织的觉悟社成立 |

1919 年 9 月 16 日，以周恩来、邓颖超为首的天津学生联合会的进步学生们，组织成立了觉悟社。大家想一想，1919 年正是五四运动爆发的那一年，9 月 16 日，五四运动已经过去几个月了，革命形势风起云涌，这些革命学生、进步青年组织了觉悟社。当时中国共产党还没有成立，中国共产党是 1921 年成立的，所以觉悟社应该是进步青年自己的革命组织。大家都知道周恩来同志在革命战争年代，有一个地下工作的代号，叫“伍豪”。为什么叫“伍豪”呢？因为当时“觉悟社”给大家排了号，周恩来同志排在五号，所以他的名字就叫“伍豪”。觉悟社的一号就是邓颖超同志，所以邓颖超做地下工作的时候代号就叫“逸豪”。周总理“伍豪”的这个名字就是从当年的觉悟社来的。

9月17日

《晓松说——历史上的今天》来到了9月17日。1905年的这一天，慈禧派五大臣出洋；1945年的这一天，一介文人郁达夫遇害；1949年的这一天，杨虎城将军被杀害。

| 慈禧派五大臣出洋 |

首先讲1905年的这一天，慈禧派五大臣出洋去考察各国的宪法、议会以及各国的政治制度等。20世纪初的时候，清政府已经清楚地认识到，不做重大的政治改革，清朝的统治将难以为继。当时在朝廷内也出现了一大批重臣主张立宪、改革，其中就包括这五大臣。慈禧派他们出洋也是为立宪做准备，准备进行君主立宪改革。但是大厦将倾，实在是无力回天，清政府所做的这一切，最后都没有能够让清朝的统治延续下去。

当时革命党还采取了一项特别的政策，就是去刺杀这些主张立宪、改革的大臣，今天看来有点儿奇怪，只能叫作实用主义的政策。按说如果你革命党反对清朝，觉得清朝对人民不好，那你应该去杀清朝的那些保守派大臣，这些人是对人民最有害的。但是清朝革命党不是这样，他们去刺杀的全是主张立宪、主张改革的人。为什么呢？革命党认为这些大臣所推行的改革如果成功了，清王朝就会顺利地过渡到君主立宪制，清朝也就不用改朝换代了，如果是这样，那我们这些人还革命干什么？其实他们并没有搞清楚革命的真正目的应该是对人民有益，能够推动国家前进，只有这样才是正确的。而革命党当时非常激进，尤其是在日本留学的部分青年学子，总认为他们所搞的不仅是一场推翻专制王朝的政治革命，更是一场驱逐满洲贵族的民族革命。所以不管那些大臣是否赞同立宪与改革，都一定要同清王朝一起被消灭、被推翻。

1905 年，慈禧派这五大臣出洋，结果五大臣尚未离京，便在火车上受到革命党人吴樾的炸弹袭击，其实就是用人体炸弹去刺杀。接着在以后几年里，全国各地都发生了这种刺杀的情况，包括徐锡麟刺杀恩铭的事件，恩铭也是清政府改革派的开明大臣，还有后来的端方、良弼也都是被革命党刺杀的。清朝这些准备把国家向前推进的开明的、立宪派的进步大臣被刺杀以后，最后导致其他的进步大臣都不敢说话了，而那些腐朽的大臣又组织皇族内阁等，结果清朝就变得越来越腐朽，最终的结局就是革命党的革命成功，清朝被推翻。这种实用主义的革命有时候还会被投机分子所利用，因为不光是这些真正怀有理想的学生、革命党人，还有很多的官僚政客最后也都混入了革命队伍，但这种靠实用主义而成功的革命对中国到底有多大的好处？如果真的是为这个国家的前途和命运考虑的话，这些革命党更应该去刺杀清朝的那些腐朽大臣，而留住这些进步的立宪派大臣，但是在那个历史阶段，革命成功是最重要的，最后就是实用主义成功了。今天讲的五大臣的事情，也说明当时清末的朝廷并不是一片黑暗，也曾经出现过一丝曙光。

| 一介文人郁达夫遇害 |

1945 年的这一天，大才子郁达夫遇刺身亡。郁达夫不光是一个优秀的作家，还是一个优秀的翻译家，是民国时代著名的大才子，但是命途多舛，在

1945 年 9 月 17 日遇害身亡。这时候日本刚刚投降没多久，全国人民正处在欢乐当中，此时郁达夫已经定居在印度尼西亚的苏门答腊。这一天，突然有一个陌生人来敲郁达夫先生的门，门敲开后郁达夫被带出了家门，结果出去以后没多久郁达夫就被害身亡了。

直到现在郁达夫案也还是个悬案，他到底是被谁杀害的？是怎样被人杀害的？至今也没有彻底调查清楚。那么郁达夫为何要远赴苏门答腊？又是谁要致他于死命呢？按照以往一贯的说法，郁达夫在 1937 年抗战爆发后奔赴武汉，参加救亡运动。1938 年冬到新加坡，主编《华侨周报》和《星洲日报》副刊，撰写文章宣传抗日。1942 年日军占领新加坡前夕撤离到苏门答腊，他隐姓埋名与人结婚成家，但暗中仍继续坚持斗争。由于郁达夫精通日语，当地日本宪兵害怕他知晓自己的罪行，所以起了杀人灭口的歹念。一代才子郁达夫不幸被害身亡，1952 年被人民政府追认为烈士。但 2000 年 3 月号香港《明报月刊》发表的文章揭露了一个惊天秘密。郁达夫那位非常漂亮的妻子叫王映霞，她的外遇并非当时的浙江省教育厅长，而是军统头目、杀人魔王戴笠。1938 年在武汉时王映霞为戴笠悄悄打过胎，以后一直与戴笠有往来。此文一出引起了不少争论，有的认为此文为孤证不能成立，有的认为此事并非子虚乌有的无稽之谈。郁达夫此后远赴南洋隐姓埋名，很可能就是为了躲避戴笠。因此郁达夫最后是死于国民党特务机关之手的推测，虽然可能性小，但也不能完全排除。郁达夫到底是被谁杀害的本来就是未解的悬案，而郁达夫与王映霞的婚变更是人们热议的话题，那篇文章的发表更是增添了重重迷雾。不过绝大多数研究者仍认为，杀害郁达夫的凶手最有可能是日本宪兵，此说最接近历史的真相。

| 杨虎城将军被杀 |

1949 年的这一天，新中国就快要成立了，中国人民马上就要迎来幸福生活的时候，杨虎城将军却不幸被害身亡。当年杨虎城等人发动的西安事变，对于整个国家，对于我党我军都有重大意义。杨虎城以及他身边的人实际上一直是亲共的，有很多人就是地下党。大家可能看过《红岩》，书中小萝卜头的父亲就是杨虎城的秘书。杨虎城是个非常进步的将领。

实际上在1949年年初的国共谈判期间，我们提出的条件里就有释放张学良和杨虎城这一条。当时蒋介石已经下野，国民党政府的代总统是李宗仁。

李宗仁已经签署命令，要释放杨虎城。但是特务们不听李宗仁的，虽然他是代总统，但实际上蒋介石仍在遥控着整个国民政府，大家还是秘密听从蒋介石的。蒋介石恨张学良、杨虎城那是不用说的，蒋介石到死都觉得西安事变是他个人以及“党国”命运的转折点，所以他对张学良、杨虎城可以说是恨到极点。张学良因为曾经救过蒋介石的命，在中原大战期间，两人还在中山陵前结拜过兄弟，所以最后蒋介石没有杀张学良，但是关了他大半辈子。而杨虎城跟张学良的地位远远不能比，我们的历史书中经常管他领导的军队叫“西北军”，我个人觉得这种说法不太严谨。因为对于军队的名称大家都有约定俗成的叫法，民国时期说到“西北军”，指的应该是以冯玉祥为首的部队。杨虎城的部队其实应该叫作“陕军”，因为他领导的就是陕西的地方部队，是由陕西的民间武装发展起来的，一开始的时候规模非常小。后来直到中原大战的时候，杨虎城才被任命为师长，但其实那个师全部加起来也没有一个半团的人马。而在中原大战时期，张学良已经是威震全国的“奉军”统帅。所以我们经常说“张杨”——张学良、杨虎城，其实“张杨”很难并列，只不过那个时候东北军和杨虎城的部队都在西安，共同发动了西安事变，但是杨虎城部队的规模跟东北军还是不能比的。

但杨虎城率领的“陕军”在陕西是非常受人民爱戴的，因为“陕军”曾经坚守过西安，阻止了由河南来的“红枪会”。大家知道民国时期各种势力关系非常复杂，相互之间有各种各样的矛盾，其中河南人和陕西人的矛盾就曾经延续了整个民国时期。当年陕西人岳维峻率领的“国民二军”曾经占领了河南，欺凌河南人民，最后被河南当地的帮会红枪会打败，打败以后岳维峻他们就从河南逃回陕西。河南的红枪会就在潼关一带设立关卡，潼关是从河南回陕西的重要关口，所有经过潼关的人都要先听一下口音，一听不是河南人，是陕西人，那就必须从河南人的裆底下钻过去。紧接着河南的红枪会又追到了陕西，包围了西安。据记载，围攻西安的是河南省军阀刘镇华。他奉吴佩孚之命，率领镇嵩军旧部以及土匪、红枪会、大刀会等部众七万余人由豫入陕围攻西安，并非只有红枪会一支力量。当年的“西安围城”是民国时期最惨烈的围城战之一，最后有半城人都饿死在西安。当时在西安守城的是“陕军”的另一个师，由李虎臣率领，而杨虎城并不在西安城中，但是后来杨虎城高风亮节，他率领着“陕军”冲进了包围圈，最后是由“陕军”杨虎城和李虎臣率领的两个师共同坚守西安好几个月。杨虎城率领的“陕军”其实就是陕西的子弟兵，而当时的西北军反而不是陕西人，基本上都是河北人，是当年冯玉祥带着他们去了西北，后来占领了西北。所以当年杨虎城率领着真正的陕西子弟兵，冲进西安城，共同坚守西安，一直到北伐战争开始，冯玉祥的西北军在五原誓师，南下西安，才解了西安之围。所以，陕西人民对杨虎城非常爱戴。

但后来中原大战期间杨虎城背叛了冯玉祥，等于背叛了西北军，他被蒋介石收买了，杨虎城就跟了蒋介石。当时蒋介石为了收买杨虎城，还对杨虎城封官许愿，说你只要跟了我，在陕西后边捅他冯玉祥一刀，我就让你当陕西省主席，把陕西省交给你管。于是杨虎城做了陕西省主席，这才有了后来东北军从华北调到西北的时候，大家把“张杨”放在一起称呼，张学良的部队叫“东北军”，杨虎城的部队叫“西北军”，实际上杨虎城率领的部队叫“陕军”，这一点大家还是要区分开。杨虎城率领的“陕军”对西安事变起到了重大的作用。在1949年胜利在望的时候，9月17日，杨虎城被国民党特务秘密杀害。

Today

in History

9月18日

《晓松说——历史上的今天》来到了9月18日。今天是“九一八”事变爆发的日子，每个中国人都不会忘记这一天；在“九一八”事变的前一年，也就是1930年9月18日，张学良发出“巧电”，平息了中原大战；1947年的这一天，美国中央情报局（CIA）成立。

| 美国中央情报局成立 |

我们首先来讲一讲美国的中央情报局，中央情报局简称中情局，大家看各种美国电影、美国电视剧，中情局是永远的题材。美国人最爱拍的就是这种题材的电影，因为它充满了神秘色彩。到今天中情局依然是一个非常神秘的组织，连美国人自己对这个机构都不是很了解。在美国，如果说联邦调查局（FBI），大家都知道，因为FBI就在大家身边。经常有美国人到英国出个差，或者到中国，跟稍微高级一点儿的官员聊聊天，回到美国后，就会有FBI的人员找你来谈谈话，问你在英国、中国参观过什么军事设施。尤其是9·11恐怖袭击之后，美国开始大规模反恐，如果有人从境外向美国汇一万美元以上，就可能会有 FBI 的人找你来谈谈，问你这个钱是从哪儿来的，是不是恐怖组织的经费等。在美国，很多人都和 FBI 打过交道，但是见过中情局的人我猜也有，不过你一般都不会知道他是中情局的人。

很多美国人都不知道中情局，中情局在成立之前只是一个咨询机构。因为美国的珍珠港被日本人偷袭，罗斯福对情报机构特别不满意，所以美国当时就成立了一个战略情报局（又称战略服务局）。当年联邦调查局的局长是胡佛，胡佛总共当了好几十年的局长，算是美国最有权势的人之一。胡佛知道所有总统的各种秘密，他总是压制其他情报机构，所以战略情报局一直就没有独立出来。一直到 1947 年，全世界进入了冷战时期，非常需要一个这样的对外机构，美国国会才立法成立中央情报局，但是严格限制了中情局的功能和权力，因为美国是一个特别怕出现独裁的国家。中情局由情报处、行动处、科技处和行政处这四个主要部门所组成。中情局没有执法权，这点连普通美国人都不知道，一般人都会觉得中情局可能比 FBI 还厉害，说杀你就杀你了，但实际上中情局并没有执法权，甚至连传票都没有，也就是它没有合法的资格审讯人。所以美国的中情局到今天也只能是偷偷摸摸地把人抓起来，关在一个地方审讯，但它实际上是没有任何强制力量的一个机构。

中情局规定的任务只有两个，一个是给总统、政府、国会提供国外的情报，另一个就是对美国的外交政策给出一些意见，提供一些咨询。可是美国的中情局却成为 20 世纪后半叶最恐怖的一个组织，在世界各地发动了无数次政变去颠覆他国的政权，其中包括发动内战、刺杀和绑架领导人、策反等。在冷战期间，你说是为了防御他国的武装、防御核武器，美国人民不觉得有什么，大家都可以接受。当时中情局干的事情就是去到处刺杀其他国家的领导人，其中光是刺杀古巴领导人卡斯特罗就有六百五十次之多，因为古巴离美国最近，美国人觉得卡斯特罗对美国的威胁最大，于是中情局就不断地去刺杀卡斯特罗。卡斯特罗曾经在晚年的时候说过这样一句话，他说：“我能活到今天不是因为医疗条件有多好，而是因为美国的中情局让我活到今天，他们的六百五十次刺杀都没成功。”

实际上中情局做的所有这些事情都是非法的，它并没有执法权。退一步讲，即使中情局有执法权，那也只能是美国国内的执法权，它也没有对别国公民的执法权。就像FBI有执法权，也只能对美国公民有执法权，不能随便到国外去抓一个外国人，但是中情局就经常干这种事儿，还把人家领导人绑回来受审过。在朝鲜战争、越南战争期间，美国人搞过各种爆炸、颠覆、政变等非法活动，中情局都参与其间。中情局的经费也是非常机密的，美国国会所有的机构都要来报告经费的预算情况，每分钱怎么花的都得向国会报告，因为这是纳税人的钱。但中情局一到国会那儿说我要花多少多少钱，国会再问这钱怎么花，中情局就说："这是机密，不能告诉你。"国会也没有办法，也不能问你要去刺杀谁，因为中情局干的都是非法的事，所以花的钱也非常机密。

中情局的特工还有一个特点，就是必须非常忠诚。这些特工一旦被其他国家发现抓住以后，大部分人的下场就是自杀。因为任何时候你去刺杀别的国家的领导人被抓住了，美国政府都不可能承认是它派你去刺杀的，肯定会说它不知道这事儿。不光是美国政府，任何一个政府都不会承认自己派特工去刺杀别国的领导人、去绑架别国的公民、去颠覆别人的政府。联邦调查局的探员就没有这种问题，走到哪里都可以说我是FBI的，拿一个证件给你看。但你从来没见过中情局的特工到处说我是中情局的，被抓捕以后，他身上也没有任何证据证明自己是中情局的人，所以最终的结果就是要么你自杀，要么你被捕后什么都不能说。在冷战将近半个世纪的时间里，中情局先后有四十八名高级特工在国外自杀。

大家说到中情局，还经常称它为"兰利"（Langley），中情局的总部就在弗吉尼亚州兰利这个地方。所以大家看美国电影经常会听到这样的叫法，中情局的人说"兰利"发来电报，"兰利"说怎么样……意思就是总部命令你如何如何。在"兰利"总部大厅的一面大理石墙上刻有七十颗星星，每颗星代表一个以身殉职的情报人员，这些人都曾经执行过中情局最危险的任务。在这七十个人当中，只有四十个人有名字，另外三十个人都没有名字，大家都不知道这些人是谁。所以中情局就是这么一个秘密机构，当然中情局也干过好事，比如说拉登就是中情局发现并抓住的。虽然它没有执法权，虽然它没有传票，虽然它没有各种各样的强制性的权力，但是它在世界各地暗杀过无数人，制造过无数爆炸案，颠覆过很多很多国家的政权。它可以扶持一个独裁政府，比如它在南非、中东都扶持过独裁政府、军人政府。对于中情局而言，它根本不谈什么民主自由，它所追求的就是美国利益，所以中情局是一个非常神秘的机构。

还有就是中情局的特工只要在职期间干过特别机密的事情，那退休以后就得换个身份，甚至要整个容，最后会被送到像澳大利亚、南非，或者美国南部的某个农场去，在那里开始他们的退休生活。他们会跟大家在一起种种地、聊聊天，所有的邻居都以为新搬来了一个特别憨厚的老人，但是这些人一辈子都不能说出自己曾经是中情局的特工，曾经干过什么。因为这些特工一旦揭露出中情局的内幕，那就是犯了叛国罪，令全世界震动的斯诺登事件就是如此。其实斯诺登还不是中情局的正式特工，甚至都不是中情局的正式雇员，他只是一个合同工，但他揭露了中情局以及美国的各个情报机构，通过互联网监视世界各国人民。当然斯诺登自己说我这么做是为了美国人民和全世界人民着想，但对于美国政府来讲这坚决不行。如果斯诺登被抓回美国，那就是叛国的重罪，所以斯诺登也不敢回国，他只能跑到俄罗斯去躲着。

中情局是一个非常可怕的地方，你忠诚，那你就是死路一条，除非你能安全地工作到退休，那你也不能再做你自己了。很多人甚至一辈子都不能告诉妻子或者丈夫自己是一个中情局特工，一辈子就只能在这种状态下生活。所以我经常想，像我这种O型血、天蝎座的人，天生就当不了特工，因为这么大的秘密我肯定藏不住，也许哪天在酒桌上或者什么时候就会跟我老婆说："你知道吗，我其实是中情局一个特工……"要想做特工，必须得是那种有着特别性格的人，能够做到一辈子守口如瓶。

很多忠于国家的中情局特工最后也会被判刑，因为你没有任何的执法权，如果犯了罪那就会被抓起来判刑，所以在美国的监狱里关着不少特工。美国的《宪法》修正案中还有一条特别有意思的规定，就是总统可以无条件地特赦监狱里的犯人，而且不需要任何前提。但几乎美国的每一个总统都是到卸任的时候才会行使这个权力，而且基本上每次赦免的都有中情局的特工，因为这样省得引起争议。所以后来大家一看总统卸任去赦免犯人，不管他赦免了谁，都会觉得这个人肯定是中情局的。美国法律并没有规定总统应该赦免什么人，这是美国法律很有意思的地方，它经常会模糊化，只开个口，剩下的全靠大家自觉。但到今天为止每个总统都很自觉，他们卸任时赦免的都是中情局的特工，美国人民对此也从来没有提出过异议，说总统为什么要赦免这个人。美国总统还有一件特别有意思的事，就是在每年感恩节的时候，要赦免火鸡。总之，中情局是一个极为神秘的组织，今天只能跟大家讲讲我所了解的这些，更多的我也说不清楚，中情局的特工有可能就在你身边，就在离你很近的地方。

|震惊中外的“九一八”事变|

下面讲一讲全国人民印象深刻的“九一八”事变。1930 年 9 月 18 日，也就是“九一八”事变的前一年，这一天是张学良最辉煌的日子，他发出了一封代码叫“巧”的电报，被称为“巧电”，正是这封电报平息了当时最大规模的军阀混战。1930 年中原大战爆发，蒋介石与阎锡山、冯玉祥、李宗仁等在河南、山东、安徽一带开始了一场规模空前的军阀混战。当时双方势均力敌打得难分难解，都想把张学良的东北军拉到自己一方。而张学良却采取坐山观虎斗的办法，暂不表态。在静观风向达半年之久后，张学良决定站到蒋介石一边，发表出兵华北的通电。在南北夹攻下反蒋阵营立即土崩瓦解，中原大战至此宣告结束。这时张学良马上成为以蒋介石为首的南京国民政府最受欢迎的将领，蒋介石拉着他上中山陵拜祭。他的火车专列到达浦口以后要换船过江，张学良经过时江面上所有的船和军舰鸣响汽笛向他致敬，在南京火车站，全体中央委员到现场迎接。当时张学良只有 29 岁，年纪轻轻，那也是他人生最辉煌的时候。

但就在整整一年之后，张学良的人生却跌入了低谷，我觉得这里面有两个重要的原因。一个就是因为张学良武装调停中原大战是有条件的，蒋介石所答应的条件就是把黄河以北的地区全交给张学良管，相当于把中国的三分之一领土让给他，蒋介石当时以此为条件换取他的支持。所以在中原大战结束以后，北方的大部分地区都归了张学良，而且他在北平还有行营，就不住在沈阳了。蒋介石还给了张学良一千五百万现大洋，以及三条铁路局的控制权，华北各省的省长也都由他任命与管辖。张学良一时间权势熏天，不光东北是他的地盘，连华北也归他了，于是大量的东北军开进关内，而东北只留了数量不多的军队，最后才导致关东军有机会能够乘虚攻占沈阳与东北。第二个原因就是在“九一八”事变两年之前，也就是在1929年的中东路事件中，东北军与苏联红军发生了冲突，结果被苏联红军打得全军覆没，屁滚尿流。东北军原来觉得自己非常骄傲，有飞机、坦克、大炮，有中国最精锐的部队，而且在军阀混战时期，整个中国的工业凋敝，商业凋零，只有东北在张家父子的统治下，始终比较稳定、富足。所以东北军一直都觉得自己特强大，自我感觉良好。但是在这次中东路事件中，东北军开始产生了畏惧感，才知道用咱们的这些飞机、大炮跟人家打其实不行。

当时在一战之后还连续发生了一系列的事情。大家都知道著名的《华盛顿条约》，1922年签订的《华盛顿条约》规定日本要把从德国手中抢来的中国胶济铁路等权益都还给中国，日本最终在英美的压力下把胶济铁路还给了中国。1925年济南发生了“五卅惨案”，日本人残酷地对待我们的外交人员，后来也是迫于英美的压力，日本又把扣押的外交人员还给了中国。当时张学良就觉得其实日军进攻沈阳也没关系，最后迫于英美的压力，日军还是会撤的，还是会把沈阳还给我们，所以张学良就下令不抵抗日军。关于这件事，张学良晚年在一次接受记者采访的时候，他曾非常明确地说：“当时蒋介石并没有下令让我不抵抗，而是我下令不抵抗。”张学良那时正在看戏，他一直很喜欢京剧，他长叹一声说：“我看了一出戏，家乡就沦陷了，我从此再也没有能够回到故乡。”从1931年9月18日，张学良的故乡沈阳就被日军占领了，从此他就开始了长期的漂泊生活。当他晚年在台湾摆脱了长达半个多世纪的软禁状况后，便与赵四小姐一起远赴海外，共同生活在美国的夏威夷。张学良在一百多岁高龄的时候离世，终生没能再回到自己的故乡。

所以关于这个不抵抗的命令当时确实不是蒋介石下的，因为从逻辑上分析，蒋介石也不该下这个不抵抗的命令。大家知道蒋介石最惯用的手段其实就是借别人的手消灭各派军阀，在中原大战之后，中国的各派军阀当中就属东北军最强大，当时中国就相当于是由张学良和蒋介石来管，黄河以南归蒋介石，黄河以北归张学良，其他的军阀都已经快被打没了。对蒋介石来说，就剩下这么一个强大的，而且跟他不是一条心的东北军，干吗不让他们抵抗，蒋介石当然希望他们抵抗，东北军出关全被日本人消灭了他才高兴呢。所以蒋介石其实也没什么道理下这个不抵抗的命令，据张学良晚年的一些访谈内容，这个命令确实就是他下的。

9月19日

《晓松说——历史上的今天》来到了 9 月 19 日。今天讲两件事，1949 年的今天，绥远起义爆发，绥远和平解放；1991 年的这一天，中国首批驰名商标发布。

| 绥远和平解放 |

在新中国即将成立之际，各种喜讯传来。1949 年 9 月 19 日，国民党将领董其武率部在绥远起义，绥远和平解放。关于绥远这个地方，之前我们在讲中国区划的时候曾经讲过一点，绥远是现在的内蒙古自治区的一部分，在清朝的时候它还叫内蒙古，后来民国政府把这个地区划分成了好几个省。其中一部分叫绥远省；另外一部分是内蒙古中部和河北北部，以张家口为省会，叫察哈尔省；还有一部分是内蒙古东部加上河北的一部分，以承德为省会，叫热河省。所以我们当时经常说什么冀热辽军区，什么热察抗战等，其实就是因为把内蒙古分成了这么几个省。但我个人觉得“绥远”这个名字起得不好，有民族不平等之嫌，因为所谓的“绥远”是你觉得人家离着远，但人家蒙古族世世代代就生活在那里，人家并不觉得自己远。而且

“绥”这个字的含义是“绥靖”，有点儿那种大汉族主义的意思。

绥远起义在中国历史上非常重要，相当于内蒙古被和平解放，这也是傅作义接受和谈、和平解放北平以后立下的另一大功。当年傅作义和平解放北平，保护了这座古城，紧接着他又到绥远说服了他的部下董其武起义。董其武是傅作义的嫡系将领，傅作义从晋绥军开始，到后来的抗战，发展了自己的一个军队体系。在他的军队体系中有几个重要的嫡系将领，其中就有座上宾董其武。当然在傅作义的嫡系将领中也有后来成为阶下囚的，就是陈长捷。陈长捷由于坚守天津不投降，最后被俘。所以战争年代，大家做出什么样的选择很重要。董其武绥远起义之后，新疆在陶峙岳将军的率领下和平起义，西藏随后也和平解放。所以当时全国是不断有喜讯传来，从内蒙古，到新疆、西藏，祖国的边疆基本上都是和平解放，没有经过战火的摧残。

在新中国成立后，我军1955年授衔的时候，有三位重要的国民党起义将领被授予上将军衔，其中就包括国民党将领董其武。董其武在绥远起义时还是中将，新中国成立后他成为上将。还有长沙起义的陈明仁，也被授予上将军衔，陈明仁的授衔更凸显了我党的宽大。陈明仁曾经在东北的四平战役中打败过我军，而且还致使我军伤亡惨重。后来陈明仁在长沙起义的时候还有顾虑，他想自己曾经在四平战役中和我军那么激烈地交战过，但到1955年授衔的时候，也被授予了上将军衔。还有就是新疆的陶峙岳将军率领新疆的部队和平起义，和平解放了新疆，也被授予上将军衔。这三位国民党将领当初都是中将，国民党军队中比他们三位军衔还高的，像傅作义原来就是上将，国共谈判时国民党代表团的团长张治中也是上将，而且是中央军最嫡系的上将，还有国民党将领程潜在北伐时期就是上将。对于这些军阶更高的人，当时我们授衔的时候也考虑过要不要授予他们大将或者元帅等，但后来因为毛泽东、刘少奇、周恩来、邓小平都没有授衔，这些国民党将领也就都没有授衔。所以1955年授衔时，国民党起义将领中获得最高军衔的就是这三位。

首批“中国驰名商标”诞生

1991年的这一天，首批“中国驰名商标”诞生，这些商标到今天很多还是如雷贯耳，像茅台酒、青岛啤酒、海尔冰箱等。但是有些随着人民生活水平的进步，已经用得不太多了，比如说自行车，当时最有名的像凤凰牌、永久牌、飞鸽牌等渐渐淡出了大多数人的视线。我记得小时候我有三大梦想。第一个就是拥有一辆上海产的永久牌自行车，我们当年都是偷着骑父亲的“二八”自行车长大的，我小时候的第一个梦想就是拥有一辆自己的自行车；第二个梦想是能有一个大猪肘子，这肘子没人跟我抢，全归我一个人；第三个梦想就是有一个长发姑娘在黄昏中站在我的对面，很懂我的心。当然后来这三大梦想都实现了，所以今天我就胖成了这个样子。在当时的“中国驰名商标”中有很多自行车、缝纫机、收音机的牌子。大家还都记得当年有一种“燕舞牌”收录机，那句广告词“燕舞，燕舞，一曲歌来一片情”，曾响彻大江南北；还有一些著名的品牌现在也都没有了。虽然在1991年的时候，我们评出了这些著名的品牌，但是除了一些食品以外，在中国人的心目中，还是觉得外国的东西好。但现在在中国，很多国产的东西已经很厉害了，大量的本土品牌代替了进口品牌，像电视机，现在大家基本都买国产的品牌，几乎没有什么人再去买外国品牌。从1991年到现在，二十多年的时间，“中国制造”已经遍布全世界，我们的GDP已经超过日本，跃居世界第二。

当年大家总觉得美国、德国、日本的东西比中国的东西好，但那时候大家可不觉得韩国的东西好，在1991年的时候还没有什么有影响力的韩国产品，但是今天韩国货在世界上的影响力已经非常大了。你现在如果到美国的商场去看，电器类的产品几乎全被日韩品牌垄断，电视机基本上都是索尼、松下、三星、LG的。手机产品中，虽然苹果是美国的本土品牌，是美国的骄傲，但是今天也已经被三星超越了，而且很多美国人根本就不知道三星是哪国的品牌。我问了很多美国人，我说：“你知道三星是哪国产的吗？”美国人都说不知道。你告诉他说三星是韩国的，美国人会吓一跳。当然这也是一种营销的策略，包括日本的高档车也是，当时就是不想让消费者知道这种车是日本产的，这样才好打开美国市场，因为美国人老觉得日本车就是廉价货，日系车总卖不出好价钱。后来日本的三大汽车公司在打开美国市场的高档车市场时，就都没有挂它原来的商标，而是重新起的英文名字，像丰田的雷克萨斯、本田的讴歌、日产的英菲尼迪等，就是靠营造品牌来打开美国市场。美国人不知道这车是日本生产的，就觉得是高档车，这样就去除了很多成见。

所以改变成见是很难的，只能一点儿一点儿来，美国人不知道这是日本的东西就买回来了，买回来以后用着觉得还挺好，于是慢慢就对日本的产品有了信心，最后就非要买日本的东西。韩国当时也是采取了这样的营销策略，先不告诉你三星是韩国的产品，三星的所有广告中的演员全都不是韩国人，看着非常国际化。韩国的LG在品牌推广时也是这样，它把总部都放到了美国，设计、研发、管理团队用的全部都是美国人，几乎就成为了一个美国产品。到后来大家都开始用三星、用LG了，再告诉你这东西是韩国产的，慢慢就培养起了美国人对韩国产品的信心。对于我们中国人来说其实也有这样的问题，中国人对于所谓的民族品牌有一种根深蒂固的想法，就是一定要告诉人家这是我们中国的品牌，其实有时候这对于打开国际市场并不是很有利。我在美国就见到过中兴、华为的营销人员，我说："你这手机的名字让人一看就知道是一个中国名字，其实你的东西比别人一点儿都不差，但是你干吗非要强调自己是中国的东西？"当然这不是说我是汉奸或者不爱国，我觉得首先是要打开市场，然后再去告诉人家这是中国的产品，让人家对你的产品树立了信心以后，那自然就会认可你的东西。

根据我在美国的感受，到今天为止，中国第一大被全美国人都知道的品牌就是Lenovo（联想），原因特别简单，就是因为联想收购了IBM。IBM全美国人民都知道，IBM的笔记本电脑Think Pad的用户量是远远超过苹果的，现在大家再看Think Pad，前面"IBM"三个字母没有了，变成了"Lenovo"，大家都印象深刻。所以通过兼并也是树立品牌的一条捷径，就像当初日本品牌进入美国市场时，也是去收购了美国的一些家喻户晓的品牌。索尼公司当时兼并的是美国最有影响力的标志品牌"哥伦比亚"，包括哥伦比亚电影公司、哥伦比亚电视台、哥伦比亚唱片公司，都是美国文化最重要的代表，索尼把它们全部买入，并改名"索尼音乐"。于是当时的著名歌手迈克尔·杰克逊成了索尼音乐签约歌手，杰克逊迷们拿着唱片一看，上面印的全都是"索尼音乐"，但大家也不觉得这是日本的东西。原来哥伦比亚电影公司出品的电影，现在虽然还是用那个举着火炬的标志，但是现在都属于索尼的电影公司，这样索尼提供的东西立刻就风靡了美国。所以我觉得从收购开始树立品牌，这条路是可以走的，而且联想的这条路已经走通了，联想的品牌现在美国人都知道，它如果想再出别的东西，大家就会对它的产品有信心。

除了联想之外，别的中国品牌在美国就很少了，海尔冰箱我偶尔能看到，在美国西岸最大的电器商店“Fry's”里面我曾经见过，像青岛啤酒、五粮液、茅台只能在华人社区的超市中看到。在美国的运动品牌连锁店中，你要翻开看的话，几乎所有的衣服、鞋都是中国制造，但是它的品牌却都是耐克、阿迪达斯这些美国人自己的牌子，中国只是代加工而已，所以中国的品牌还远远没有做到像日本、韩国的那样成功。韩国的起步时间其实跟我们差不多，战后韩国也是一穷二白，而且韩国的自然资源、经济能力比我们中国还差得多，但今天韩国的产品已经风靡世界，美国的大街小巷到处都有韩国的现代车在跑。而到今天为止，我们还是在替人家的产品做代工，人家靠品牌挣了大钱，而这些东西其实都是在中国生产的。所以我们一定要改变观念，要树立品牌意识，但是在最开始的时候要如何打开市场，我觉得需要大家认真地思考。

9月20日

《晓松说——历史上的今天》来到了9月20日。公元383年的这一天，淝水之战爆发；1946年的今天，戛纳电影节开张；今天是张曼玉的生日，生日快乐。

| 戛纳电影节开张 |

1946年的今天，世界最大、最重要的电影节之一——戛纳电影节开张，到今天，戛纳电影节应该算是全世界仅存的最大的国际电影节。我前面曾经说过，奥斯卡并不是个国际电影节，那只是美国的电影节，更严格地说那其实就是好莱坞的工业俱乐部自己弄的一个奖，所以奥斯卡只有一个奖是颁给其他国家的电影的，就是最佳外语片。国际电影节在最辉煌的时期，曾经有过六七个非常大的电影节，其中“三大国际电影节”就是戛纳电影节、柏林电影节和威尼斯电影节；再加上捷克的卡罗维发利电影节、俄国的莫斯科电影节，以及瑞士的洛迦诺国际电影节，也可以称为“六大国际电影节”；如果再加上东京、墨尔本电影节，那叫“八大国际电影节”也可以。随着整个时代的平庸化，整个娱乐业的庸俗化，大师的年代已经过去了。我当年学电影的时候，我的老师戴锦华教授曾经讲到，20世纪80年代伟大的电影时代已经过去了，每每讲到这些都会泪洒课堂，备感遗憾。现在是一个没有大师的时代，电影节已经没有多大意义了，所以这些电影节也就烟消云散了。现在仅存的戛纳电影节是全世界公认的最高水平的国际电影节，但它也没有什么更多、更好的办法能让电影业再次辉煌起来，也只是能把红地毯铺得再宽一点儿、长一点儿，多请几个好莱坞的明星来。

最开始欧洲的这几个大的国际电影节的风格都和好莱坞不一样，他们认为好莱坞电影只能叫作保持简单、通俗化的“KISS”电影，他们觉得好莱坞的电影都特别傻，只有他们的电影是在搞艺术等。当年欧洲电影节当中确实也有很多大师，所以那时候这些国际电影节是可以和好莱坞抗衡的，但后来没有了大师以后，欧洲的电影节开始衰落，于是大家就开始求好莱坞，赶紧派俩明星、弄俩大导演来我这儿走红地毯吧。但好莱坞明星也没有那么多空，不能哪个电影节都去，最后这些明星就看什么地方好玩，什么地方有好吃的，就去什么地方玩一趟。柏林首先就不去了，因为柏林电影节是每年2月份举办，大家知道德国本来就挺冷，2月份的柏林正是漫天大雪的时候，连门都出不去，没意思。而威尼斯电影节举办的时候正好是夏天，每年夏天威尼斯都是人山人海，那算了，人太多也不去了。只有戛纳电影节是每年的5月，这个季节还算不错，所以还经常会有一些明星来。这三大电影节最初在设计的时候就是互相隔开这么一段时间，这样大家好来分配这些新电影。因为三大电影节都有一个共同的骄傲，那就是必须在我的电影节上首映的片子才能来参赛，如果你在前面的电影节放过，那就不能来参赛了。但一年下来也就有那么几部好电影，所以这几个电影节就分配好时间，相互岔开，5月份戛纳电影节，8、9月份威尼斯电影节，2月份柏林电影节。

5月份是法国南部最好的季节，戛纳又是一个特别适合办各种节日庆典的地方，不光电影节，还有戛纳电视节、戛纳音乐节等。大家之所以愿意选择这个地方，首先是这里的风景宜人，戛纳可以被称为“3S”，就是有Sea，有Sex，有Sun——有海、有美女、有阳光。而且美食上戛纳也是法国最棒的地方之一，法国最好的美食应该在里昂，但是里昂的美食主要是各种下水，包括牛脑、牛肚等，而戛纳的海鲜是全法国最好的。大家去戛纳一定要吃一道菜，叫牡蛎。牡蛎是法餐中最重要的海鲜，在我们这儿牡蛎是最不值钱的东西，在海边恨不得两块钱一大簸箕，大家也不怎么会做，但是在戛纳那是最好的海鲜。牡蛎有十几种做法，最流行的做法是用好几种葡萄酒加芝士一起蒸，蒸出来的牡蛎非常鲜美。大家如果去法国南部吃牡蛎，那一定要优雅地吃，怎么叫优雅呢？牡蛎是一种长贝壳的食物，吃完第一个以后，要把这个贝壳擦干净，然后拿贝壳当夹子，去夹起其他贝壳里面的肉，这样吃才显得你很懂法餐，你的吃相才叫优雅。戛纳还有一道头盘，叫小米炒龙虾，非常好吃，把龙虾剁成碎末，然后跟小米一起炒。戛纳不光有美丽的风光，不光有美食，而且戛纳整个城市特别小，大家知道举办电影节，这城市一大就没有那种圈子感，像柏林的城市就非常大，而戛纳特别小，就两条街，参加电影节的世界各地的电影人，只要在那条街上站一会儿，几十分钟几乎就能看见所有的人，大家一起吃饭、聊天，很温暖。

中国电影人也曾经在戛纳电影节上获奖，当然没有在威尼斯电影节、柏林电影节上获得的多，在戛纳电影节获奖难度较大，所以到目前为止，我们只有一部影片获得了金棕榈奖。金棕榈奖是戛纳电影节的最高奖，最开始的时候它也不叫“金棕榈奖”，而是叫“金鸭奖”，后来改名金棕榈奖，因为戛纳到处都是棕榈树，非常美。我第一次去戛纳是在 1998 年，我还在戛纳的棕榈树上刻了一行字，就是“十三年后得奖的是高晓松”的字样。到今天十三年早已经过去了，只有陈凯歌导演的《霸王别姬》得过一次金棕榈奖。王家卫导演曾经得过戛纳电影节的最佳导演奖，他还做过戛纳电影节的主席，应该是在戛纳第五十九届电影节的时候。戛纳电影节最受欢迎的中国导演有两位，一位是王家卫导演，另一位就是贾樟柯导演。贾樟柯导演也是每年都要去参加戛纳电影节，2013 年时得了一个最佳编剧奖，但是他一直没有得过金棕榈奖。法国电影圈力捧的中国导演就是贾樟柯，他还曾获得了法国骑士勋章。总而言之，法国就自认为自己的电影是世界上最好的，因为电影是从法国的卢米埃尔兄弟起源的，所以法国人认为自己在全世界的电影界面前都是权威，我说你好你就可以得奖。

还有三位中国演员分别得过戛纳电影节的影帝和影后。葛优凭借《活着》，获得了戛纳电影节影帝，成为戛纳电影节的第一个中国影帝；之后梁朝伟凭借《花样年华》，获得戛纳影帝；再之后是张曼玉得了戛纳影后，但她获得戛纳影后的电影并不是中国电影。大家知道张曼玉曾跟一位法国艺术家在一起并且加入了法国籍，所以她后来到法国去演电影了，2004 年的时候，张曼玉凭借一部法国电影《清洁》获得戛纳电影节影后。所以统计的时候，也有人说这个算不算中国演员获得影后呢，因为她当时已经是法国籍，拍的又是法国电影。但是我们也不管那么多了，就认为她是中国电影人吧，所以总共有三位中国演员获得戛纳电影节的最佳演员奖。希望我有一天能拿到这个金棕榈奖，当然不是我也没有关系，中国导演们继续努力，我们争取获得第二次金棕榈奖。

| 影后张曼玉生日 |

刚才说到张曼玉，今天是张曼玉的生日，生日快乐！在我们心中张曼玉永远是那个美好的、年轻的样子。张曼玉曾经演过我最喜欢的电影《甜蜜蜜》，目前这部电影正在修复拷贝准备上映。因为现在国内的电影市场非常好，但一下子又拍不出这么多好电影，以前没有正式在内地公映过的好电影，现在纷纷在做修复拷贝的工作。我还在想，我最早拍的那部《那时花开》也没有公映过，是不是也要修复拷贝，拿出来公映一下。《甜蜜蜜》上映的时候，我觉得大家应该去看一看，这是当年的张曼玉和黎明，以及当年的陈可辛导演一起合作的一部我觉得堪称伟大的电影。张曼玉生日快乐！

| 淝水之战 |

下面来谈一谈淝水之战，淝水之战的细节我就不多讲了，大家在历史课本当中都学了很多。关于淝水之战留下来了三个成语，第一个成语叫“投鞭断流”，就是苻坚说：“我坐拥百万大军，只要我一声令下，所有士兵把他们的马鞭投入淝水，就足可把河水断流，区区淝水岂能阻挡我军前进？”于是后人以

“投鞭断流”形容人马众多，兵力强大。另外两个成语是形容他战败时的状况，叫“风声鹤唳”和“草木皆兵”，就是大家在战败的时候，听见刮风的声音，听见鸟叫的声音，都觉得敌人要追上来；夜里看见北风吹过，草木晃动，就觉得会有敌人埋伏在那里。

关于淝水之战，有一点我要讲一下，就是我从来不相信苻坚有九十七万大军，或者后来还有人说有八十多万大军。因为打仗不像大家去玩电子游戏，实际战争中这几十万大军得吃喝拉撒睡，得互相通信接受指挥。大家知道那个时候没有铁路，今天铁路、公路都这么发达的情况下，百万大军在前线打仗，供给都经常跟不上。那个时候没有铁路、公路，这些粮草就得靠人肩扛或车推。肩扛在平地上还可以，但打仗不可能光挑平地吧，打仗是哪儿的地形复杂往哪儿去，而且即使是在平地上，这些运送粮草的人自己也得吃饭。在淝水之战的时候，如果从陕西推一车粮食送到前线，估计还没到前线，这车粮食就得被吃光了。所以就只能靠大家接力把粮食往前线运，这粮食一边运、一边吃，这样算下来每一个前线士兵差不多就得有十五个人为他运粮食。你想即使是八十万大军，那八十万大军乘以十五，也得有一千二百万人，也就是说得有一千多万人运粮食，这在当时根本就不可能。官渡之战，曹操根本没多少兵也撑不下去了，原因就是没有那么多粮草。再有，如果有这八十多万大军，那这么多人上厕所也是一大难题，因为曹操就曾经下令不许在军营里上厕所，那几十万人怎么上厕所？再有这么多人怎么通信，怎么联络？所以我从来就不相信古代能够组织起十几万人以上规模的战役，那确实是不太可能的。所以希望有一天能真正地考证出来，淝水之战到底是多少人。

9月21日

《晓松说——历史上的今天》来到了9月21日。1933年的这一天，纳粹德国开始进行国会纵火案的审判；1985年的这一天，小说家古龙去世。

| 德国国会纵火案审判 |

关于德国的国会纵火案，在咱们的历史书中提了一下，但是并没有非常系统地来讲，在这儿我简单地介绍一下。国会纵火案其实就是德国纳粹党嫁祸德国共产党的阴谋事件，这也是德国开始独裁的一个标志性事件。在有宪法、有民选的国家当中，这是开始独裁的重要步骤，很多国家要引以为戒。纳粹德国的统治者一开始其实是通过民选上台的，德国当时也是一个民主国家，它们也有自己的宪法，叫《魏玛宪法》。但是要独裁的政客总能想出各种办法进行独裁，于是他们引用了《宪法》中的一条“特别授权法”，就是授权总理可以不通过议会而直接颁布各种替代性的法令，纳粹德国的总理就是希特勒本人。但是这个“特别授权法”要求必须有三分之二的国会议员通过才能给总理授权，当时德国共产党在国会占有13.75%的席位，纳粹党有44.5%多的席位，纳粹党的人数虽然比共产党多，但也远远不及三分之二。怎么办呢？德国的纳粹党就开始拉拢、贿赂其他的党，德国共产党当然是那种坚决不会被拉拢、不接受贿赂的政党，而且坚决反对纳粹党，所以德国纳粹党一定要想方设法地消灭共产党。德国当时还算是一个法制国家，纳粹党也不能把共产党人都抓起来，于是纳粹党就想了一个办法，他们找人去国会那儿放了一把火，然后诬陷说这火是共产党放的。其实这诬陷完全就没有道理，共产党在国会里已经占据了那么多的议席，它没事去烧国会干什么。但是纳粹党在那个时候就是要这么嫁祸于共产党，而且嫁祸于共产国际。这个说法也比较容易迷惑人，因为共产国际是苏联派来的，纳粹党就说这是苏联派来的共产国际的人要烧死我们，于是就把共产国际驻德国代表季米特洛夫抓了起来。季米特洛夫是共产国际的重要领导人，也是保加利亚共产党员，当时的威望非常高。季米特洛夫在9月21日这天被开庭审判，但是德国的法庭在审判时给了季米特洛夫足够的时间进行个人陈述，季米特洛夫借此机会发表了非常精彩的演讲，痛斥了纳粹党的各种阴谋，最后法庭宣布季米特洛夫以及三名共产国际代表无罪释放。

其实这是纳粹一手策划的阴谋。他们先让一小队冲锋队员从戈林国会议长官邸的一条地下通道潜入国会大厦，在那里洒满汽油与易燃化学品后便立即退回原处，再诱使一个有纵火癖好又头脑糊涂的荷兰人去国会大厦放了一把火，然后把这名荷兰人逮捕起来并硬说他是共产党人，于是这就坐实了共产党放火，纳粹党也就正好借此机会把共产党给禁止了。之后德国国会通过了给总理的“特别授权法”，也就是授权给希特勒可以直接颁布各种替代性的法令，希特勒获得特别授权以后，就开始大肆独裁，一个月内就把所有的其他党派都禁止了。这就是在一个号称民主、有宪法的国家开始进行独裁的典型事件，如果没有其他的制衡力量的话，独裁者总是会想出独裁的借口和办法。

这里我要多说一句为什么法庭能给季米特洛夫这么长的时间去发表演讲，而且最后能宣判他无罪。当时纳粹党在德国的很多底层民众以及民族主义者中是很有市场的，但是德国的上层，包括知识分子、国防军，并不认同纳粹党。大家如果去看二战史，德国国防军跟纳粹党直接领导的武装党卫军是不一样的。二战中德国大量的罪行其实都是党卫军犯下的，包括集中营事件、大屠杀等都是德国党卫军干的。德国国防军的将领大部分都是具有普鲁士军事贵族血统的“冯氏”将领（因为在德国人的姓名中，凡是有“冯”的，以前的祖先都是贵族），而希特勒是下士出身，一战的时候还是下士，那些“冯氏”将军世家其实从一开始就看不起希特勒，到后来发展到对希特勒的各种政策都心怀不满，甚至还发动了政变。在1944年7月20日的时候，这些人还去刺杀希特勒，所以在德国始终都有这样一个不支持希特勒的群体。最后两边的关系越来越紧张，希特勒还开除了陆军总司令，自己兼任陆军总司令去指挥陆军。当时希特勒刚刚上台，德国法庭的法官作为一个群体，有一个自己的“法官联盟”，这个“法官联盟”也不太认同希特勒纳粹的这一套做法，始终秉承德国就是一个法制国家的信念，你希特勒通过各种各样的手段操控国会，采取独裁政策，那我们就要坚持用法制的手段制止你的独裁。所以这些法官在法庭上给了季米特洛夫大量的时间让他去演讲、申诉，并且判他无罪。

德国的这个“法官联盟”始终保持着比较独立的态度，他们和希特勒一直保持着距离，坚守着德国的司法独立，希特勒对此怀恨在心。到了二战期间，这个“法官联盟”的头目终于被希特勒想尽各种办法给弄下去了。最后希特勒派了自己的嫡系——当时驻波兰的总督汉斯·弗兰克去当了“法官联盟”的头儿。汉斯·弗兰克也是纳粹，而且他做波兰总督时非常残酷，但汉斯·弗兰克当了“法官联盟”的头儿以后，还是提出来德国应该成为一种纳粹体制下的法制国家。可见德国作为一个严谨的民族，不管在什么状态下，即使在纳粹的独裁下，也基本上还是保持了一个法制国家的基本体制。当然，德国对其他国家的残酷咱们就不说了，他们对世界人民犯下了严重的罪行，但是在德国国内基本上还是保持了司法独立，这是一种比较有意思的现象。

| 武侠小说三大宗师之一古龙去世 |

下面来纪念一下古龙大师，1985年的这一天，小说家古龙去世。当时武侠小说家有三位顶级的大师，分别是金庸、古龙、梁羽生，在这三位大师中，大家一般都认为梁羽生先生比较知识分子化，他比较讲究考据，过于拘泥历史，不搞天马行空；金庸先生把历史和故事结合得比较好，把一些历史事实进行了适当的演绎；最天马行空的就要属古龙先生，古龙先生写的小说根本就说不清朝代，所以大家也不知道他讲的是哪朝哪代的故事，也不知道这故事是从哪里来的。古龙先生写的武功也不讲究什么派系，根本不分什么少林、武当，出来一位就身怀绝技，这武打也不讲究什么细节、不讲究什么套路，就是快，快得都看不清套数。古龙先生当年的作品被拍成电影、电视剧的，还真是没有金庸先生的多，我觉得这里面有以下两个重要的原因。

先说第一个原因。当年金庸先生和古龙先生写的小说都是连载，那个时候的香港是一个节奏非常快的市民社会，不可能养着一大批知识分子，养着一堆社会精英，让你们慢慢去写，然后大家慢慢去看。当时的香港社会是每个人都在打拼、奋斗，大家都生活在快节奏、紧张的状态下，所以当时的小说家为了适应那个时代，也必须是快节奏地写作，每天写一千字，然后在报纸上连载。金庸先生当年就是在报纸上连载了十多部小说，之后他又用了好多年的时间，把这些小说重新整理，因为连载的时候很多东西都写得不连贯，也可能把前面写的东西给忘了，本来前面写一个伏笔，后面就没起这个勾儿。人物的描写也是，金庸的小说中人物众多，一会儿多出一个这样的人物，一会儿多出一个那样的人物，甚至有时候金庸出差了还得由别人代写，倪匡就替金庸先生写过小说。所以后来在结集出版时，金庸先生就花大量的时间把所有的小说都整理了一遍，但古龙先生没有，古龙先生还没来得及把这些连载小说综合起来重新整理就去世了。当年古龙先生的生活方式也像一个真正的大侠似的，每天都是狂歌纵酒。关于古龙的生活方式我听很多人都讲过，包括洪金宝大哥。当年洪金宝大哥跟我一起拍电影，他在我导演的电影《大武生》中做动作导演，他就说："我们武行的人看见古龙都害怕，武行兄弟一般都很能喝酒，很厉害，但是古龙先生是用超大杯子的威士忌整杯整杯地干，像喝啤酒一样干威士忌。"古龙先生最后还酗酒，结果把身体彻底给搞垮了，以至于他去世的时候还没来得及把这些连载的，其实有很多东西都不连贯的小说，像金庸先生那样完整地整理一遍。所以这些小说情节、内容的不连贯也导致他的作品在改编成电影、电视剧的时候就吃了很多亏。

第二个原因就是关于武打动作的细节描写。在金庸先生的作品中，那些武打套路的描写都非常细致，按照当时电影、电视剧拍摄的技术条件这些都是可以实现的，像吊威亚等。但是古龙先生描写的那些武功太过神奇，经常就是一个字“快”，以至于快到什么动作都没看见，就完了。按照当时的拍摄技术，只能吊威亚，吊威亚的动作就没法快，所以就没法拍。但是现在不一样了，电影技术发展到今天，高科技技术已经完全可以应用在电影中，什么样的电影特技都可以做了，所以从这几年开始，大家连续看到大批古龙先生的作品再次被改编搬上银幕。刚开始的时候，只有两三部古龙先生的作品被拍成了电视剧，就是著名的《楚留香》和《绝代双骄》，现在大量的作品，包括我自己很喜欢的《圆月弯刀》等，都可以被拍成电影了，我非常期待。我个人也在跟电影公司请缨要来拍一部古龙的戏，因为我真的非常喜欢古龙先生，我个人对古龙先生的喜爱超过了金庸先生。我觉得金庸先生的小说过于商业化、过于市场化，始终保持着商业小说的那种传统。在金庸的小说中如果说女人那就一定要从一而终，而且女人个个都是冰清玉洁；如果讲男人也要集各种美德于一身。所以金庸先生的 14 部小说中的女主人公，全都是为这个男人生、为这个男人死，一生就只爱这一个男人，而且个个都守身如玉。只有一个小龙女，在昏迷的情况下失了贞洁，结果还受到那么大的惩罚，十几年也没能再见到自己的爱人杨过。而古龙先生的小说其实比金庸先生的小说更文学化，他的作品中的人物更像人，那里边的男男女女不但都有七情六欲，而且人物的性格特点更鲜明，就是在一个人群中有人很花心，有人很浪荡，有人很淫荡，有人很忠诚……我觉得古龙先生笔下的这些人物，更符合我们现代的文学或者艺术所讲的，能更深入到人心的潜意识当中。所以从文学意义的角度来说，我觉得古龙先生比金庸先生可能更好一点儿，这是我个人的理解。纪念古龙先生！

9月22日

《晓松说——历史上的今天》来到了9月22日。1957年的这一天，影歌双栖明星周璇去世；1994年的这一天，《老友记》播出；1980年的这一天，两伊战争爆发。关于两伊战争要说的事情很多很多，今天主要说影视方面的事情，有机会再跟大家仔细聊两伊战争。

| 影歌双栖明星周璇去世 |

先来说一说一代“天后”周璇。周璇确实称得上是“天后”，她先是以“歌坛天后”闻名，一直到改革开放时期，大家才听说邓丽君，在那之前一直觉得“歌坛天后”就是周璇。在一次“九一八”事变的纪念活动中，周璇第一次亮出歌喉，从此便一鸣惊人。周璇在名满天下之后开始演电影，她人又长得非常漂亮，不光是嗓子好，周璇还长着一双动人心魄的眼睛。其实嗓子好没有眼睛漂亮重要，因为那时候的录音技术不够好，现在大家听到的周璇的录音都是单声道的那种，不像后来有那么先进的技术，但是我在看《马路天使》的时候，完全被周璇那双会说话的大眼睛给迷住了。

周璇的一生可以说是非常悲惨，但人往往就是这样，你有过坎坷的人生，才能够用心灵来歌唱、来演戏，如果你一直都一帆风顺，那你唱的歌也没有什么动人的地方，你演的戏也没有那么深刻。周璇从小就是被遗弃的孤儿，以至于她连自己的原名叫什么都不知道，就知道小名叫小红。周璇被卖给养母，那养母实际上就是靠买孩子来赚钱，从小周璇就被送进了唱歌班里去学唱歌，如果不是20世纪发明了电影和唱片这两样伟大的东西，按照自古以来的规矩，周璇最终是要被卖进青楼的，那就有可能成为小凤仙或者赛金花之类的青楼名妓。周璇从小长得漂亮，嗓子又好，她进入了唱歌领域以后一鸣惊人，然后又进入了电影界，从此风靡天下，红极一时。

大家有机会可以去看看电影《马路天使》，今天再看这部电影，不光是去看赵丹和周璇的演技，大家可以去关注整个的拍摄、制作的手法。在电影界，大家把意大利的新现实主义电影当作一个重要的电影流派，我觉得那是因为这些人没看过当年的那些中国电影，那会儿也没什么重要的电影节。今天我们看那时候在上海拍的这些中国电影，与同时代的所谓的意大利新现实主义电影相比一点儿都不差，非常美好。周璇在《马路天使》里唱了两首歌，一首叫《四季歌》，一首叫《天涯歌女》。“郎呀，咱们俩是一条心……”我记得小时候每次听到这首歌就会想，假如有一天，有一个女生对我唱：“郎啊，咱们俩是一条心……”，那会多么美好。但是周璇的一生命途多舛，她从一出生就成了孤儿，虽然到后来成了明星，但其实她的内心还是有很多挣扎和纠结。解放前夕她去了香港，当然不光是周璇，从1948年下半年开始，无论是上海进步的电影工作者先南下香港再待机转往解放区，还是上海的民营电影公司干脆搬迁到香港去打拼发展，反正当时上海的电影工业大部分都搬到香港去了，所以后来香港电影业的辉煌，其实最主要的根源还是来自上海。香港原来和上海完全不能相比，上海当时号称“东方巴黎”，已经是国际大都会，如果没有上海的电影业做基础，那香港的电影是远远不行的。在1949年前后，大批的电影人才到了香港，这也成为香港发展的最大一次机会。一直到20世纪60年代，在香港的电影圈中讲的还都是上海话，直到70年代，李小龙他们开始拍动作片、功夫片，才形成了香港电影自己的特色，因为原来上海电影当中是没有什么功夫片的，基本上全都是言情电影。

周璇到了香港以后命运也非常悲惨，这是我听上影厂的老领导，还有赵丹等后来给周璇送终的各位老明星亲口讲的。当时赵丹接到了周璇从香港来的信，周璇说自己在香港实在待不下去了，香港太残酷了，让赵丹去接她。于是赵丹就到了深圳河边，当时的深圳还不是今天的深圳，那时候只是个小渔村，只有一条河，这条深圳河把香港和内地分开。赵丹到深圳河边去接周璇，一看到周璇，赵丹几乎都快崩溃了，周璇挺着肚子，怀着不知道是谁的孩子，非常落魄。大家知道那时候香港的黑社会非常厉害，这一点倒也继承了当年的上海，而且香港的黑社会控制着电影业，一直到1997年香港回归之后黑社会才慢慢没有了。在那之前，包括在20世纪70年代、80年代的时候，香港可以说是黑社会横行，当年连李连杰的经纪人都是被黑社会击毙的，原因就是某部电影李连杰不愿意去演。大家有时候还会奇怪，说，香港那么多好的演员为什么经常会演一些莫名其妙的烂戏，其实就是因为香港的电影业被黑社会控制着，某部电影他们想让你去演，你不演的话那就打死你。我还认识一个香港摄影师，到现在他的半个脸都没有知觉，也没有表情，就是因为当年一位演员拍一部电影，黑社会要求他八点钟必须到他们那儿去拍戏，结果这位演员在拍戏的时候把这事儿给忘了，这个电影剧组里忽然就冲进来了一大堆黑社会的人，拿着棍子打剧组的所有人，把灯什么的全都打烂了，这位摄影师脸上就挨了一棍子，到现在那半边脸就一直没有知觉。大家也都看到过当年刘嘉玲、叶倩文被黑社会控制，非常悲惨。

周璇那个时候被黑社会控制得非常厉害，那儿有各种黑社会的大哥，她都得去陪，没有办法，最后她也不知道是怀了谁的孩子。据赵丹说，当时周璇已经有几个月都没有换过衣服了，把她送到医院以后，全身的衣服都粘在一起了，不但粘在了身上，几层衣服都已经板结在一起了，赵丹帮她脱都脱不下来，最后只能用剪子剪开。可见周璇在香港流落街头，已经到了非常悲惨的地步，这么长时间衣服都没有换过。回来以后，周璇流产了，她的精神上也出现了非常严重的问题。后来在新中国的关怀下，她的精神慢慢地恢复了一些，然后又去参演了电影，但是电影拍到一半的时候，她的精神病就又复发了，1957年的这一天，周璇离世，年纪轻轻就离开了人间。这就是一代“天后”周璇非常令人慨叹的一生，这也是旧社会明星命运的写照，让人感到非常惋惜！

美国情景喜剧《老友记》播出

下边来说说另一个跟影视有关的事情，1994 年美国 NBC（美国全国广播公司）电影台拍摄的《老友记》播出，这是美国电视史上最成功的电视剧之一，先后拍了十季之多，而且都是长季。美国的电视剧分成长季和短季，长季的电视剧一般有十季之多，都是在电视的黄金档播出。美国那个年代主要的电视剧基本上都是由三大电视网拍的，NBC 就是其中重要的一个电视网。《老友记》开创了这类情景喜剧的一种创作模式，展示了一群年轻人在一起生活的场景。情景喜剧在这之前就已经有了，它不像拍电影，或者拍那种大规模的电视剧，需要到处变换场景，今天在这儿拍一个镜头，明天到那儿拍一个镜头，拍的时候四面八方都是机器。情景喜剧不是这样，在拍摄的时候台下就有观众，所以大家看到现场的制作，听到现场的笑声，这些大部分都是真实的。演出时就是那几个场景，早就都搭好了，演员就在那几个场景里演，所有的摄制都在一个棚里面完成。

《老友记》中最重要的一个场景就是咖啡馆，在咖啡馆中间有一个沙发，大家一天到晚就是坐在沙发那儿聊天，下面坐满了观众，这边直接就摆好了很多台摄影机。他们这边演，摄像在那儿拍，然后导播直接就在那儿切了，基本上就是非常快速地生产。不像我们其他的电视剧那样先演，完了再配音，然后再慢慢后期剪接。情景剧是直接带着观众表演，所以演员演起来的感觉非常爽。大家知道演员演电影的时候经常是非常痛苦的，演一个镜头准备要哭，结果马上再换一个机位，导演说："开始哭。"那就得直接哭出来，前面没有任何铺垫，很多演员演电影的时候连自己都糊涂了，不知道哪个镜头挨着哪个镜头，但这些镜头最后怎么剪出来，全都在导演脑子里。

所以演情景喜剧就跟演话剧一样，大家都是上来就演，一直演，包袱响了，"哈哈哈"大家跟着笑；包袱没响，"停，再来！"，这一喊停，观众也笑了。大家重来一遍，又开始接着演。所以演情景喜剧有点儿像演话剧，非常有意思，带着观众，带着笑声，如果现场实在没有笑出来，那后期也可以稍稍加一点儿笑声。《老友记》开创了一群年轻人在一起表演的模式，一直到现在，我们这里也还有学习它的作品，我们不能管这样的东西叫“山寨”，因为这只是一种大模式，这种模式并没有专利，也没有版权，它讲的就是一群年轻人在一起生活的故事。我们近几年拍的《爱情公寓》就非常像《老友记》，讲的也是一群年轻人在一起的生活，只不过我们的尺度没有人家大，我们的年轻人在一起就是谈谈恋爱。

《老友记》中的年轻人并不光是谈恋爱，这群年轻人过的是美国式的生活，准确地说是纽约式的生活，因为并不是所有的美国人都过那样的生活。大家去看《老友记》这些反映纽约生活的电视剧，就会觉得美国人好开放，其实不是，美国大概也只有纽约、旧金山、波士顿这几个地方比较开放，除此之外，大部分的地区还是很保守的。美国南部的很多地区，好多年轻人都是在高中毕业的舞会上订婚，等到大学毕业就结婚，老老实实地过一辈子。当然你只要去了纽约，就完全可以过上那种开放式的生活，所以大家看到反映纽约生活的《老友记》，还有后来的《绯闻女孩》，都是剧中的人物排列、组合，互相都曾经相好过。《老友记》传播的是纽约式的生活，也是传播纽约俚语的最重要的电视剧，大家一看才知道原来纽约人是这么说话的，于是全世界的人，包括美国人在内，看《老友记》很多时候就为了学几句时髦的话，学纽约俚语，然后出去跟人说话的时候用几句就觉得自己很洋气。当然现在再来看《老友记》的人要注意，《老友记》中的那些纽约俚语有些已经过时了，因为大家知道大都会的俚语的进展是非常快的，包括北京、上海也是，三年前都说的词今天可能就过时了、土了，大家都不这么说了。尤其现在有互联网以后，语言的发展就更快了，当大家都在说“我和我的小伙伴都惊呆了”时，没准三个礼拜以后这句话就已经过时了。所以《老友记》里说的那些纽约俚语，大家现在千万不要学，那个已经很土、很老了，如果你再去纽约说这些话，大家都会觉得你肯定是看《老友记》了吧，一看就知道你是从哪儿学来的。

《老友记》里最漂亮的一个女孩叫詹妮弗·安妮斯顿，我看《老友记》主要就是去看她。詹妮弗·安妮斯顿后来嫁给了大帅哥布拉德·皮特，但是非常不幸的是，布拉德·皮特在演《史密斯夫妇》的时候，跟他演对手戏的是安吉丽娜·朱莉，两人在演戏的过程中，迸发出了火花，当然这在电影行业也很正常。于是布拉德·皮特就突然离开了詹妮弗·安妮斯顿，和安吉丽娜·朱莉走到了一起，当时这件事闹得沸沸扬扬，成了尽人皆知的大事，弄得人很伤心。以我个人的审美和我的感觉来说，我喜欢詹妮弗·安妮斯顿要远远超过安吉丽娜·朱莉，因为咱们是东方人，东方人一般比较喜欢温婉的女生，詹妮弗·安妮斯顿就是那种非常温婉的女生。而那个安吉丽娜·朱莉就是那种大嘴叉子、大眼睛的姑娘，那样的女孩咱们东方男人一般不喜欢。当然这就是大家审美观不同，东方人喜欢玉，西方人喜欢钻石，这就是最基本的审美观的不同。东方人总的来说比较喜欢温婉的东西，西方人喜欢的是光芒四射、棱角分明的东西，不过现在我们东方的很多女孩也喜欢钻石了。

9月23日

《晓松说——历史上的今天》来到了 9 月 23 日。在 1870 年的这一天，法国大作家梅里美去世；1939 年的这一天，弗洛伊德去世。今天是大导演吴宇森的生日，生日快乐！

| 大导演吴宇森生日 |

首先祝吴宇森大哥生日快乐！其实称呼“大哥”都有点儿不敬，吴宇森的年龄和我父亲差不多，所以应该说吴宇森叔叔生日快乐！吴宇森导演现在依然战斗在电影第一线，依然在筹备着大电影《飞虎队》，这部反映为中国人民的抗日战争做出巨大贡献的飞虎队的片子一直在筹备当中。预祝吴宇森导演依然能拍出伟大的电影！其实六十多岁对于一个导演来说也不算高龄，伍迪·艾伦已经快八十岁了，还连续拍出了《巴塞罗那》《午夜巴黎》《爱在罗马》这些非常优秀的电影；波兰斯基已经八十多岁了，在七十七岁时依然拍出了非常优秀的电影《影子写手》，所以六十多岁的年龄对一个优秀的导演来说并不是问题。

我们这一代人应该说是看着吴宇森导演的电影长大的。一直到今天，他的电影陪伴了全世界千千万万的人民，我觉得在所有的华人导演中，最有资格说陪伴了全世界人民的，应该首推吴宇森导演。李安导演虽然两获奥斯卡最佳导演奖，而吴宇森导演没有得过奥斯卡奖，但是李安导演和吴宇森导演应该是完全不同的两个导演，他俩应该算是美国两大类电影导演的代表。吴宇森导演算是标准的好莱坞式导演，特别擅长拍那种好莱坞商业大片，像《碟中谍》《变脸》等，但这类片子通常是得不了奖的，要想获奖得拍那种艺术片。而李安导演是标准的美国纽约学派式的导演。这两个电影派别之前在美国一直互相对抗，但近年稍微有些融合，现在由于已经过了那个电影最辉煌的时代，好莱坞导演也非常缺乏，所以大家开始趋向融合。现在纽约学派的代表性大导演伍迪·艾伦，也开始到好莱坞拍一些这种电影，李安导演也开始跟好莱坞合作，拍一些比较商业的电影，但是还是坚持时不时地拍一个自己的艺术片。

从获奖的角度来说，当然是李安导演获奖比较多，但如果从全世界观众的角度来看，李安导演在大家心目中的地位和吴宇森导演是不能比的。吴宇森导演拍的都是那种大票房电影，尤其像《碟中谍》这种开创了系列片制作模式的电影。大家知道电影产业中最值钱的电影就是系列片，只要第一部火了，那紧跟着就是系列二、系列三……大家看到近年评出的好莱坞十大票房电影中，最少有七八个是系列片，多的时候有九个是系列片，它们的总票房差不多能占到整个好莱坞票房的三分之二，其他那么多电影的总票房也只能占到三分之一左右。所以在好莱坞拍系列片基本上是稳赚不赔的，有时候差不多都不用投资，光靠预售就能收回成本，而拍其他的片子则风险极大，你有可能赚，也有可能赔，而且很多时候还非常辛苦。吴宇森导演可以说是开创了系列片拍摄之先河，这个是非常难的。他开创了《碟中谍》这样的系列电影，之后系列片就层出不穷。在吴宇森的片子中的主演很多都是如日中天的一线大腕，《谍中谍》的主演是汤姆·克鲁斯，约翰·特拉沃尔塔也曾出演了吴宇森的两部电影《断剑》《变脸》，尼古拉斯·凯奇也演过他的《变脸》和《风语者》，当年那可都是一线大腕，正在巅峰的时候。

在这些到好莱坞去发展的亚洲导演，甚至所有的外国导演当中，吴宇森导演都是当之无愧的成功者。在香港的时候吴宇森导演就很成功，大家一提到香港电影，我猜五成以上的华人首先想到的都会是《英雄本色》，香港电影最大的流派就是这种男人电影，警匪片也好、功夫片也好，那都是男人电影。香港这个地方很有意思，大部分人都是广东人，来自广东潮汕地区的人特别多。说实在的，这地方的男人确实有点儿大男子主义，所以香港电影也有一个明显的特点，就是都是男人电影，女性角色永远都是配角。这不像在西方电影当中，女性都特别光芒四射，女性会主动推动情节，会围绕着女主角发生很多事情。但香港电影的女性角色永远都是特被动的人，在影片中永远都是那种特单纯、特傻的样子。所以把女性角色从香港电影里拿掉其实都没什么问题，这个电影一样能演下去。吴宇森导演作为典型的香港导演，他执导的电影也都是这种类型的。当然在香港导演中也有异类，香港导演只要能把女性的角色拍好了就会得奖。其中就有这么几位能拍女性角色的香港导演，首推是王家卫导演，在王家卫导演的电影里，女性是非常重要的，然后还有关锦鹏导演、陈可辛导演，这几位都是在国际上得过多次奖的香港导演。所以我有时候说，香港导演只要懂女性就能在国际上得奖。而吴宇森导演应该算是传统香港电影的杰出代表，《英雄本色》《纵横四海》，这都是大家想起来就会热血沸腾的影片，周润发、张国荣都是在这两部片子中成名的，后来在台湾有很长时间，大家都管周润发叫"小马哥"，就是因为吴宇森导演塑造的这个男人形象极其深入人心。

其实很多亚洲导演在好莱坞发展得也非常不容易，因为在文化上大家有很多不同，你就算读了《圣经》，读了美国的中学语文课本，你的血液中流的还是中国的东西，所以亚洲导演到美国以后成功的是凤毛麟角，除了吴宇森、李安两位。包括日本、韩国、泰国导演在内，其他很少听说有哪位亚洲导演在好莱坞取得成功的。但是欧洲导演到好莱坞以后成功的案例很多，因为他们基本上都有着相同的宗教信仰，大家都读《圣经》，而且美国的人群构成也主要是欧洲来的移民。而亚洲导演想要融入好莱坞就非常不容易，我们的陈凯歌导演、张艺谋导演、陈可辛导演、徐克导演、刘伟强导演等，多次到好莱坞去尝试，好莱坞电影也确实给每个人机会，不管你们是来自中国内地、香港还是台湾地区，都会给你一个机会，但是很多人都是只拍了一部戏就回来了。只有吴宇森导演不但站住了脚，而且拍的还不是小戏，用的还都是一线大明星。

最后吴宇森导演光荣地走上了好莱坞的星光大道，他的手印直接按到了地上，而不是挂在那个名人堂里，这已经是非常崇高的荣誉。大家知道在好莱坞大部分人的手印都是在名人堂里挂着，在地上按手印的人只有几十个，而在整个星光大道上成百上千的大明星中，在地上按出俩手印、俩脚印的只有吴宇森导演一位，那是好莱坞给予的崇高荣誉，我当时看到这些的时候觉得太骄傲了。在好莱坞人们还用吴宇森的名字命名了他自己创造的这种类型的电影，被称为“吴”电影，就是这种讲男人情义、英雄气概类型的电影，就像《英雄本色》这种。吴宇森导演的影片在处理男人与男人的情感时，轻车熟路，而且非常细腻，但是他的弱点就是我刚才说的香港导演都不太善于处理女性角色。所以吴宇森导演到了美国以后，干脆就不碰男女爱情这类体裁，扬长避短，只表现两个大男人之间的故事。像《风语者》，我就特别喜欢，我觉得这是一部应该算是相当有艺术成分的电影。这部片子是由尼古拉斯·凯奇主演的，当然很可惜没得到奖，但大家有机会应该去看看，人物之间的情感处理得非常好。吴宇森导演应该说是当之无愧的华人导演当中的“华人之光”，他同时也是在美国的华人精英组织“百人会”的成员。吴宇森大哥生日快乐！

| 法国大作家梅里美去世 |

1870 年的这一天，法国大作家梅里美去世。法国可以说是盛产各类大作家，而且基本上都属于非常具有浪漫主义色彩的作家。梅里美是这些作家中我非常喜欢的一位，推荐大家去看看他写的那一版《唐璜》，叫作《炼狱里的灵魂》。《唐璜》这个故事写过很多版，西方跟我们不一样，因为西方的历史没有那么丰富，所以经常是一个故事很多人写。《唐璜》就曾经写过很多版，从拜伦的长诗到小说，还有歌剧等，有各种各样版本的《唐璜》，基本上都是把唐璜写成花花公子，但是只有梅里美的小说把唐璜写得非常深刻。在梅里美的小说当中，唐璜从一个花到不能再花的花花公子，最后几乎变成了一个苦行圣人，中间他经过了剧烈的内心挣扎。在这部小说中梅里美还用了当时很少用的大量的文学手段进行描写，所以非常深刻。大家有机会一定要看看梅里美版的《唐璜》——《炼狱里的灵魂》。

9月24日

《晓松说——历史上的今天》来到了9月24日。1960年的这一天，世界第一艘核动力航母“企业”号下水。

| 世界上第一艘核动力航母“企业”号下水 |

“企业”号核动力航母应该算是世界上第一艘核动力的航母，也是世界上最早的核动力军舰。先说一下这“企业”号的翻译，我觉得这个译名不是很准确，因为虽然“Enterprise”可以翻译成企业，但大家想海军没事儿干吗管一艘军舰叫“企业”，海军又不是一企业，也不做生意。其实“Enterprise”这个词在英文中还有尚武、进取的意思，所以这个词同时有这两个含义，就是说明人们希望企业有进取心、有尚武精神。所以英、美的海军都特别愿意用“Enterprise”来命名自己的军舰，就是因为它包含了这层含义。所以我觉得译成中文的话，怎么着也得翻译成“进取”号、“奋进”号，或者是“尚武”号什么的，唯独翻译成“企业”号，我觉得太怪了，起这名字的意义全都没有了。

英美海军虽然一脉相承，但是英美海军为军舰起名的思想很不一样。英国除了用几个国王的名字，叫什么伊丽莎白女王号、乔治几世号以外，更喜欢大量地用尚武的形容词，比如说“勇敢”号、“反击”号等，也包括这个“Enterprise”，英国历史上曾经有十艘军舰都叫“企业”号，当然也可以翻译成“尚武”“进取”的意思。所以英国人很愿意用精神来命名，或者用受人尊敬的国王和少数海军英雄来命名。而美国海军不是这样，美国人特别爱用地名来命名战列舰，当年美国的主力舰全部用各州的名字来命名，下面的军舰则主要用各种各样的城市来命名。美国第一艘核动力巡洋舰被命名为“长滩”号，长滩就是位于洛杉矶南边的一座港口城市。美国还经常用人的名字来命名航母，现役的美国航母大都用总统的名字命名，像“福特”号、“艾森豪威尔”号、“里根”号、“布什”号等。美国人不太爱用形容词来命名军舰，所以“企业”号就是美国海军中极少出现的名字，它用了这么一个表达进取、尚武精神的词汇来命名，结果还被我们翻译成了“企业”号，确实让人觉得很奇怪。“企业”号先后共有八代，前面在讲我们的“辽宁”号航母的时候我就曾经讲过，世界各国海军命名军舰时都有一个这样的传统，就是如果前面被击沉一艘，那就会有一艘新的军舰再用这个名字来命名，以表明海军“前事不忘，后事之师”的传统，或者叫“知耻而后勇”。世界各国的海军都有这样的命名传统，包括日本海军的军舰，用的全都是二战期间的帝国海军军舰的名字。

美国的“企业”号航母一共传承了八代，其中最著名的就是第七代和第八代，第七代“企业”号航母是唯一一艘从二战开始一直坚持到战争结束的航母，其他几艘航母则全部在战争中被击沉了：在珊瑚海海战中击沉过一艘、中途岛海战中击沉过一艘、瓜达尔卡纳尔岛海战中击沉过一艘。只有第七代“企业”号航母在历次海战中虽然多次负伤，在冲绳战役的时候，还被日本的“神风飞机”撞上，负了重伤，但是一直坚持到最后凯旋，跟随美国的无敌舰队光荣地回到了祖国。当时的“企业”号航母已经不是美国最好的航母，美国最好的航母是二战后期建造的“埃塞克斯”级航母，“企业”号作为一艘战争中唯一保存下来的老航母，在 1947 年光荣退役。

在第七代“企业”号航母退役以后，美国马上又开始设计了一艘新的核动力航母，这也是全世界第一艘核动力航母。这艘航母的成功建造不但是美国海军的骄傲，也是美国军事装备发展的里程碑。关于这艘航母的命名，大家想来想去，最终还是用了“企业”号的名字，第八代“企业”号航母下水的时候可以说是震撼了世界。因为全世界的航母加在一起，都不能和美国的航母相比，美国光是“埃塞克斯”级的大型航母就有二十多艘，后来又建了三艘“中途岛”级航母，当时“中途岛”级航母已经接近我们现在下水的这艘“辽宁”号的吨位，有六七万吨之大。紧接着美国又造出更大吨位的“福莱斯特”级，以及这艘吨位更大的核动力航母“企业”号。所以当时美国海军在全世界不但是天下无敌的，而且根本就没有第二名可以和它相比，也就是说全世界的其他海军加在一起也没有美国的海军强大。后来美国还制造了一艘大型的核动力巡洋舰叫“长滩”号，紧接着又造了一艘核动力驱逐领舰“班布里奇”号。驱逐领舰比驱逐舰还要大一点儿，作为驱逐舰队的领舰。当时美国的这些航母组成了一支震撼世界的核动力舰队，为了向全世界示威，这些驱逐舰，包括“长滩”号、“班布里奇”号等，在“企业”号的带领下，在全世界进行了不靠岸的环球航行。那个时候中国还是一穷二白，连一艘驱逐舰都没有，而美国的舰队已经进行了三万里不靠岸的航行。“企业”号的全体舰员，大概有六千名，全部在甲板上列队，组成了一个爱因斯坦的著名公式“$E=mc^2$”的形状，那是美国海军在向全世界示威：看我们美国的无敌海军。

大家看看在1960年的时候，美国海军就已经强大到了这种地步，当年美国的第一艘核动力航母其实拿到今天依然比世界其他国家的航母还要先进。在1960年的时候，美国的航母就已经装备了相控阵雷达技术，而其他国家装备相控阵雷达技术都是到了本世纪才开始的，所以美国在这项技术上已经领先于世界数十年之久。当时的“长滩”号核动力巡洋舰上也装备了相控阵雷达，而我们一直到了很近的170/171驱逐舰才开始装备，后来的“辽宁”号航母也装备了这项技术。

“企业”号航母在服役了半个世纪以后，已经退役了，而且也已经被拆掉了，从这儿也可以看出来美国海军确实领先全世界很多年，因为像“企业”号这样的航母装备到今天依然是很多国家追求的目标，包括俄罗斯和中国在内。在美国之后，全世界只有一个国家造出了核动力航母，那就是法国，但法国也只有一艘核动力航母，而且比“企业”号要小得多，就是“戴高乐”号。当年在苏联，核动力航母的图纸已经设计出来了，但因为苏联解体，也就没有造出来，连之前苏联的常规动力航母也无以为继，最后卖给了中国，在重新改装以后变成了我们现在的“辽宁”号。所以，我们在为自己国防工业取得的成就欢呼的同时，也一定要看到我们和美国、和世界其他国家的差距。

9月25日

《晓松说——历史上的今天》来到了9月25日。1957年的这一天，美国爆发了著名的小石城事件。今天是两位好莱坞大明星的生日，威尔·史密斯生日快乐！凯瑟琳·泽塔－琼斯大美女生日快乐！

| 震惊世界的美国小石城事件 |

1957年的今天，在美国历史上有重要影响的小石城事件爆发。小石城是美国中部一个不太发达的州——阿肯色州的首府，是一个不大的城市。我曾经多次讲过美国各州的首府，除了南部的几个州，大部分州的首府都是特别小的城市。小石城就是阿肯色州的首府，在这个小城中曾经诞生过美国著名的克林顿总统，这里是克林顿的家乡。克林顿是民主党员，曾经当过阿肯色州州长，而且是一个非常开明的州长。阿肯色州作为美国南部的州，种族歧视非常严重。虽然在南北战争期间黑奴就解放了，在1870年的时候黑人也已经有了选举权，但是在美国南部的黑人始终被歧视，后来在美国南部还实行了种族隔离政策。

白人们对所谓的“种族隔离政策”进行解释时，会说“种族隔离政策”并没有违宪，《宪法》规定人人平等，我们也平等，我们实行的是隔离但平等的政策。比如说实行黑人、白人在公共汽车上分区域坐，这并没有歧视黑人，也没有不让黑人坐公共汽车，只是规定白人坐在这个区域，而黑人只能坐在那个区域。再比如规定黑人、白人分校上学，黑人不能上白人的学校，可是你也有学校上，所以白人的辩解就是，我虽然实行了隔离政策，但大家还是平等的，美国人一直以这个方式宣称自己没有违宪，没有违法。

美国的法律制定有两种形式，一种是由国会立法，一种是依照最高法院的裁决。所以，美国有大量的法律并不是由国会立法，而是根据最高法院的判例执行，这种情况一直持续到今天。比如说2013年美国的最高法院就做出了一次历史性的裁决，最高法院的九大法官以五票对四票，通过了以下裁决，就是同性恋配偶和异性恋配偶享有同样的福利，同性恋收养的孩子和异性恋收养的孩子享有同样的福利。这是一个具有历史性的判决，结果那段时间美国因为要执行最高法院的判决，都快疯掉了，司法部、移民局、各州的联邦机构全都不能休息了，昼夜加班、周末加班，就是为了登记所有同性恋配偶的这个福利。过去在美国，异性恋结婚是可以拿绿卡、可以移民的，现在同性恋结婚，配偶也可以拿绿卡，享受一模一样的待遇；过去同性恋收养的孩子不能享受正常家庭孩子的福利，现在这些福利也都平等了。于是各个地方都要开始进行补充登记，执行福利这些事情，所以说最高法院的判决一声令下，所有的州政府都要执行。

当年美国的种族隔离政策也是由最高法院做出了一个重要的判决，就是美国南方的这些州不让黑人上公立学校是违法的，是违宪的。这个判决令一下，当时的总统艾森豪威尔，就要求所有人都要立刻执行。美国历史上四十几位总统中有三十几位总统是军人出身，其中还有三位是得胜回朝的大帅，就是独立战争统帅华盛顿、南北战争北军统帅格兰特、二战整个欧洲盟军统帅艾森豪威尔。这三位总统都非常强硬，尤其是格兰特和艾森豪威尔。格兰特当总统的时候，给了黑人选举权；艾森豪威尔总统当年是五星上将出身，最高法院的判决一下来，艾森豪威尔立刻要求所有人执行，并率先要求首都华盛顿特区必须黑人、白人合校。当年这个黑人、白人分校上学的问题其实想起来都觉得很可笑，公立学校是全州人民或者全市人民纳税建的学校，只要是大家纳税建起来的学校，那所有的纳税人就都有权利上这个学校，怎么可能不让黑人上呢？如果是私立学校，那你有决定怎么招生的自主权，因为它不是用纳税人的钱建立起来的。

在这个判决生效以后，所有的公立学校，包括阿肯色州的小石城教育委员会，都接受了联邦最高法院的判决，最后同意九名黑人学生进入阿肯色州小石城的公立学校——小石城中心中学。但是后来的问题是小石城教育委员会都已经同意了，阿肯色州的州长不同意。为什么呢？大家知道美国这种国家就是奉行“选票第一”，阿肯色州的白人多，州长说：“我要是同意这个决定，那白人就会不选我当州长了。”于是州长坚决不同意黑人入学，而且动用了国民警卫队，这在当时是一起非常严重的事件。美国的军队通常都是归联邦政府的，但是美国各个州也都有自己的国民警卫队，这支警卫队在战时要加入到美国的军队当中。阿肯色州有一万多国民警卫队，州长居然调动国民警卫队包围学校，拒不执行最高法院的判决，也不执行当地教育委员会的命令，坚决拒绝黑人入校。

美国是法治国家，州长竟敢违反最高法院的判决，所以这起事件在全美国引起了轩然大波。艾森豪威尔总统就直接给州长打电话，说你不能这么做，你不应该这么做，我虽然管不了你，但是我希望你执行最高法院的判决。艾森豪威尔总统和阿肯色州州长还不是一个党派，阿肯色州州长是民主党州长，而艾森豪威尔是共和党总统，而且艾森豪威尔是共和党当中的保守派，当年保守派叫“Old Guard”，就是“老卫士”，通常军人都是保守派。美国总统管不了州长，州长是本州人民选的，只听本州人民的。对于艾森豪威尔的命令，阿肯色州州长也拒不执行。

再多讲一点儿，按照美国《宪法》的规定，每个人都有平等地参加选举的权利。但是美国军队的法律规定，全体军人都不许参加某一个党派，因为军队只属于国家，不能代表某个党派，如果这个将军是民主党，那个将军是共和党，那还了得？军队永远属于国家，军人不许加入党派。但是按照美国的《宪法》，每个人都可以参加总统选举，所以军人要想竞选总统就只能以个人的名义参加竞选。但在美国以个人的名义参选是不可能选上总统的，美国是个两党制国家，如果你想当选总统就必须要加入一个党派。于是这就出现了矛盾，美国军队的法律严格规定不能入党，你要想加入某党派，就必须脱掉军装。所以艾森豪威尔为了参选总统，只能先选择退役，加入了共和党，他属于共和党的保守派，最终艾森豪威尔成功当选了总统。

再回到刚才那个话题，在阿肯色州的州长拒绝执行这个命令以后，艾森豪威尔总统显示出了军人出身总统的强硬一面。美国总统还有另一个身份，就是全国武装力量总司令。艾森豪威尔总统当即下令阿肯色州的国民警卫队暂时收归联邦政府管理，就是把州里指挥国民警卫队的权力收到了联邦政府，于是国民警卫队被要求撤离。之后阿肯色州州长继续顽抗，当时白人暴民拿着枪守在学校门口，不让黑人进入学校，哪个黑人敢进去就打死谁。阿肯色州州长和小石城市长都不下令出动警察，任由白人暴民在那儿暴乱。于是艾森豪威尔总统采取了最后一招，他下令出动自己在欧洲当盟军总司令时最精锐的部队——美军 101 空降师，去保护黑人学生。我们曾经讲过，美军在欧洲战场上打得最厉害、最激烈的战役就是阿登战役，被包围以后拒不投降，最后终于胜利归来的就是这个 101 空降师，美国电视剧《兄弟连》讲的也是 101 空降师的故事。所以艾森豪威尔总统重新调用自己当年在欧洲当总司令时的“救火队”101 空降师开赴小石城，用全副武装的军人护卫九名黑人学生上学，如果白人再敢拦截，那 101 空降师就开枪镇压你。当时双方的对峙已经到了如此地步，这在美国这样的国家是极其罕见的。最后在 101 空降师的武装护卫下，九名黑人学生昂首挺胸地走进了小石城的中心中学。

小石城事件是美国历史上一个划时代的事件，从 1957 年的这个时候开始，整个美国就掀起了风起云涌的黑人民权运动，我们讲过很多，包括马丁·路德·金等，这都是非常重要的事件。

小石城事件的发生也显示出艾森豪威尔这位总统的铁腕手段，艾森豪威尔曾任两届总统，他在任期内首先就是强势地结束了朝鲜战争。艾森豪威尔是 1952 年当选，1953 年就任总统。他当选以后就问朝鲜战争怎么还没打完？大家告诉他正在进行谈判等，艾森豪威尔当时就强硬地说停止谈判，准备好应战，不行就直接轰炸中国。后来很多人说，美国从来没有想过要轰炸中国，其实不是，艾森豪威尔总统当时就准备好了，如果战争再不结束，那就轰炸中国。从这儿也可以看出他对中国确实是非常不友好的，所以当时我们抗美援朝是对的。

后来在各方的压力下，最终在1953年，也就是艾森豪威尔当总统的第一年，朝鲜战争就达成了停战协议。然后紧接着他又插手越南抗法战争，用金钱与武器去援助仍想恢复殖民统治的法国。当法国战败退出后，他又大力扶持吴庭艳独裁政权，用大量美国援助去训练和装备南越军队以镇压人民反抗，实行恐怖统治。虽然在艾森豪威尔的任期内尚未直接出兵干涉，但是美国深陷越南战争泥潭的祸根却是由此而埋下的。

艾森豪威尔两次当选美国总统，而且两次都是以绝对优势当选，第一次当选时他在四十多个州获胜，而他的对手只在七个州获胜；第二次当选他的票数也超过对方六七倍之多，因为美国人民特别喜欢那种战争英雄。所以小石城事件的发生，如果不是这么强势的总统，还真不敢出动军队去镇压。艾森豪威尔总统在任期间还赶上一件倒霉事，美国原来没有规定总统连任的时间，大家一般只连任两届是因为华盛顿总统率先垂范，但后来罗斯福总统连任了四届总统。这下美国人民和美国国会就开始警惕起来，这次是伟大的罗斯福总统连任，万一下一个不是罗斯福，而是希特勒怎么办？于是就在艾森豪威尔当选的时候，美国《宪法》出了第二十二条修正案，规定总统只能连任两届，所以艾森豪威尔虽然这么强势，虽然以这么大的优势当选，但最终因为这个《宪法》修正案，也只担任了两届总统。美国始终用各种各样的办法，既让战争英雄当总统，又避免你太强势、独裁，非常有意思的制度。

| 好莱坞黑人影星威尔·史密斯生日 |

祝威尔·史密斯大哥生日快乐！威尔·史密斯比我还大几岁，所以我称他为威尔·史密斯大哥。威尔·史密斯是歌手出身，但是后来成为好莱坞很大牌的演员。在好莱坞要评价一个演员怎么样特别简单，影评人评价他的演技好那没有用，一切都以市场为准，谁的票房高就谁厉害。威尔·史密斯长时间在好莱坞保持着最高的票房纪录，他的每部电影票房都超过一亿美元，所以他是好莱坞最有票房价值的演员。刚刚我们讲到黑人，在美国大家歧视黑人，曾经不让黑人上学，还爆发了小石城事件，可是在美国，不管是北方还是南方，大家都觉得黑人演员、黑人歌手、黑人运动员特别厉害。所以黑人问题在美国特别有意思，大家也说不清楚到底是怎么回事，威尔·史密斯就是黑人，不但没人歧视他，他还是所有人眼中的大腕、大明星、大哥。黑人有天生的娱乐基因，有文艺细胞，不管是唱歌还是演戏都非常棒。威尔·史密斯喜剧、正剧、悲剧都能演，而且他还得过奥斯卡奖。

我还有一次机会差一点儿见到威尔·史密斯。因为我住在美国，新浪委托我作为驻美国文化交流的首席代表，当时新浪刚刚努力游说篮球巨星科比在新浪开了一个博客，然后就交给我一个任务："既然科比都在新浪开博客了，那你去游说一下威尔·史密斯，让他也在新浪开个博客。"于是我就去接触了威尔·史密斯主演的《当幸福来敲门》这部电影的制片人，这位制片人是位华人，也是我们华人在好莱坞做到最好的制片人之一，叫凯蒂·徐。凯蒂·徐已经做到了派拉蒙公司的新人VP，就是高级副总裁，后来做威尔·史密斯制片公司的总经理。我当时就找到他和他谈这个问题，我说："你看能不能让威尔·史密斯来我们新浪开个博客？"我其实并不了解美国市场，虽然新浪是美国上市公司，但其实新浪也不太了解美国的市场，以为偷偷摸摸给人家点儿钱，科比一开，那其他人就会蜂拥来开，像我们中国明星一样，有几个开了，其他人都蜂拥而至。美国不是这样，美国是一个纯商业社会，而且关于科比的事情报纸都已经报道出来了，所以凯蒂·徐马上就拿出报纸说："您看，这报纸上报道说科比是拿了新浪好几百万美元去开的博客，那我们威尔·史密斯作为演艺界的第一大腕，好歹也不能比科比差吧，你们给多少钱？"新浪当时跟我说的就是不再给钱了，其他人就靠忽悠，最后就没有忽悠来。

今天还是大美女凯瑟琳·泽塔－琼斯的生日，生日快乐！

9月26日

《晓松说——历史上的今天》来到了 9 月 26 日。在 1959 年的这一天，我国在黑龙江省境内发现了大庆油田；1960 年的这一天，美国总统选举首次举行电视辩论。

| 美国总统选举电视辩论 |

我们首先来说一说美国总统选举的电视辩论，现在电视辩论已经成为一个传统，成了美国人民四年一次的特别高兴的事儿。这个辩论已经有点儿像娱乐节目，这两位总统候选人在那儿既要把对方辩倒，还要辩得有风度。美国总统为了吸引大家的选票，可以说是无所不用其极，既不能让人觉得你傻，又不能让人觉得你刻薄，所以在电视辩论之前要做大量的预演。在正式的辩论赛进行之前会有一个很大的团队在那里帮助总统预演，有人会假扮成对手，在那儿模拟对手能提出的各种问题，然后由总统候选人来应对，这个过程要预演很多次。

1960年的今天是美国总统选举第一次开展电视辩论。那时候电视还没有普及到美国的千家万户，当时美国的一个大学生写信给政客们，他说，你们一天到晚互相说对方，都是隔空喊话，对着报纸说，你们能不能面对面，比如说你们可以到我们学校，当着我们的面来辩论一次，否则我们会觉得这些都不是你们自己的观点，都是你们背后的团队在写文章攻击对方。你这个候选人自己到底有多大本事，让我们来看一看好不好。结果这封信引起了这些政客很大的重视，于是他们就决定举行一次电视辩论。当时还没有那么好的电视设备，能够做到现场直播，只是在电视台的演播室里进行录制，那场辩论赛是由肯尼迪对尼克松。大家把两人的照片放一块，反差极大，尼克松长得那模样，跟肯尼迪完全就没法比，肯尼迪一表人才，年轻帅气，而尼克松是那种很阴险的样子，不但长得难看，而且那样子看着很不诚恳。所以在电视辩论赛以后，经常会说长得帅的赢了那个长得难看的。当然尼克松不当回事，尼克松觉得：你肯尼迪就是一毛头小伙，你能跟我比吗？我尼克松是一个老政客，老谋深算，你肯尼迪懂什么呀，小屁孩。但最后肯尼迪战胜了尼克松，当选了美国总统。肯尼迪应该算是美国当选总统中最年轻的几个人之一，四十多岁当选美国总统的人并不多，肯尼迪是一个，克林顿是一个，奥巴马是一个，这些都是在电视辩论赛中作为年轻的人赢了年长的人，因为美国人民觉得年轻人更有意思，更有活力。

肯尼迪当时特别重视这个电视辩论，他首先派人到现场去做了一下调查。调查的人发现镁光灯一开，坐在那儿会觉得特别热，于是肯尼迪就为此专门做了一件特别薄的西装，那天把自己打扮得非常帅气，做好了各种各样的准备。而尼克松去的时候，连胡子都没有刮，他也没去现场考察，穿了一件平常穿的厚西装。结果辩论一开始，尼克松就开始出汗，观众可不知道这个地方被灯光烤得很热，一看到你出汗，就觉得你肯定是紧张、心虚。其实尼克松不是心虚，而是热的。尼克松之前脚还受了点儿伤，一边热得不停地擦汗，一会儿脚伤又开始疼，表情变得特别痛苦。全国人民一看这表情，说你一开始就出汗，后来你的表情又特别痛苦，可见肯尼迪说的都是对的，你完全就没法招架。本来在这场电视辩论赛之前，两人的支持率不相上下，结果电视辩论赛结束之后尼克松的支持率急转直下，肯尼迪的支持率却直线上升，于是尼克松竞选失败。当然尼克松后来锲而不舍，又坚持参加选举，最后终于在 1968 年的时候当选总统。

1960 年肯尼迪当选总统，在 1963 年的时候遇刺身亡，副总统约翰逊继任。之后在下一届总统竞选中，约翰逊又以绝对的优势大胜对手，那次总统选举就没有举行电视辩论，因为大家吸取了这次电视辩论的教训，说电视辩论太可怕了，简直就是双刃剑，两边都不敢再举行辩论了。在约翰逊参与的这次总统竞选中，全美五十个州当中他在四十九个州获胜。当时约翰逊的对手是一个战争狂人，天天叫嚣要怎么在越南打，但他不知道在 1964 年的时候美国人民不想打仗了，结果最后这位对手只在自己家乡所在的州赢了，在其他四十九个州全都败给了约翰逊。

另外一次是年轻的克林顿和老布什之间的辩论，其实之前两人的威望差不多。老布什刚刚打完海湾战争，这次海湾战争是非常正义的一场战争，因为当时伊拉克吞并了科威特，美国带领多国部队打败了伊拉克，恢复了科威特，所以老布什的威望很高。老布什还是二战时期的战斗英雄，他曾经驾驶飞机轰炸日本，飞机被打中以后也没有马上跳伞，而是继续完成了轰炸任务。老布什最后跳伞落在海里，差一点儿被日军俘虏，十九个小时以后才被救起来，那是美国人民都很喜欢的战争英雄。克林顿比老布什年轻得多，他不是军人。当时美国的总统选举辩论已经停了三届，后来在全国人民的要求下才得以恢复，在这之后每次总统选举都要举行辩论。再后来还改成坐在一个高高的地方进行辩论，辩论的程序也变得越来越复杂。辩论最开始是由媒体来提问，后来人们说，我们也要提问，为什么不让我们提问？最后就从选民中选出二百多人，这些选民还没有决定到底投谁的票，于是就代表所有的选民去提问。

于是老布什就跟年轻的克林顿开始了辩论，克林顿当时四十多岁，又年轻又帅气，任阿肯色州州长。有一位女选民是个家庭妇女，她提的问题是：国家的经济发展以后到底怎么让老百姓受益。老布什是一个老政客，他当年曾任过美国第一任驻中国的代办处主任，其实就是驻中国大使。他虽然常年在政治体系里混，但对于竞选其实参加得并不多。而克林顿是从底层一层一层竞选上来的，因为州长也是靠竞选上来的，他在这次竞选的提问回答环节一下子就胜出了。当时老布什是用一种政客的语言，坐在那个高脚凳上，和那位女士隔着很远在那儿说，我觉得这个问题应该是怎么怎么样……结果那位女选民不依不饶，非得要他把问题说清楚，这到底对我们老百姓有什么影响。结果老布什又把那句套话说了一遍，当着全国人民的面讲套话，全国人民就开始不干了。而相比之下，克林顿就特别聪明，他在回答那位女选民的问题时站了起来，还走到了那名妇女身边，恨不能拉着她的手，拍着她的肩。克林顿完全就是以朋友的方式，从他个人的经验来说，包括他家里怎么开支，他自己怎么怎么样，咱们的生活怎么受益等，讲了一通。全美国人民一看，这克林顿太好了，因为他走到人民身边去，握着人民的手去回答问题。而老布什坐在那儿高高在上，冠冕堂皇地回答人民的问题。而且这个时候老布什还做了一个特别不该做的动作，他偷偷地挽起袖子看了一眼手表，结果第二天所有报纸都说："就在老布什看表的那一瞬间，这个竞选就已经结束了，因为你对人民太不真诚了。这个时候全国人民都在看着你，你应该说我想多说几句话……"结果你竟然去看表，那意思是不耐烦了，最后本来打赢了海湾战争，又继承了里根衣钵，还是二战英雄的老布什，就因为这场辩论赛而完全输了。其实在看表的那一瞬间他就输了，因为对于人民来讲，最重要的是要了解候选人，而不能只通过你的竞选班子写的文章来了解，一定要亲眼看看你到底是个什么样的人。结果，一场辩论赛决定了总统竞选的胜负。

奥巴马的竞选辩论我也看过，当时我已经到美国了，看奥巴马辩论赛的直播还挺有意思。奥巴马是非常能言善辩的，他是律师出身，又当过参议员。大家知道，州里选参议员的时候，候选人也是要到州里的每一个县、每一个市去演讲的。奥巴马当时参加的是伊利诺伊州参议员的竞选，几乎跑遍了伊利诺伊州的每一个村庄，到各地去演讲。奥巴马已经连任了两届总统，美国人民到今天终于发现，奥巴马就是会说，会忽悠，现在奥巴马在美国的支持率大降，因为他整个的施政能力确实不够强，永远只会在那儿说。奥巴马竞选时的对手是麦凯恩，已经是个老头了，老头跟年轻的律师进行了竞选辩论。麦凯恩是当年的越战英雄，当然对于越战英雄一般人都不太好意思提，因为美国人并不喜欢越战。律师出身的奥巴马本来就能言善辩，再加上选议员的时候经过了一路这种辩论，你就能明显地知道他的状态，所以奥巴马在整个辩论中一直都是那种特别幽默，又咄咄逼人的样子。

在美国的这几届总统辩论中，关于中国的话题也很有意思。一开始是民主党和共和党两边都在骂中国，比着骂，两边都说我如果上任，我得对中国怎么怎么强硬等。后来只有共和党还在走这条路线，继续骂中国，而民主党已经开始放弃了这种说法，他们说中国已经不可阻挡，所以我们要跟中国合作等。再后来辩论的时候，两边辩论外交政策的时候都不再谈中国，而是变成了辩论俄罗斯、辩论日本，中国已经变成了美国的一个内政问题。大家辩论内政的时候会不停地提中国，会说因为中国，我们的失业率才增加等。

因为美国总统的辩论特别受老百姓欢迎，后来两党在初选的时候也开始辩论，这样全美国人民更高兴了，就跟看选秀节目似的，从几季开始看，一直看到两个党的总决赛。党内初选是四五个人一排站在台上，有一个媒体人在那儿提问，有四五个人在那儿回答。我也看过共和党的辩论，其实共和党的政策这几年并没什么太大的变化，也还是比较保守的，坚持不要堕胎、不要同性恋等。但是共和党这几年并没有口才特别优秀的人才，他们说的话往往人们都不爱听，因为每次共和党讲话都会带着那种高高在上的腔调。比如在辩论医保问题的时候，共和党的候选人经常会说这些没医保的人，他们就不该有医保，共和党认为每个人都要去奋斗，美国是一个奋斗民族，凭什么奋斗的人给不奋斗的人拿钱买医保，说那些没有医保的人就是因为他们不工作，他们太懒惰，等等。在辩论的时候说这种话，多让人不爱听，还不如你干脆就说："我们美国是奋斗的民族，我们一定要奋斗，我们不能养懒人。"但共和党不这么说。

还有更可笑的就是有一次共和党内的初选，有一个极端保守派，他居然在辩论赛上提了这么一个让大家觉得极其可笑的问题，他说："你们有没有想过，如果中国有一天有核武器了，我们该怎么对付？"大家一听这个问题都傻了，因为中国在 1964 年就已经有核武器了，他连这个都不知道，居然在辩论赛上提出这个问题，这都成共和党的大笑话了。共和党这几届的候选人经常会出各种大笑话。还有一个共和党的副总统候选人，她是阿拉斯加州州长，但是阿拉斯加州一共才几万人，实际上人口还没美国的一个小镇多。这位副总统候选人在辩论的时候居然坚持认为非洲是一个国家，一听到这个，全美国人民都傻了，这个共和党副总统可不是参加初选啊，她已经战胜了所有共和党内部的候选人，成了正选副总统的候选人。老百姓一看这个就说咱别选她了，这姐们儿连非洲是一个大洲都不知道，硬说非洲是一个国家。所以电视辩论赛在这种民主选举的国家里非常重要，就是要让选民了解你，让大家看清楚你是谁，你从哪儿来，你要到哪儿去。

| 大庆油田被发现 |

下面说一件大喜事，在 1959 年的这一天，中国人在黑龙江发现了大庆油田，当时全中国人民可谓欢欣鼓舞，因为石油是现代工业中最重要的命脉，是现代工业的血液，也是一个国家最重要的战略资源。二战以后世界上所有的战争和冲突几乎都跟石油有关，中东战争跟石油有关，马岛战争跟石油有关，两伊战争也是因为石油。两伊战争中死了将近一百万人，是四次中东战争加起来的将近五倍。现在世界各国不但在争夺石油产地，争夺石油储量，连油轮的航线也都是全世界最敏感的地区。大家为什么都想要控制南海？就是因为从南海到马六甲，全世界的石油运输有三分之二都从那里经过。石油几乎变成了现代最重要的国家命脉和战略资源，包括我们做缅甸的输油管，在巴基斯坦做港口等都是为了我们国家的石油安全。因为没有石油，就谈不上什么安全，没有石油一切都得依赖别人。二战时日本和德国被打败，其实也跟这两个国家没有石油有重大的关系。当时日本为何要采取“南进政策”，也是因为想要夺取印度尼西亚的石油，为此日本才决定与英、美、荷兰等国开战，并首先去偷袭美国的珍珠港。如果有了石油，日本就不用南进到那儿去了，直接北进去打苏联，跟德国东西呼应一起吞并欧亚大陆，那该多好。但是日本没有石油，所以不得不放弃这一战略。二战期间的苏德战争也是因为石油，德国为了去争夺高加索的石油，在南线发动了斯大林格勒战役。德军在斯大林格勒战役中惨遭大败，成为希特勒德国由盛转衰的转折点，这也是整个二战的转折点。

同样，在抗战期间，由于国内缺少石油，为了保住最后一条燃油运输线——滇缅公路，我国派出远征军出兵缅甸，但是第一次远征军出兵之后却败得很惨。当这条唯一的运输线被切断以后，凡是国内所需的油料，包括美军飞虎队所用的航空燃油，都要通过驼峰航线从印度空运而来。这条空中航线的艰难与危险，特别是效率之低是出乎常人想象的。要把燃油从遥远的印度运到四川、云南等空军基地，需要飞越千山万水，因此这些运油的飞机自身也要消耗很多油。这就导致美军在中国的基地每出动一架轰炸机，就要有十几架次的飞机为它运油。本来我们的几百万军民在湘西、四川那一带修了大量的机场，但最后为什么没有从那里起飞去轰炸东京，就是因为油供应不上。最后美军只能血战硫黄岛，在占领之后修筑机场以供 B-29 去轰炸东京。因为把燃油通过海路运到硫黄岛，不仅要比从空中飞越驼峰运到中国要快得多，方便得多，而且其运输量也大得多。所以大家可以看出来，不管是和平时期，还是战争时期，油是多么重要。

我们在民国时期没有油，大家看一些当时的老照片，就会看到卡车、公共汽车都背着特别大的包。我看过林徽因、梁思成的回忆录，他们讲到当年为了不做亡国奴，从北京逃难出去，一直逃到川西李庄，当时他们坐的车就是烧劈柴的。大家想劈柴的热量才有多少，比煤还差，所以那车的马力特别小，一到四川的盘山路上，全体男的都得下来推车。当时上海还有烧煤气的车，车的旁边带两个大鼓包，里边装的是煤气，你说这有多危险，如果爆炸了怎么办。

没有油我们还受人欺负，解放之前美孚石油在中国到处倾销自己的产品，不知赚了中国人多少钱，但是我们一点儿办法都没有，因为你自己没有油。所以在 1959 年发现了大庆油田之后，全国人民欢欣鼓舞。李四光在其中起了重大的作用，当时全世界都说中国没有油，李四光坚定地说有，最后发现了大庆油田。大庆油田发现以后，全中国的精英都调到大庆去开发油田，全国掀起了“农业学大寨，工业学大庆”的运动。关于这个运动我们就不说了，那是一个特殊的运动时期。那时候全中国的人才都往大庆聚集，在建设大庆的大军中就有我的爸爸、妈妈，那时候他们刚刚从清华大学毕业就参加了大庆油田的会战。当时我父母在的那个油田叫松辽油田，我就出生在那个年代，所以我生下来以后就起名叫“高晓松”。后来又发现了江汉油田，我爸爸、妈妈就又南下到江汉油田去会战，在那儿生下了我的妹妹，为了纪念江汉油田，妹妹就起名叫“高晓江”。所以我们兄妹俩的名字“高晓松”和“高晓江”，跟我国的石油有很大关系。

9月27日

《晓松说——历史上的今天》来到了 9 月 27 日。今天是刘德华的生日，生日快乐！

| 一代巨星刘德华生日 |

祝刘德华生日快乐！刘德华是这么多年以来的常青树，那个年代是香港巨星频出的时代，但随着年龄的增长、时代的变化，以及大陆这边的明星越来越多，很多人开始慢慢地走下坡路，但是刘德华一直光芒闪耀，一直是在第一线的巨星。刘德华是我非常佩服的一位艺人，有的艺人是天生有才华，天生就是干这个的，就像我有时候说不是你选择了音乐，是音乐选择了你。但刘德华其实不是那种天赋特别好的艺人，这一点他自己都承认。刘德华唱歌曾经受到很多人批评，但刘德华面对批评，态度却非常好，每次大家批评他唱歌的时候，他就会说：我接受批评，但我一定要继续唱，一直唱到你满意为止。要说这个回答也够气人的，意思就是说，你批评我没用，我还会继续唱，但是他很谦逊地说，我会一直唱到让你满意为止。还有表演，大家看刘德华最开始出道时演的戏，也没有表现出一个演技派演员的那种演技，但是他通过自己不断努力，到今天应该说刘德华是一个演技也非常高的演员。刘德华在歌坛也获得了巨大的成功，尤其大家去看他的演唱会，是非常动人的。刘德华代表了千千万万不是靠老天爷赋予才华，而是全靠自身努力才能做到巨星的那些人，他是千千万万想做这行的年轻人的榜样。刘德华大哥生日快乐！

9月28日

《晓松说——历史上的今天》来到了9月28日。在1898年的这一天，戊戌六君子在北京就义；在1989年的这一天，菲律宾前总统马科斯逝世。

|菲律宾前总统马科斯逝世|

首先讲一讲菲律宾前总统马科斯，年轻一代对这个人并不熟悉，但是我们那一代人，那时候在电视上经常能看到有关马科斯、马科斯夫人的报道，从新闻、正史，到各种传言、传说，在20世纪80年代中后期，有好几年的时间，马科斯应该算是电视上很常见的新闻人物。关于马科斯，稍微给大家介绍一下，他在菲律宾历史上执政时间最长，大部分时间都是独裁者，他确实给菲律宾做了很多正面的贡献，但是也是菲律宾历史上贪腐最严重的总统，反正就是这么一个复杂的马科斯。马科斯的名字是Marcos，跟咱们的革命导师马克思（Marx）不一样，但在中文翻译的时候，经常会搞不清楚。他实际上是一个非常标准、典型的，在一个贫弱国家建国时涌现出来的英雄人物，最后走上了独裁道路，然后贪腐，最后下台，基本上就是这样一个标准的流程。大家看到很多其他国家，包括埃及等，都有一些类似的人物，非常值得人们认真思考。

据传说，马科斯应该是华裔，他的父亲是华人富商，姓蔡，而他的母亲就是一个普通的菲律宾姑娘。当时华人在菲律宾的地位很高，虽然马科斯的母亲那时已怀了孕，但是蔡家绝不允许娶一个菲律宾当地人，一定要让他父亲回故乡厦门娶老婆。那时候南洋的华人都是这样，在南洋成功了，一定要衣锦还乡。所以马科斯相当于是个私生子，他的妈妈是怀着孕带着他嫁给了另外一个菲律宾人，但是这位菲律宾人后来成了菲律宾重要的政治家。马科斯就是在这样的环境中成长起来的，他从小就是一名非常优秀的学生，学习成绩极其好。马科斯的父亲，其实并不是他的亲生父亲，在竞选议员的时候有一个对手，由于对手领先他的父亲，马科斯居然去学习射击，然后去刺杀那位议员，因此他还坐了两年牢。最后由于律师等各方面的运作，加上当时菲律宾的法律也不是很严格，又把他给放出来了。马科斯最终以优异的成绩毕业于菲律宾大学，还考取了律师执照，这一整套东西大家听起来会觉得很熟悉，因为很多这种小国的领袖都是这样的出身。在菲律宾最重要的是战争英雄、抗日英雄，当年日本入侵菲律宾以后，本来已经是一位优秀律师的马科斯立即投笔从戎。当时菲律宾还是美国殖民地，所以马科斯参加了美菲联军，而且参加了著名的巴丹战役。巴丹战役之后，日本进行了非常残酷的“巴丹死亡行军”，大量的美国、菲律宾战俘在这条行军路上被折磨，饥寒交迫，最后都死去了。马科斯在这次行军中成功地逃脱，之后他组织游击队，坚决抗敌，所以马科斯在菲律宾人民中间拥有巨大的号召力。在后来麦克阿瑟打下菲律宾的时候，菲律宾还没有独立，那时马科斯还很年轻，只有二十几岁，麦克阿瑟直接把他任命为吕宋岛六个省的长官。

由于马科斯当时的声望很高，在 1965 年他参加总统竞选的时候大胜对手，人民非常热爱他。菲律宾是从美国的殖民地独立出来的，它的很多政策都学习了美国，所以菲律宾的很多法律规定也跟美国一样，比如说菲律宾也规定总统任期四年，并且最多任两届。马科斯在第二届总统的任期内，就像所有这些贫弱国家的领导人开始蜕变一样，他就想：如果只能当两届总统的话，那下届就不能再当了，可是我对菲律宾有这么大的贡献，菲律宾人民这么热爱我，我是不是得想个办法继续把这个总统当下去？于是他就策划了一整套方案，在他第二任总统任期马上就要结束的时候，突然发布了戒严令。当时正是整个东南亚地区的共产党游击队和左派风起云涌的时候，大家想想 1972 年，全世界的左派还非常厉害，这边还有中国的“文化大革命”影响着整个东南亚，所以马科斯当时就以共产党游击队以及左派要政变为名，突然宣布戒严令。在戒严时期，包括《宪法》在内的所有法律就都没有用了，就变成了军管。所以马科斯本来是民选上台的总统，但是从 1972 年开始就进入了军事独裁，这种军事独裁一直持续了十多年的时间。

其实马科斯最开始的那两任总统做得还是不错的，他带领菲律宾从一个连稻米都不能自给的国家，变成可以出口稻米，并且在教育等各方面都发展得比较快的国家。但是在实行军事独裁以后，马科斯的蜕变就非常厉害了，他开始大规模地贪腐，而且把他的妻子弄成了全国第二把手。马科斯的妻子本来是一个大美女，一开始大家都传说他老婆如何漂亮，后来在电视上看到的时候已经不那么年轻了，但确实是一位菲律宾大美女。后来他老婆变成了他的继承人，相当于总理，他儿子当了省长，他老婆的家里人也都当了省长，等等。马科斯的贪腐到什么程度呢？当时日本给菲律宾的战争赔款是五亿美元，又给了五十亿美元的援助，日本对很多国家最后都是以援助的方式，等于去赎罪；世界银行也给了菲律宾几十亿美元的援助；当时由于美军大规模的海空军基地都在菲律宾，所以美国每年也向菲律宾提供大量的援助。这些钱最后都被装入了马科斯夫妇的腰包，已经说不清到底有多少钱，光是统计出来的就已经超过了一百亿美元。一百亿美元是什么概念呢？大家知道菲律宾是一个穷国、弱国，整个政府一年的预算也就只有三十亿美元，而马科斯家族就贪腐了一百亿美元。到马科斯下台的时候，菲律宾的负债有二百六十多亿美元，但实际上他家的财产就够还菲律宾国家债务的一半。后来菲律宾的底层人民越来越不堪重负，人民对马科斯的独裁越来越不满，越来越反对。当时有很多菲律宾人到别的国家去谋生，世界各地出现了大量的菲佣，还有很多菲律宾妇女做了妓女，多到美军的基地都消化不了，甚至要向世界各地邮寄新娘的地步。菲律宾已经穷到了这种地步，但是马科斯的家族却极为奢华。马科斯到中国来访问的时候，马科斯夫人在上海的友谊商店，恨不得就把货全扫了，有一次竟然购买了巨额的珠宝，到了令人发指的地步。

菲律宾人民对马科斯越来越不满，以至于菲律宾出现了反对党，反对党流亡在外的著名领袖阿基诺要回国参加竞选。于是马科斯派了各种人去威胁阿基诺，说如果你回国，我不能保证你安全。但阿基诺还是坚定地说："我一定要回来，因为菲律宾人民需要我。"就在 1986 年，当时全世界人民都看到了那个电视画面，整个马尼拉机场被大批的军警包围着，阿基诺正准备下飞机，刚走到舷梯的一半的时候，就被一位军警直接从背后开枪打死。阿基诺当时就倒在了舷梯下，马科斯居然如此嚣张，看到这样的一幕全世界都震惊了。菲律宾人民终于爆发了大规模的抗议，虽然马科斯是那么强势的独裁者，但是菲律宾人也全都拼了。全体菲律宾人都走上了大街，从底层人民开始，全部穿着印有阿基诺头像的 T 恤衫，全体商人罢市，而且每家商户外面都挂一把菲律宾土著民族的腰刀，百万民众集体在马尼拉街头游行抗议。面对全国人民的游行、抗议，马科斯毫不留情地予以镇压，在全世界人民面前表现出他极为独裁、血腥的一面。

美国即使背后支持菲律宾，但是表面上还是要宣扬民主、自由，于是在美国的压力下，菲律宾开始进行选举。当时马科斯还在想阿基诺已经死了，再选也是他当总统，但最后没想到选民们选的竟然是从来没有工作过、一直躲在幕后的阿基诺夫人。阿基诺夫人说："我虽然没有像我丈夫那样有经验，但是我从人民中来，我爱人民，我爱这个国家。"菲律宾的全体选民也不管阿基诺夫人有没有经验了，就是一家庭妇女，全国人民也坚定地支持她。当时美国总统里根还专门派了特使到菲律宾去监督这个选举，全世界之内一共来了十九个国家，包括联合国也派了大量的人员，来监督竞选，就是希望它能够公正。结果马科斯居然在竞选刚结束还没有点票的时候就宣布，他领先了一百五十万票当选，还举行了就职仪式。这时菲律宾全国上下爆发了大规模的抗议，阿基诺夫人带领百万菲律宾人民走上了街头。最后美国实在看不下去了，马科斯这样的行为，激怒的不光是普通的菲律宾人民，连菲律宾的军队也被激怒了。紧接着形势急转直下，就在马科斯大规模调集军队准备镇压的时候，两位军队高层，当时的国防部长以及安全部长，等于是军警两方的最高首领，率先发动了政变。在发动政变以后，两位军队高层立即在电视上宣布脱离马科斯政府，倒向人民。于是马科斯又派了其他的陆军来镇压他们，但马尼拉陆军也全都倒戈了。可见马科斯众叛亲离到什么程度，全国几乎85%的军队都倒戈支持人民，支持阿基诺夫人。紧接着连马科斯的发言人在发言时当场说：“我现在决定站到人民这一边，我希望马科斯总统能够顺应人民的要求。”然后菲律宾驻全世界所有的使馆大使一齐发表声明支持阿基诺夫人，倒向人民。这时候马科斯连发言人都没有了，最后只能自己上电视讲话，结果电视讲话刚讲到一半，就被电视台掐了，因为电视台也政变了，没有一个人再去支持他。

马科斯最后的救命稻草就是美国，美军一直把菲律宾作为东南亚最坚强的盟友，这时候马科斯想要寻求美国的支持。但他又不敢给当时的里根总统打电话，因为里根总统已经让发言人表达了他的观点，就是希望他能够和平交权，不要再反抗下去。结果马科斯打电话给一个他特别要好的美国参议员，他问那个参议员能不能请求美国允许他跟阿基诺夫人分权，或者采用内阁制等。结果那位美国参议员在电话里跟他说：“我觉得你现在只有一条路，就是离开菲律宾。”

美国人也不再支持他，马科斯这时候已经是众叛亲离，实在没有办法了，最后就带着夫人和几十个亲信，带了三百箱黄金、珠宝和现金等，飞到了美国檀香山。结果刚一到海关，美国就毫不留情地把他抛弃了。美国一向如此，对我有用的我就支持，一看马科斯这时候已经没用了，于是就马上支持菲律宾新政府。因为美国需要菲律宾的海空基地，不愿意得罪菲律宾的新政府，于是在马科斯进关的时候，人放了进去，但马科斯携带的所有财产全被美国海关扣押了。在马科斯的财产被扣押以后，美国政府还做了一份长长的清单，最后把所有的财产交给了菲律宾新政府，交给了阿基诺夫人，美国人说：“这是菲律宾人民的财产。”后来菲律宾人民愤怒地冲进了马科斯的总统府，结果在总统府中发现光来不及带走的马科斯夫人的裤子就有三千五百条、上衣数千件、鞋好几千双，还有名牌的包，就是大家现在最喜欢的那种，光留在总统府的就有八百八十八个。最后在全世界的配合下，调查出马科斯家族在全世界的存款、房产等，总资产超过一百亿美元，连永远给客户保密的瑞士银行，在全世界的压力下，在菲律宾人民的压力下，也公布了马科斯夫妇在瑞士银行的巨额存款。这些钱最终都还给了菲律宾，因为这是菲律宾人民的钱。马科斯最后就一直滞留在檀香山，美国人也不理他，也不给他任何外交的豁免权，不给他任何特权，他就只能在檀香山待着，后来他的母亲去世，他想回国奔丧美国政府都不允许。

最后马科斯就死在美国檀香山，客死他乡。像这样的例子还能举出很多，像这样的贫弱国家，从立国开始，由战争英雄开始执政，一开始确实对整个国家和人民做了很多好事，但逐渐就开始贪恋权力、开始贪腐，最后开始对人民使用暴力，这样的统治者的下场就是被人民推翻。

关于马科斯还有一件很有意思的事情。在 2005 年，全体菲律宾人民曾经投过一次票，选出菲律宾建国以来他们最满意的总统，结果在这些人当中排第一的居然是马科斯。这点大家可能都觉得难以想象，菲律宾后来民主了，也开始实行一人一票的选举了，但是大家选出来的总统都特别无能，一会儿男总统，一会儿女总统，轮番执政，但菲律宾越搞越差，到今天菲律宾还不如马科斯刚开始执政的时候。所以菲律宾就有很多人开始怀念马科斯时代，结果 2005 年的民意调查中，马科斯的满意度竟然排第一，超过了后来所有的菲律宾总统。在一个贫困的没有太多民主传统的这样一个多民族、多宗教的复杂的国家，到底什么样的体制对人民更好，人民到底是喜欢什么样的领导人，这是一个非常复杂的问题。我在这里只是把事实和大家讲清楚。

| 戊戌六君子就义 |

1898 年的这一天，戊戌六君子在北京就义。我们当然要纪念这六位为了中国进步而抛头颅、洒热血的先烈，但是有一些事实还是要稍微澄清一下，或者说有一些小细节在这儿跟大家分享一下。因为当时大家都希望中国向前进，所以有些烈士的事迹就被过度地宣扬，其实有些事情是不真实的，包括大家在电影当中看到的，什么谭嗣同在行刑前吟诵“我自横刀向天笑，去留肝胆两昆仑”，其实在现场他并没有吟诗。当时的行刑现场非常残酷，因为杀戊戌六君子用的是一把祭出的“大将军刀”，这种所谓的“大将军刀”就是根本没有刀刃，差不多就是一铁块，跟锯子似的。在中国古代行刑时，越是老百姓行刑越用快刀斩，因为大家觉得反正老百姓犯罪就是杀人、强奸什么的罪，一刀斩了就完了。而位置越高的大臣、越大的贪官，或者叛变的大臣，对国家造成的伤害就越大，就用越钝的刀斩，因为皇上最恨这种人。这六君子算是西太后最恨的人，于是就祭出这把很多年都没有用的“大将军刀”，每个人差不多被砍了一二十刀才把脑袋给砍下来，非常残酷。当时谭嗣同也表现出了铁骨铮铮的一面，但他确实没有在现场吟这两句诗。不管怎么样，六君子确实是非常英勇，为了中国的进步血洒菜市口，纪念他们！

Today

in History

9月29日

《晓松说——历史上的今天》来到了9月29日。1860年的这一天，英法联军逼咸丰帝逃离圆明园；1902年的这一天，百老汇第一家剧院开张。

| 纽约百老汇剧院开张 |

先来说说我最热爱的地方之一——纽约的百老汇剧院。其实一说百老汇，指的就是百老汇剧院，百老汇的英文是“Broadway”，美国有很多街道的名字用的都是“Broadway”。据统计，美国各州用得最多的街道名字有三个，分别是 Broadway、Main Street、Mission Road，其中用得最多的就是这个 Broadway。Broadway 译成汉语应该叫“宽街”，北京也有一条街叫宽街。但是由于美国这个“宽街”聚集了大量的剧院，所以就译成了“百老汇”，也就是说有一大堆东西汇集在那里。而美国其他地方的 Broadway 是不是也翻译成百老汇大街，我不太清楚，反正我去过的每个美国城市都有 Broadway，只要是这个城市比较宽的街道就叫 Broadway。其实美国人给街道起名特别没有创意，法国有香榭丽舍大街，像诗一样美的名字，美国没有这样美的名字。美国比较宽的大街就叫 Broadway，主要的一条街就叫 Main Street，有教堂的街就叫 Mission Road。

我们今天要讲的是纽约的这个百老汇，我觉得这也是世界上最美好的地方之一。我这个人去旅游不太喜欢扎堆到一个大家都去的地方，尤其是又要排队、人又多的地方，我一般都不爱去。连纽约的大都会博物馆我都是到纽约很久以后才去的，但是每次我到美国都一定要去这个百老汇的。在很早以前，我就觉得百老汇是一个圣地，是一个极其美好的地方，也是全世界演员最向往的地方。对于所有的演员来说，美国是最大的舞台，美国自己其实培养不出这么多优秀的演员，但因为美国有绿卡和这个平台，它能够吸引到全世界优秀的演员。美国有三个地方是演员们最向往的，现在当然是西岸洛杉矶的好莱坞排第一，当年是东岸纽约的百老汇第一，那时候电影刚刚出现，连声音都还没有呢，就是演员在那儿比画，所以舞台演员才是真正的大腕，而现在到好莱坞去当电影明星已经变成演员的第一大梦想了。除了好莱坞和百老汇，美国中部还有一个赌城拉斯维加斯也是演员们向往的地方，所有的杂技演员、各种各样技巧的演员都云集在此，其中著名的太阳马戏团的最大阵地就在拉斯维加斯。拉斯维加斯有各种大规模的秀，像 Ka Show（嘉秀）、O Show（水秀）、Love Show（披头士音乐秀）等。在拉斯维加斯的大秀中也有大量的中国演员，像“中国杂技之乡”吴桥培养出来的最好的杂技演员，并不在我们自己的舞台上，他们都在太阳马戏团的那些秀里。不光是中国演员，全世界最好的演员，包括东欧、保加利亚的各种各样的演员都在那儿。在那些大秀中还有我们的功夫演员，像 Ka Show 一开场就有几十个功夫演员，全都是华人。

百老汇有几十个大剧院、上百个小剧院，全世界各地的演员都聚集在那儿，包括我们的华人演员在百老汇的舞台上也有非常优秀的。在《西贡小姐》中演男一号的王洛勇就是华人，后来王洛勇回国，开始在国内发展。还有著名的歌唱演员费翔，费翔就是百老汇演员出身，但是他在百老汇并没唱过主角，因为他的唱功在美国也排不上号，但是他的舞跳得非常好。费翔当年在百老汇舞台上是群舞演员，但是由于百老汇演员素质非常高，你只要能够登台演出，那都是千挑万选、千锤百炼出来的，水平非常高。大家第一次看到费翔就是在春晚的舞台上，他穿着那种百老汇式的衣服，跳起舞、唱起歌，《冬天里的一把火》

一下子就把人们怔住了。有很多电影也表现了当年最辉煌时期的百老汇，演员们相互之间怎么争风吃醋，谁演女一号，谁是替补演员，等等。百老汇的剧跟电影不一样，电影你只要竞争失败那你就没戏了，因为电影只要确定了女主角是谁，那就由谁来拍。但百老汇的剧不一样，它有A角、B角，不能一个人天天演，有的时候A角演一些重要的场次，像周末、节假日观众多的时候就由A角演；有的时候A角休息休息，就由B角上去演。

我在百老汇曾经看过数不清的音乐剧，年轻的时候我有好长一段时间特别喜欢待在纽约，但是现在不喜欢，因为感觉那地方太闹。当时我最幸福的事情就是每天晚上在百老汇溜达，看看这个剧院，看看那个剧院。在时代广场的下面有一个看台，那个看台底下有一个卖百老汇所有剧院的票的地方，如果你直接到剧院去买票、看演出会比较贵，在那儿买就会便宜一些，但现在网上买票更便宜，还能买到半价票。我看过的印象比较深的，像《狮子王》《猫》《西区故事》等，大家都很熟悉，我就不多说了。只讲两个我最近看过的音乐剧，一个是史上投资最大的音乐剧，叫 *Spider Man*（《蜘蛛侠》），还有一个是非常好的音乐剧，投资不大，叫作《摩门之书》。在美国大量的音乐剧曾经被拍成电影，从《音乐之声》《狮子王》，到《西区故事》《芝加哥》，这都是音乐剧出身，最后被搬到银幕。在美国把电影拍成音乐剧的也有很多，包括《西雅图夜未眠》，还有《蜘蛛侠》也是漫画书首先火起来，然后拍了很多集电影，最后又改编成音乐剧，总投资有七千五百万美元。

大家知道一个音乐剧剧场一般都不到一千个座位，百老汇也没有特别大的剧院，差不多都是五百到一千个座位，这就算是比较大的剧院，大概有五十个，小剧院就更多了。在百老汇的核心区以外有一段叫外百老汇，这是一帮先锋的戏剧工作者或者音乐工作者搞新玩意儿的地方，只要这个剧在外百老汇那个地方火了，那就会搬到百老汇大剧院去演，所以外百老汇等于是百老汇大剧院的一个先锋创作的地段。再往外还有更年轻的、更前卫的，他们又弄出一个外外百老汇，其实差不多就是一群人在那儿装神弄鬼，在台上瞎折腾。任何艺术都会走到边界，包括绘画也是，就在离百老汇不远的地方大家可以去看纽约现代艺术博物馆（简称MoMA），看完之后经常会哈哈大笑，说要不是挂在那儿说这是一件艺术品，保证早晨会让扫大街的大妈给扫掉，人们完全看不出来艺术在哪儿。但是百老汇的那些经典戏剧还是经过千锤百炼的，经过了好多年的磨炼，最起码也得十年以上。而有些剧即使你花了很多钱，演一阵子发现不行也得下去。像这个《蜘蛛侠》投资达七千五百万美元，这是百老汇有史以来投资最大的。

百老汇这个投资七千五百万美元的《蜘蛛侠》，我们是十个人一起去看的，当时全场坐得满满的，结果我们十个人当中有九个人睡着了，还有一个人是半睡半醒，那个人就是我。这个《蜘蛛侠》是著名的爱尔兰摇滚乐队U2做的，作为U2的大歌迷，我觉得不管怎么样U2做的音乐剧总得看看吧。很多音乐剧都会请那些著名的大乐队来做，《妈妈咪呀》《蜘蛛侠》都是重金请了U2，但是确实乏善可陈。在这两部音乐剧中U2的音乐并没有突破自己，另外这个科幻题材可能也不太适合舞台。大家知道如果是科幻电影可以搞得很神奇，但这舞台就这么大，它就这样有两个威亚吊过去，一会儿飞过来一个蜘蛛侠，然后飞走了，整场就觉得有东西在我头顶上飞来飞去，感觉好枯燥，最后也快睡着了。

所以这个投资七千五百万美元的音乐剧确实是乏善可陈，当然这个投资跟拉斯维加斯的那些大秀是不能比的。拉斯维加斯的那些秀都特别花钱，都辉煌极了，七千五百万美元的投资那都算是少的。为什么拉斯维加斯能支撑这么大的秀呢？是因为拉斯维加斯的赌场在补贴他们，光靠卖票根本收不回成本。赌场为了吸引客人，会投很多钱去做大秀，即使赔钱也没有关系，因为只要客人来了，一赌博这钱就回来了。尤其是有钱人去拉斯维加斯赌博，经常带着老婆、孩子，老婆、孩子没事干就都去看秀。后来拉斯维加斯赌场到澳门来开赌场的时候，本来也是带着秀来的，但是由于到澳门赌博的人根本不看秀，都是下了飞机直奔赌场，赌到去机场之前还要看表，还差五分钟，那就再来两下，然后直接往机场走。所以澳门这些赌场大概只剩下一个秀，而拉斯维加斯不一样，全是大规模的秀。

再说刚才的音乐剧，这个《蜘蛛侠》投资很大，但很失败。而我后来看到的另外一部音乐剧，投资不大，却很成功，叫作《摩门之书》，大家有机会可以去看看。这是目前被大家公认的“本世纪最好音乐剧”，已经拍了十三年了。这部音乐剧我看的时候可以说是心惊肉跳，这部剧创作的自由度之大让很多人都感到诧异。大家知道美国是一个大多数人信仰上帝的国家，是一个相当保守的国家，比欧洲要保守得多，到现在美国同性恋、堕胎的合法化还会受到很多保守势力的阻挠，但是在生活、社会、法律上保守，和在创作上自由并不矛盾。《摩门之书》这部剧中就创造了一个渎神的角色，这个角色甚至渎到了上帝，在这儿我就不多说了。我只讲里面有一个简单的情节，就是一个教士想和一个女性发生关系，他说我想跟你“洗礼”，他把“洗礼”这个词用来当作我想和你发生性关系。我当时都看傻了，竟然有这么大尺度的渎神行为。现场观众中只有极少数的黑人和亚裔，基本上都是白人。我当时看周围的白人观众的反应，看到各种保守的白人女性，尤其是上了年纪的，在那儿非常愤怒地盯着舞台，但是又不能发作。因为艺术嘛，允许创作自由，再看白人女子旁边的老公，“哈哈哈”大笑不止。《摩门之书》演出结束以后全体观众起立，热烈鼓掌五分钟，不管是喜欢的还是不喜欢的，全部鼓掌，这部音乐剧确实是一部非常大尺度的创作。《摩门之书》的两位编剧也是美国一部最大尺度的电视系列剧《南方公园》的编剧，这部系列剧就是天天讽刺各种各样的人、各种各样的东西。天才编剧编的这个《摩门之书》，大家到美国看音乐剧时一定要去看看。

在电影界有奥斯卡奖，音乐界有格莱美奖，电视剧界有艾美奖，戏剧界包括音乐剧在内也有一个权威奖，叫托尼奖。大家如果不知道看什么音乐剧，那就看当年的托尼奖是谁拿的，一般得了托尼奖的剧通常都是很不错的，大家可以去看一下。

| 咸丰帝逃离圆明园 |

下面说说 1860 年的这一天，英法联军进逼，咸丰逃离圆明园。在圆明园建成以后，清朝的皇帝就一直住在这个园子里。所以自从有了圆明园，很多皇帝可能一辈子就去两回紫禁城（即故宫），登基一回，结婚一回，除此之外，其他时间就全都在圆明园里住着。紫禁城给人的感觉是保守、呆板，戒备森严，而圆明园给人的感觉极为浪漫。圆明园号称集天下园林之大成，皇帝南巡时坐着船沿着运河，到杭州、苏州去游玩，看到的园子中的各种风景，什么曲院风荷、狮子林，都要在圆明园里复制一个。所以有诗赞美道：“谁道江南风景佳，移天缩地在君怀。”圆明园的设计者还向那些外国来的传教士打听他们那儿的园子是什么样的，巴黎有什么漂亮的园子，然后也在圆明园里复制一个。所以皇帝住在圆明园里，几乎就相当于在天下园林里住着，非常浪漫、美好。在圆明园，光是通过各种桥就可以走遍整个园子，坐船也可以游遍整个园子，圆明园的设计简直是巧妙极了。

圆明园的面积非常大，实际上它是由圆明、长春、万春（又叫绮春）这三个园林所组成，占地面积多达三点四平方公里，等于紫禁城四个半以上那么大。在北京现存的皇家园林中，也只有颐和园与其稍为接近，为二点九平方公里，但其四分之三的面积为昆明湖，所以在景点上要少得多，完全不能与之相比。其实北京西北郊的清代皇家园林远不止圆明、颐和这两处。当年有著名的“三山五园”，即圆明园、畅春园、万寿山清漪园（颐和园）、玉泉山静明园和香山静宜园。其中畅春园在明代叫清华园，就是现在清华大学所在地。而在圆明园与畅春园之间有皇帝赐给王公贵族的众多中小园林，其中有一座叫睿王园（即明代的勺园），它就是今天北京大学所在地。当然这众多园林中只有圆明园被人称为“万园之园”。因为当年的圆明园是特别庞大的一个园子，皇帝可以在此种地，可以在此休闲，可以在此度过一生。圆明园里共有一百五十多处景点，其中重要的景点就有七十处，里面有一个景点就是专门给皇帝种地用的，搞得很朴素，有各种各样的农具。皇帝每天可以在福海里畅游，福海边到处都是乐队和歌手，在那儿唱着各种曲子，那简直是天籁之音，美极了。圆明园每年光维修窗户就要花十万两银子，这个预算是极高的。要知道清朝皇帝比起明朝皇帝来已经算是清廉得多，清朝后宫的脂粉钱一年差不多才一二万两银子，而明朝后宫的脂粉钱一年就得有十几万两银子。我以前也讲过很多次，明朝是最穷的一个朝代，但是它的脂粉钱的开支却特别大。所以从这儿大家就能知道这园子有多么宏大。

结果英法联军进了圆明园，住在园中的咸丰帝吓得逃跑了。这帮洋鬼子一看这里面的好东西全都傻了，这就相当于一帮饥民来到了财主家里，但是饥民最后打败了财主。这些洋鬼子把圆明园的东西弄出来，能抱动的就抢走，抱不动的或者砸了，或者直接就在门口卖了，官窑的大瓷瓶子，一镑一个，大家都见过那场景。还有很多稀世名画什么的，很多士兵把这些价值连城的画背回去以后，其实根本就不知道这东西值多少钱，最后把这些宝贝传给子孙，这些子孙更不知道这东西值多少钱。所以在海外经常会有人以特别低的价钱收到一些特别珍贵的东西，这些东西你从收藏家的手里可是收不着的，因为人家知道这东西值多少钱，但是这些英法联军的后代，他们也没有眼光，根本就不知道这是什么东西。据说还有人在一个从圆明园中弄出来的瓷瓶上钻了个孔，上面装了一灯泡，在家里当台灯用。结果被懂行的人看见以后，人家说我给你两千块钱买走，他还特高兴。其实这是宋朝时期的一个特别珍贵的瓷瓶，可以说是价值连城。当时大量的文物流失到了世界各地，大家如果到大英博物馆以及法国博物馆去看，就会发现有很多从圆明园中抢走的文物。

最后英法联军在圆明园放了一把火，其实这把火烧完以后，圆明园的房子并没有倒塌很多。因为当时圆明园的建筑规格是非常高的，尤其是圆明园里边的那个长春园，长春园是外国的一帮传教士建筑师设计的，全部用石头建成，当时没被烧坏，完整地保留了原来的样子。万春园和圆明园里头的木头建筑，也只是过了一下火，并没有真的烧得遍地瓦砾。我小时候就住在圆明园边上的清华园，我记得当时圆明园还没有完全恢复起来，那一带有各种各样的昆虫，我们经常在那儿玩。所以圆明园其实并不光是英法联军与八国联军毁的，在圆明园被烧完以后，本来周围都是八旗军守着，自 1904 年清廷裁撤圆明园管理机构，一直到 1949 年，就再也没人管了。于是中国人从官到民一齐去圆明园拆东西，像张作霖等北洋政府首脑在亡故后，其陵墓所用的上好石料多取自于圆明园。不光这些当官的去搬，老百姓也去搬，砌个猪圈都从那儿搬点儿石头、木材什么的。我记得小的时候还专门向吴良镛院士请教过这个问题。我在吴良镛院士家，他拿了很多很多老照片给我讲，圆明园的木材、石材等，那些拆掉的东西怎样一车一车被拉走。那时拉东西的车从圆明园一直排到西直门，其实最后是我们中国人自己把虽然已经烧毁但尚留存不少石料的圆明园几乎给搬空拆光了，最后只剩下实在搬不动的大石头还立在那儿。直到新中国成立之后，圆明园遗址才得到人民政府切实而有效的保护。

所以现在的圆明园遗址公园确实是国耻纪念。一种是我们被侵略的国耻，被帝国主义欺负的国耻；一种是当年我们不珍惜自己的文化，不珍惜自己的传统的国耻。大家看西方的很多国家、很多城市也都有战败的时候，但即使战败了，大家会去把凯旋门拆了吗？即使战败了，大家会去从罗马斗兽场里拆点东西回家盖房子吗？所以说圆明园今天的状况除了与列强侵略有关，其实也与我们自己当初一点儿都不在乎我们的文化、文物有关。所以当我们今天面对圆明园的废墟时，不仅要对列强火烧圆明园的滔天罪行感到无比愤恨，也要对旧中国那几十年间国人自己把圆明园留存的石料搬空拆光的可耻行为进行深刻的反省。今天大家再去圆明园一定要把这两种国耻铭记在心。

9月30日

《晓松说——历史上的今天》来到了 9 月 30 日。1862 年的这一天，德国首任宰相俾斯麦宣布了“铁血政策”；1968 年的这一天，波音 747 客机第一次亮相。

| 德国宰相俾斯麦的“铁血政策” |

首先我们来讲讲俾斯麦，俾斯麦是德国的第一任宰相，也是普鲁士王国最重要的宰相，他对欧洲近代的历史、版图、格局、政治等各方面都产生了深远的影响，正是在他手中，德国最终变成了德意志帝国。在就任德国宰相之前，俾斯麦是普鲁士王国的宰相，如果跟我们中国的历史人物相比，俾斯麦可以说是集战国时期苏秦、张仪于一身的人物。当时的欧洲就相当于中国的战国时期，大小国家林立。战国时期张仪帮着秦国、苏秦帮着六国，而俾斯麦则是帮着普鲁士，让普鲁士超过奥地利，又成为德国的领袖，进而统一德国，成立了德意志帝国。

俾斯麦采取的一系列手段，包括远交近攻、合纵连横等，可谓漂亮极了。当年的普鲁士还有后来的德国，都是强敌环伺。它们跟战国时期的秦国还不一样，秦国至少西边没什么强敌，秦国的敌人都在东边，而普鲁士的四面八方都是敌人。普鲁士的北边是丹麦，当时的丹麦也不弱，南边有奥地利，奥地利是个很大的帝国，东边是俄国，西边有法国，俄法两国是公认的欧洲第一流的强国，所以当年的普鲁士其四周全部被强国所包围着。要破这些强国，俾斯麦采取的策略是先联合南面的奥地利打败北面的丹麦。奥地利和普鲁士一样都是德语国家，是同一个日耳曼民族。于是普鲁士就对奥地利说："你看，咱们说德语的这两个州被丹麦占着，咱俩一块儿对付它，弄完以后你分一个州，我分一个州。"和奥地利商量好以后，普鲁士就和奥地利一块儿打丹麦。现在大家看丹麦这个国家就一点大，一说到丹麦大家想的就是童话、美人鱼，但是当年丹麦的面积要比现在要稍大一些，除了冰天雪地的格陵兰岛，冰岛也属于它。普鲁士和奥地利一起把丹麦打败以后，丹麦的一个州归了普鲁士，另一个州归了奥地利。结果奥地利拿到的这个州面积小了一些，它就觉得不行，凭什么你分的大我分的小，而且这地方的土地还挺贫瘠，关键跟奥地利还不挨着。奥地利就要跟普鲁士换，奥地利说："你把西里西亚最好的一块工业区换给我，然后我把那个州给你。"普鲁士说："那不行，这个我不能跟你换。"于是奥地利又跟普鲁士开始来劲。

俾斯麦就相当于围棋高手，他在下这步棋的时候就提前把后边几步棋都想好了。当年他跟奥地利一起打丹麦的时候，就已经想好了将来要把丹麦的这个州分给奥地利，奥地利肯定会不服，这时候正好有借口再跟奥地利打。结果奥地利真中了他的计，开始跟普鲁士来劲，不断地挑起事端。于是普鲁士就又去联合法国。其实法国当时一直在支持南德的一大堆小公国，这些小国后来都统一到德意志帝国当中了，当年就是法国一直在背后支持它们，不然这些小公国早就灭亡了。俾斯麦其实已经想好了，在搞完奥地利以后接下来要去搞法国，但这时候他仍然和颜悦色地跟法国说："你看，这奥地利总在欧洲捣乱，是不是应该让它变得安宁一点儿。"于是普鲁士就利用法奥在意大利的矛盾，让法国在普奥战争爆发后仍然保持中立。在解除后顾之忧后，普鲁士便出兵把奥地利给暴打了一顿。然后普鲁士又以非常宽大的条件结束战争，让奥地利人深感意外，故对战败不再耿耿于怀。在安抚与稳定了奥地利之后，俾斯麦便可集中精力来对付法国了。普鲁士回头就开始找法国的碴儿。欧洲当年的领土关系相当复杂，包括它们之间的阿尔萨斯—洛林等有争议的地区，你只要想找碴儿永远能找出来。当年俾斯麦的旁边还有一员武将，这就跟中国的战国时期一样，不但有文人，还得有个武将才能把这个事办了，当年的武将就是毛奇。俾斯麦和毛奇这两人正好一文一武，在共同缔造德意志帝国时期发挥了重要的作用。

接着俾斯麦又联合其他国家开始跟法国干，你法国凭什么在欧洲做老大，不行，我得跟你干！于是又爆发了普法战争。普法战争的结局大家都知道，最后普鲁士大破法军，把法国皇帝也给俘虏了。这法国皇帝之前其实跟俾斯麦他们关系都非常好，在普奥战争时还出面进行过调停，现在被普鲁士抓来成了俘虏。法国新政府给了普鲁士五十亿法郎，并且把阿尔萨斯—洛林划归普鲁士，以此为条件，于是普鲁士就帮着法国的新政府镇压了巴黎公社。

德意志帝国最后在巴黎近郊凡尔赛宫的镜厅宣布成立，因为大家都觉得凡尔赛宫太壮丽、太美好了，于是俾斯麦辅佐的德意志国王威廉一世，就在凡尔赛宫中金碧辉煌的镜厅加冕登基，成为德意志帝国的皇帝。法国被打败以后，之前受法国控制的南德那些小国也都加入了德意志帝国。但这个时候俾斯麦还是不让奥地利加入，因为他深谋远虑，一个国家如果民族太多、宗教太多，这个国家就会分崩离析，俾斯麦希望德意志帝国是一个完整的、由日耳曼民族组成的国家。而当时的奥地利帝国有各种民族，像什么捷克人、波兰人、斯拉夫人，还有东正教、穆斯林什么的，所以早在1866年普奥战争结束时，俾斯麦就异常坚决地把奥地利排除在即将统一的德意志国家的范围之外。因此在1871年成立德意志帝国的时候，俾斯麦更不可能让奥地利加入了。历史证明俾斯麦的判断是对的，奥地利帝国没过多少年就分崩离析了，因为这么多民族、宗教纠缠在一起是非常容易出问题的，而德国一直坚持到今天，还是一个完整的国家，有强大的民族凝聚力。所以俾斯麦对于缔造德国可以说是具有第一大功劳。

他的“铁血政策”听起来有点儿像军国主义，但其实并不是军国主义，他是利用军事力量，通过“合纵连横、各个击破”的策略实现了德意志帝国的统一。在俾斯麦当政的这几十年，他一个人辅佐过三朝皇帝，他一直避免让德国走上军国主义道路，只是试图通过铁血政策让德国实现民族的统一，让德国彻底在中欧站住脚，成为一个大国。在俾斯麦任宰相期间，德国的经济一直保持着快速增长，并且一直保持着民族的统一，德国也没有走上军国主义道路。

俾斯麦曾经见过李鸿章，两人还有张合影。当时报纸上还有评论说，一个梳着长辫子的老人和一个戴着假发高帽子的老人一起合影。那时候欧洲贵族都戴假发，戴高帽子，俾斯麦本来就出身贵族，后来又封了伯爵、公爵，最后还被封了亲王，这在德国是很少见的，因为俾斯麦并不是德国皇室家族成员，但是最后被封为亲王，从这儿可见德国人对他是多么感谢。李鸿章当时到德国去访问，中国非常想学习德国，因为觉得其他西方国家都是老牌帝国主义国家，有那么多的殖民地，中国当时和德国一样，没什么殖民地，也是处在强国环伺当中，于是就决定去学习德国。但最后学了半天，只是学来了一些皮毛的制度，德国真正的那些东西，并不是当时中国这么一个多年来靠纯皇权统治的大封建帝国能够轻易学来的。李鸿章到德国访问的时候还出过几次丑，在和俾斯麦见面的时候，正说着话，突然在人家特别好的地毯上吐了一口痰，所有这些欧洲贵族看到以后全都傻了，说怎么会这样呢，两国宰相会见的时候突然往地上吐口痰，很丢脸。

俾斯麦总共辅佐了三朝皇帝，这第一任皇帝是德意志帝国的开国皇帝威廉一世（1797—1888 年）。第二任皇帝是腓特烈三世，他因癌症晚期登基后只活了九十多天就病死了。第三任皇帝是年轻气盛的威廉二世，他登基时年仅二十九岁。这三任皇帝是祖孙三代。年轻的威廉二世接手的德意志帝国经过俾斯麦几十年的治理，已经非常强大，可以说已经是能够震慑世界的一个国家。人们也担心这个年纪轻轻的威廉二世手里突然有了这样的大杀器会不会出问题。当时的威廉二世有点儿像日本当年的裕仁天皇，都是年纪轻轻就接手了一个强大的国家。日本在明治天皇刚登基时其实并没有什么大的军国主义野心。明治天皇搞明治维新，励精图治，就想把这个国家治理好。后来年纪轻轻的裕仁天皇继位（他的年号是昭和），二十几岁的他突然接过已经这么强大的日本，年纪轻轻就开始手持大杀器，总想跟别人比画一下。所以当年的德国和日本都有这样的问题，都是年轻的皇帝上台，有点儿忘乎所以。这威廉二世二十几岁登台，俾斯麦就劝他，我们要的是和平，现在已经达到了这个目的，如果我们再往前走一步，那这个和平就又会被打破。原来普鲁士和德国的不平衡已经被俾斯麦解决了，但如果再往前走一步，欧洲又不平衡了，就又会引发大战。所以俾斯麦一直劝威廉二世维持这个现状。

结果，威廉二世继位后，就觉得："这么强大的一个国家在我手里，怎么能就这样呢，我们好歹也得跟英国表哥比画比画。"这个威廉二世是维多利亚女王的外孙子，而英王是维多利亚女王的亲孙子，是他表哥，俄国皇帝是维多利亚女王的亲孙女婿，是他的妹夫，他们都是一大家子。但这威廉二世就想跟他这些表兄弟比画两下，俾斯麦劝他，这样坚决不行，最后威廉二世就强烈抵制俾斯麦：你老了，你就别管了，你退休回家吧。于是俾斯麦长叹一声，只能告老还乡，此时离威廉二世登基还不满两年。当然俾斯麦比当年中国的商鞅下场好，商鞅变法之后，把秦国弄得那么强大，结果被车裂了，五马分尸。俾斯麦还算好，总算是平安地回到老家，退休了，他没看到德国后来被打成那样，就平安地逝去了。德国人一直都很怀念他，二战期间德国最强大的一艘战舰就是用他的名字命名的，叫"俾斯麦"号。

| 波音747客机亮相 |

1968 年的这一天，第一架波音 747 客机出厂，波音 747 客机的亮相对世界民航客机的格局都产生了至关重要的影响。当时波音公司并不是这个世界上生产客机最强大的公司，那时候最强大的飞机制造公司应该是道格拉斯，二战当中用得最多的运输机，包括中国、美国、欧洲的运输机用的都是道格拉斯生产的 DC–3 飞机。DC–3 飞机是民用型号的飞机，军用型号飞机其实和民用飞机也差不多，就是少几个窗户而已，当时的军用飞机型号是 C–47。C–47 型和 DC–3 型飞机，道格拉斯公司加起来一共生产了三万多架，创下世界民航客机史上到今天都没人能破的纪录，所以道格拉斯公司在当时是非常强大的。后来道格拉斯还开发出了四发动机的 DC–4 型大客机，这种飞机的军用型号叫 C–46 型，二战末期已经开始生产了。所以当时道格拉斯公司的 DC–3 型、DC–4 型飞机几乎是垄断了美国的商用机市场，而波音公司实际上是到了有喷气客机的时代才加入了飞机市场的争夺战。波音公司以前生产的主要是轰炸机，波音公司和道格拉斯公司的第一代飞机的争夺基本上是势均力敌，波音公司有四发动机的波音707，道格拉斯公司那边有DC-8，DC-8也是四发动机飞机。而且这个波音747和DC-8还长得特像，如果不是这方面的专家，还真一眼看不出来两者的区别，所以这时候两边的竞争几乎是不相上下。紧接着道格拉斯这边又研制出一款中型的DC-9，比DC-8稍小一些，DC-9后来演变成MD-82、MD-80，直到现在还有在飞的DC-9。这边波音公司又弄出来个波音727和波音737，这两个也都是中型飞机，所以波音拿727、737跟道格拉斯的DC-9竞争。在当时，DC-9，包括后来的MD-82都是相当流行的机型，但是道格拉斯公司在最后一次决战中失败了，所以后来这些机型就都停产了，而波音737现在成了生产数量最多的喷气式客机。

一开始道格拉斯的DC-9还占上风，紧接着就迎来了事关三方的大决战。当时喷气客机已经开发成功，美国和全世界都形成了坐客机旅游的热潮，航空公司经过计算发现，飞机越大，越省油。因为如果用两架飞机加起来载四百位客人，跟一架飞机载四百位客人相比，两架飞机的耗油量会大得多，再加上占用跑道、维修、人工等费用，那成本是不能比的。所以当时很多航空公司就提出能不能研制一种大型客机，世界最强大的三家飞机制造公司——洛克希德、道格拉斯、波音，悉数投入了战斗，三强决战拉开大幕。之前三方其实就有过一次竞争，美国军方要求生产一百二十吨的大货机，也是由洛克希德、道格拉斯、波音三家航空公司竞标，结果洛克希德公司的C-5中标。大家知道C-5是美国到今天为止最大的军用运输机，比后来的C-17载重量还大，可以达到一百二十吨。这个机型中标以后洛克希德公司一下子就发了，接到大量的订单之后，于是C-5运输机开始大量生产。在这次军用运输机的竞争中，波音公司和道格拉斯公司在研制新机型时也花了好多钱，但最后竞标没有成功，所以受了重伤。

这个时候航空公司说我们需要大型客机，于是便爆发了三大飞机制造公司的决战。为了能够竞标成功，拿到订单，波音公司可以说是拼了。波音准备研制一款747型飞机，这个机型也是世界上最好识别的飞机，它的外形像鹅一样，头上鼓一包。其实这个鼓包是原来波音为了竞标运输机用的，因为运输机机头需要能打开，这样长的东西才能装进来，它的驾驶舱在二层。波音公司实际上是把本来竞标空军运输机的那个机型改进了一下，把它沿用到了客机当中。道格拉斯公司参加竞标的机型就是DC-10，后来被道格拉斯公司兼并以后改称为MD-11型。洛克希德公司参与竞标的机型则是L-1011三星式。这三家公司为了研制相应的机型，几乎是把全部的资金、全部的信用、能从银行贷到的全部钱款，把所有的一切全都赌上了，谁竞标成功谁就在决战中取胜，输了就死了。三大飞机制造公司也都各自拉了几家大的航空公司在后边支撑着。

波音公司是拉了泛美航空，泛美航空先签下二十五架波音747的订单，但是并没有付给波音公司钱。当时两边也进行了一番博弈，泛美航空说："我不知道这么大的飞机究竟能不能飞起来，你得先让我看见飞机能飞起来，如果能飞起来我就给你钱。"波音公司说："你不付我钱，我这飞机就飞不起来，我没钱怎么造飞机，你先给钱我就能让这飞机飞起来。"最后泛美航空说："虽然我下了二十五架飞机的订单意向书，但你必须先让飞机飞起来，否则我不给钱。"因为当时根本就没有一个工厂的厂房能容纳那么大的747机型，为此波音公司还专门买了一块地去造747飞机。波音公司为这个747花了大量的资金，当时波音公司可以说就处在破产的边缘，如果这个747能够飞起来，波音公司就能生存下去。最后747终于飞起来了，而且比那两个公司的飞机还早飞起来差不多有几个月的时间。有了泛美航空公司的订单，马上全世界二十多家航空公司，包括日本的全日空等都追加订单，747客机从此飞遍全世界。

而那边的道格拉斯飞机制造公司是靠美国航空公司在后面支撑着，但是道格拉斯的大飞机研制就是因为稍微晚了一点儿，全世界的其他客户一下子就少了很多，紧接着就破产了。因为这种大飞机的研制投入是非常大的，没有四百架的产量根本就抵不了成本，更不要说赚钱，所以产量必须要在四百架以上。但是道格拉斯根本就没有那么多的订单，最后只有美国航空公司订了几十架，所以这个世界上曾经最大的民用飞机公司——道格拉斯公司很快就破产了。道格拉斯公司破产以后卖给了麦克唐纳公司，麦克唐纳公司是当时美国战斗机的生产商，在兼并了道格拉斯公司以后，麦克唐纳公司改名"麦道"，"麦道"这个公司的名字就是这么来的。后来麦道公司在竞争中也失败了，它的军用飞机输给了洛克希德公司，民用飞机输给了波音公司，所以最后麦道公司也破产了。麦道公司在破产以后又卖给了波音，F-15型飞机原来是麦克唐纳公司生产的，现在变成由波音公司生产，而麦道公司的其他机型在并入波音公司以后全部都停产了。所以道格拉斯公司在一共生产了三百八十六架 DC–10 型大飞机以后就破产了。

洛克希德公司在这次大飞机的竞争中也大败，因为洛克希德公司本来就没有生产民用飞机的经验。它当时是弄了一个 L–1011 三星式，也拉了一堆航空公司，拿到了一百来架的订单，最后只能硬扛着去生产，因为它生产得越多反而越赔钱。洛克希德公司最后倒是没有破产，因为它有大量的军用机订单，美国的主力战斗机 F–16 就是洛克希德公司生产的，它主要靠这几千架军用战斗机的订单撑着，但它的民用部门后来关闭了。

每一个大飞机公司除了拉几家航空公司以外，还会捆绑一个发动机公司。波音公司绑的是通用电气，波音 747 装备的全是通用公司的发动机。道格拉斯捆绑的是普・惠（普拉特・惠特尼集团公司），为道格拉斯的 DC–10 配套发动机。洛克希德公司的三星式客机则和英国的劳斯莱斯绑在一起，劳斯莱斯也是当时特别大的发动机公司。这种捆绑实际上是一种团队竞争，但也是一种绑架，洛克希德公司在大飞机竞争中一失败，它自己倒没有破产，因为有军用机撑着，但那个给它配套发动机的劳斯莱斯却破产了。劳斯莱斯公司破产以后被英国政府接手，后来又开始慢慢私有化了。

波音 747 客机的问世就是世界民航机历史上最大的一次商战，这次商战也直接导致波音公司到今天依然独占鳌头，而另外两家飞机制造公司，一家破产，一家再也不做民用机了。所以这个故事是非常值得讲的，值得大家认真思考。

Today

in History

10月

10月1日

《晓松说——历史上的今天》来到了 10 月 1 日。今天是国庆节，大家节日快乐！ 1949 年的这一天，开国大典举行；1964 年的这一天，加州大学伯克利分校正式爆发了自由言论运动。

| 开国大典举行 |

首先祝大家节日快乐，也祝我们的新中国生日快乐！在 1949 年的这一天，中华人民共和国举行了开国大典。很多电影、资料等都对这一历史时刻进行了记载。我还看到过很多有意思的片段，都和开国大典有关。

有关开国大典的细节我就不多讲了，我只讲一件有意思的事情。在 2011 年，天安门对面的中国国家博物馆，重新装修以后对外开放。在国家博物馆举行过一个大型展览，这个展览非常有意义，其他的展品我就不多说了，就说一下当时展出的两幅油画，这两幅画都叫《开国大典》。其他的地方都一模一样，就是站在第一排的人不一样，把它们同时在国家博物馆展出，就是要告诉大家什么是真实的历史。这边这一幅画是毛主席在那儿宣布“中华人民共和国中央人民政府今天成立了”，旁边站着当时的六位国家副主席，其中有三位是民主人士，三位是我党的开国元勋。这三位民主人士是宋庆龄、张澜和李济深，分别代表了几个大的民主党派，宋庆龄是“国母”，张澜代表了民盟，李济深代表了民革——两个大的民主党派。三位我党的开国元勋分别是朱德、刘少奇和高岗。高岗站在最外面，中间是三位民主人士。但是在另外一幅油画里的人物却不一样，这幅画是在“文化大革命”时期让同一个画家画的，当时上面命令说首先要把高岗去掉，因为他犯了错误。后来刘少奇又被错误地批判了，所以把刘少奇也去掉，换成了当时是政务院副总理的董必武。2011 年，两幅《开国大典》在国家博物馆展出，说明我们今天的政府完全能够正视当年的历史，敢于还原历史的真相，从中大家就能知道真正的历史是什么样子，它不能成为被人打扮的小姑娘。

中华人民共和国是在我党的领导下，由各个民主党派和全国人民共同来管理的国家，当时的国家主席是毛泽东，国家副主席基本上是我党和民主人士对半分。刚才我说到了六位副主席，三位民主人士、三位我党的开国元勋。还有政务院总理周恩来和四位政务院副总理，我党人士就是陈云和董必武，另外两位是民主人士，分别是郭沫若和黄炎培。最高人民法院和最高人民检察署这两个最重要的国家司法部门的最高长官，也是我党和民主人士各占一位，我党的罗荣桓任最高人民检察署的检察长，最高人民法院院长沈钧儒则是著名的民主人士。政务院再往下有十五位委员，相当于现在的国务院的国务委员，民主人士竟占了九位之多。再下面的三十个部长，几乎就是对半分，民主人士做了十三个部的部长，我党人士做了十七个部的部长。当时政务院下辖三十个直属部门，分别为二十一个部（有内务、外交、公安、司法等）、五个委员会（文化教育、政治法律、华侨事务等）、四个总署（情报、海关、新闻、出版）以及科学院、人民银行、秘书厅，故三十个部只是一种概略的说法。所以，中华人民共和国成立时，我党是以非常开明的态度，由全国人民，全国各个机构的代表，工、农、学、兵、商，全国的民主人士，一起来建设这个国家的。举行开国大典时，全国上下无不兴奋异常、感慨万千、欢欣鼓舞。全国人民经过那么多年战乱——几乎可以上溯到 1840 年，经历了一百多年的苦难，在这一刻终于站起来了，中国终于成为一个统一的、强大的国家。我看过很多当时参加开国大典的游行者的回忆录，他们都是怀着激动心情的爱国知识分子，其中就包括我的家人。大家一直游行到晚上，当听到喇叭里传出毛主席的声音，“同志们万岁”，现场的人群沸腾了，大家一齐高呼“毛主席万岁”。现场五十四门礼炮一起鸣响二十八次。礼炮鸣二十八响，就代表从 1921 年中国共产党成立，一直到 1949 年在天安门城楼宣布中华人民共和国成立，中国人民一共奋斗了二十八年，很有纪念意义。

在这里再多说一句，新中国成立的时候，周总理主持了一场关于国号是什么的讨论，当时也有一些有意思的争论。周总理说，现在大家看到国号“中华人民共和国”之下有一个“简称中华民国”的括号，对这个简称现在有两种不同的意见，请大家来讨论。当时有人希望延续孙中山先生命名的“中华民国”，因为中华民国是孙中山先生一手缔造的，他领导的辛亥革命推翻了两千年的封建统治，所以希望能够延续“中华民国”这个国号。但是在各民主党派中有不少人表示强烈反对，说这不行，“中华民国”虽然是孙中山先生建立的，但是因为这些年的腐败、贪污等，人民对这个政府已经非常失望，我们就不要再叫这个名字了，不要再看到青天白日旗了。于是很多民主人士坚决要求说，我们要建立一个崭新的国家，不能简称“中华民国”，人民已经对“中华民国”极为失望，我们就是要一个崭新的国家。在听取了很多民主人士的意见之后，我党还是非常尊重大家的意见，所以最后就定下了这个崭新的国号“中华人民共和国”。还定下了崭新的国歌、崭新的国旗：当时的《义勇军进行曲》还是代国歌，后来才确定下来，正式把这首歌作为国歌；上海一位普普通通的老百姓设计的五星红旗，被选为我们的国旗。国徽的设计是由当时的中央美院和清华大学营建系两边竞标，清华大学营建系以梁思成、林徽因为首的设计团队设计的图案最终被定为我们的国徽。

| 加州大学伯克利分校正式爆发自由言论运动 |

1964 年的今天，在太平洋的另一边，加州大学伯克利分校正式爆发了自由言论运动。我在有些地方看到它被译成“加州伯克利大学”，这是不对的，如果叫“加州伯克利大学”，就像是一个私立大学。美国的每个州都有一个州立大学的系统，比如加州有加州大学系统，也叫UC（University of California）系统；得州有得州大学系统，也叫UT（University of Texas）系统。总而言之，在每个州最高级的公立大学就是叫某州大学什么什么分校。加州大学一共有十个直属分校，五个集中在洛杉矶周围，五个集中在旧金山周围，基本上都是在最发达地区。其中最著名的加州大学的分校就是加州大学伯克利分校，就在旧金山对面的奥克兰，还有就是在洛杉矶的加州大学洛杉矶分校（UCLA），等等。

加州大学伯克利分校应该算是全美最好的公立大学之一，荣获过“华人之光”的田长霖还曾经在这里担任过校长。美国的好大学一般都是私立大学，像哈佛大学、耶鲁大学、麻省理工学院、斯坦福大学，这些都是私立的。而公立大学中最好的就是加州大学伯克利分校，还有比较好的就是密歇根大学，然后就是伊利诺伊大学厄巴纳－香槟分校（UIUC）。这个伊利诺伊大学厄巴纳－香槟分校大家有机会的话可以去看看，特别有意思，我刚到那儿的时候都傻了，因为它跟清华大学长得几乎一模一样。其实是因为建清华大学的时候，是用庚子赔款建的，当时就找了个美国的建筑设计师，那个设计师直接把UIUC的校园给搬到这儿来了，也就是把UIUC建校的那张图纸拿过来，按照人家的图纸完全重建了一遍，所以清华大学所有建筑的格局以及样式，都和它几乎一模一样。我到那儿一看，就觉得像是做梦穿越了一样。

伯克利这个地方，不仅是美国最好的公立大学所在地，而且是左派、自由革命者等最大的阵地。大家知道1964年的时候，美国马上就要爆发大规模反越战抗议活动了，后来在当年的9月份，从加州大学伯克利分校开始了自由言论运动。后来这些左派和自由革命者开着圆头的Volkswagen（大众）汽车，带着大学生开始进军华盛顿，到20世纪60年代末，全美国的大学都爆发了大规模的抗议活动，包括各种反战游行，喊出了各种各样的口号，包括Make Love Not War（要做爱不要作战），等等。其实美国整体来说应该算是一个很保守的国家，远比欧洲要保守，都比较右倾，但是美国有两个左派阵地，除了加州大学伯克利分校之外，还有一个就是大学云集的波士顿。大家知道凡是大学生比较多的地方基本上都比较激进。波士顿有很多著名的大学，像哈佛大学、麻省理工学院等。波士顿那儿也有一个伯克利大学，但是大家不要弄混，那个伯克利大学是个私立学校，但它是全美排名最靠前的流行音乐大学，叫“伯克利音乐学院”，那里出了很多优秀的音乐家，像王力宏、韩国的“鸟叔”都是那儿毕业的。现在我们说的这个加州大学伯克利分校跟那个伯克利音乐学院完全不同，这个是在西岸的公立大学。美国西岸就是以伯克利、斯坦福为中心的北加州旧金山这块地方，这里也是西岸的左派抗议者的中心。

10月2日

《晓松说——历史上的今天》来到了10月2日。1895年的这一天，天津大学的前身北洋学堂成立；1964年的这一天，大型音乐舞蹈史诗《东方红》首演。

| 中国第一所现代国立大学——北洋学堂成立 |

先来说一说对中国的近代化起到重大作用的北洋学堂，这是中国的第一所现代国立大学。现在的北京大学，也就是京师大学堂，实际上应该是在戊戌变法的时候留下的唯一遗产。京师大学堂是1898年建立的，在这之前，1895年的今天，北洋西学学堂成立。北洋西学学堂后来被称为北洋大学堂，后来“堂”字又被去掉，就成了“北洋大学”。

19世纪时，在中国已经有了一些教会大学，但是北洋大学应该是中国第一所现代国立大学。北洋西学学堂最初是由盛宣怀主持创办的。盛宣怀这个人，对中国的教育、工商等各方面的发展都起到了重大的作用。早在1870年，盛宣怀就积极协助李鸿章兴办各种洋务企业，曾主持创办了轮船招商局、中国电报局，成立了汉冶萍煤铁厂矿公司，创办了中国通商银行，经办芦汉铁路。从1908年起主持邮传部，凡是铁路、邮政等诸多事务都归他管。他手里有钱，而且又有新的思想，在1895年10月2日，他主持创办了北洋西学学堂。第二年，也就是1896年，他又在上海创办了南洋公学，南洋公学就是后来的上海交通大学，这个学校的名号早就已经如雷贯耳了。所以，中国最重要的几所工科大学实际上最早就是由盛宣怀创办的，北洋大学和南洋公学的第一任校长也都是由盛宣怀担任的，当时叫“督办”。后来北洋大学经历了很多变迁，在抗战期间还迁到西安，和北平师范大学等联合组建了西北联大。大家今天经常说西南联大，因为有很多大师级的名人当年都就读于西南联大。西南联大是抗战期间由北京大学、清华大学和南开大学一起在昆明组建成立的。实际上在抗战期间还有一个西北联大，抗战胜利以后，西北联大也宣告结束，北师大又迁回北京，北洋大学则迁回天津。当年西北联大的校园保留了下来，也就是现在的西北大学，所以今天西北大学的前身就是西北联大。中国的很多大学其实都有一段比较复杂的历史。

在新中国成立以后，大家觉得这个“北洋”好像不太好听，像是与当年那些北洋政府、北洋军阀有关，听起来怎么都觉得不顺耳，于是北洋大学改名为“天津大学”。这一改称“天津大学”，似乎就有点儿地方大学的意思，但实际上天津大学的前身就是北洋大学。天津大学沿袭了北洋大学的优秀传统。当年北洋大学的工科应该是中国最好的工科之一，北洋大学的工科不但是中国最早创建的工科，而且当时在办学过程中，它还和北京大学互换了专业。北洋大学的法科并入北京大学，而北京大学的工科分离出来并入了北洋大学。所以北洋大学的工科是自己的工科和后来北大的工科合并而成的，直到今日，天津大学的工科也一直很强。天津大学的建筑系是中国最好的几个建筑系之一，和清华大学、同济大学的建筑系齐名。天津大学的校园也很美，它曾经跟南开大学在同一个校园里。说起来，我跟天大还有点儿渊源，当年我跟家里打赌，说我要出去卖唱挣钱，身上一分钱不带，家里人说如果我能一个礼拜平安回来，他们就给我买一套乐器。当时我就去了天津，第一天在天津火车站卖唱，结果没人给我钱，一天下来只有五毛钱收入。后来我说那我去天大和南开那儿，大学生听我唱歌肯定会给钱，结果跑到了天津大学，到那儿一看，原来天大、南开的校园都在一起。到了天津大学以后，我想研究生肯定有钱，于是我就到研究生楼前弹琴、唱歌，结果研究生们觉悟挺高，把我给举报了，然后我就被校警卫队抓了起来。天津之行就此失败。还有就是我的外公、外婆刚从德国留学回来时，最开始也是在北洋大学任教，后来才到了北京大学、清华大学。

上海的南洋公学后来演变成了交通大学，交通大学下设北京、唐山、上海三个学校。唐山交大在民国时期也是非常好的工科大学，著名的桥梁专家茅以升就毕业于唐山交大。后来茅以升到美国留学，留学期间他的成绩特别出色，以至于后来美国很多名校都给了唐山交大毕业生免试入学的待遇。我曾讲过在茅以升去世以后，茅以升科技教育基金会的主席就是我外公。后来唐山交大在抗战时期又内迁到四川。新中国成立以后，我们按照苏联的大学体制整个又做了大规模的院系调整，唐山交大的大部分专业迁到外校，唐山交大改组为唐山铁道学院，再后来迁到四川更名为西南交通大学。1957 年，为了支援内地建设，上海交大的大部分院系迁到了西安，组建了现在的西安交大，而留在上海的部分就是现在的上海交大。国民党败退到台湾的时候，带去的北大教授在台湾组建了台大，清华的梅贻琦校长到台湾后在新竹组建了台湾“清华大学”，交大的教授到台湾以后建立了台湾“交通大学”。目前台湾最好的三所大学，就是“台、清、交”，这“台、清、交”毕业的学生就是台湾的名校生。今天给大家简短地描述了一下中国大学的变迁史，实际上这也是我们这个国家的历史的一面镜子。

|《东方红》首演|

在 1964 年的这一天，中国当时最大规模的一场晚会《东方红》首演。大家知道春晚现在是中国每年一度的最大型的综合性大晚会，有歌舞、说唱等各种各样的元素，集中了各种各样的艺术门类。但其实在春晚产生近二十年前，中国就已经有了大规模的歌舞晚会。在西方的晚会门类里，春晚就是大秀，就叫 New Year's Show（新年秀），我们叫大晚会。当年《东方红》的演出就是一场大晚会，《东方红》首演的时候，毛主席、周总理都去看了。我们小的时候看得最多的晚会就是《东方红》，因为那时候没有春晚。当年电视中放得最多的节目就是《东方红》，以至于《东方红》里的好多歌、好多舞蹈大家都耳熟能详，大家都会唱、会跳。

《东方红》里的歌曲写得非常好，集中了当时全中国最优秀的音乐家、舞蹈家、文学家等进行创作，从朗诵的台词到歌唱都非常经典。再看《东方红》的时候，我还是能明显感受到少数民族所具有的歌舞天赋，《东方红》里最好听的歌，"索玛花儿一朵朵，红军从咱家乡过"，一听就是少数民族旋律。最好看的舞蹈，一看也是少数民族舞蹈，少数民族的舞蹈确实是丰富多彩。《东方红》实际上是集中了中国最美好的少数民族的音乐元素、舞蹈元素，以及我们汉语最好的文字能力，从而呈现出来的非常漂亮的晚会，今天大家如果从艺术的角度去欣赏它，依然是非常非常好的。

Today in History

10月3日

《晓松说——历史上的今天》来到了10月3日。在1990年的这一天，德国统一。今天我们就主要来讲讲这件事情。

|德国统一|

1990年的今天，不但是德国历史上重要的一天，也是整个人类历史上非常重要的日子，而且是20世纪后半叶“冷战”结束之际全世界最重要的一天。两德统一，在勃兰登堡门举行了盛大的仪式，世界各国多位领导人出席，众多大腕儿登上柏林墙表演。1990年我正在读大学，对这个时刻记忆犹新，当时不光是两德人民，全世界人民都欢欣鼓舞，因为悬在全世界人民头上将近半个世纪的利剑——“冷战”终于放下了。之前人类历史上两个大规模的军事集团北约、华约剑拔弩张，在德国建立了柏林墙这个分界线，准备长期战斗，最终以两德统一以及之后的苏联解体宣告“冷战”结束，全世界人民自此长出了一口气。从那之后，国际格局彻底改变，人类也从随时准备战斗、随时准备灭亡的备战状态，进入了一个和平建设的崭新阶段。所以两德统一是非常值得纪念的一天。

二战结束后，德国、日本和意大利都是战败国。但在这三个战败国中，德国受到的惩罚是最严厉的，而日本和意大利受到的待遇都比德国要好一些。其中意大利的待遇是最好的，意大利在二战后期是率先投降的，你只要在战争期间先投降，那一定是获得最好待遇的，因为这个时候战争还没有结束，大家需要你，所以意大利就获得了战后最好的待遇，基本上没有被占领。日本的待遇也还算行，至少保留了原属于日本的国土，天皇还是天皇，日本整个民族还在，基本上保持了一个完整的国家。而德国由于在二战中打得最狠，几乎让全世界生灵涂炭，西到伦敦，东到莫斯科，都被德国打得不成样子，还屠杀了六百万犹太人、建造集中营等。德国在二战期间犯下了滔天罪行，日本当时的罪行也很大，像南京大屠杀、731 部队的卑劣行径等，但很多都是到后来才慢慢揭露出来的。所以德国在战后遭到了最严厉的惩罚，以至于自己的国家都被拆分了。

1945 年柏林战役结束后，德国被分成了英、美、法、苏四国占领区，德国这个国家消失了。当时在一战结束以后，还保留了德国这个国家，结果德国又发动了二战，各国一看，二战以后如果再保留德国这个国家，那它没准儿什么时候又开始发动战争，所以干脆就不要这个国家了。于是英、美、法、苏四国就把德国分成了四块占领区，成立了一个管理委员会，共同管理德国，而德国人全都靠边儿站，你们就别再管这个国家了，你们就准备受处罚吧。当时战后的德国人也不知道会受到什么样的惩罚，大家也都是满心疑惑。当时我的外公、外婆、妈妈都还在德国，他们是在战后差不多 1946 年的时候才离开德国，离开之前，他们的德国科学家朋友把全部财产换成了一小块铂金，说："你们把这个带走吧，我们可能会被枪毙。"当时都已经到了这种程度。

德国当时整个经济几乎已经崩溃，德国马克完全成了废纸。在西德，很长一段时间里，美国的骆驼香烟都是硬通货。所以当时民族已经濒临灭亡，德国这个国家几乎就要不复存在了。但是德国有幸赶上了下一个时代。二战结束后，全世界紧接着就分成了两大阵营。一边是东方阵营，主要是在苏联领导下的社会主义国家，波兰、捷克斯洛伐克等这些国家都加入了东方阵营，称为华约；另一边是西方阵营，以美国为首，英国、法国、意大利等都加入其中，称为北约。这两大阵营开始对抗起来，形成了"冷战"的格局。在这种情况下，德国反而变成了受益者，因为这时候德国又变成了东西两大阵营对抗的前线，双方的剑拔弩张成为最重要的事情，惩罚德国则变成次要的了。就像当时在亚洲，本来战后日本是要被惩罚的，但是紧接着朝鲜战争爆发。朝鲜战争实际上也是东西方在朝鲜的对抗，所以朝鲜战争其实拯救了日本，因为日本成了朝鲜战争中美军重要的后方，借着这个契机，日本的经济在战后迅速开始复苏。而东西方当时在欧洲的对抗，正好就是在东德和西德。

在东西方对抗的最开始，同属西方阵营的英、美、法三国就开始商量，说咱们现在已经把德国变成前线了，那咱们就不能像以前那样再占领德国了，咱们这样吧，先把这三个占领区合起来。于是英、美、法三国的占领区就合并成了一个大占领区，然后大家又开始在这个大占领区里酝酿说，要不然咱们给它弄个宪法，让德国也成立一个国家，让它加入我们，然后我们一起去跟苏联对抗。于是在这种情况下，各方就开始酝酿在西方占领区里建立一个“联邦德国”，成立一个民主的联邦共和国，而不是以前的德意志帝国或者德意志第三帝国。当然这件事儿激怒了苏联，苏联一看，你们三个怎么回事儿，咱们四个本来说好了把德国给消灭了，咱们各自占领一块地，现在你们三个竟然要抱成团跟我干了，那坚决不行。于是苏联就开始封锁西柏林。这段历史我之前就讲过，这就是著名的“柏林封锁”。因为当时德国的西边被英、美、法占领，东边被苏联占领，当然东边还有一大块领土——普鲁士南部，已经割让给了波兰。但在东边的德国首都柏林也被分成了四块，由英、美、法、苏分别占领，其中英、美、法占领的这块统一叫西柏林，但西柏林是孤悬在东德的正中间，当时英、美、法就全靠几条通道从西德运送补给等到西柏林。苏联为了抗议英、美、法在西德那边建立“联邦德国”，就把西德向西柏林运送物资的通道全部封锁了，但是西方坚决不屈服，这就是我曾经讲过的著名的“柏林空运”，英、美、法开始大规模地向柏林空运物资，同时封锁了整个东德，这就是在 1948 年前后东西方“冷战”的第一次对抗。

大家知道德国在 1945 年就已经战败，在这几年当中德国都不再是一个国家，完全处在被分割、占领的状态。直到 1949 年，苏联撤销了对西柏林的封锁，柏林空运结束，这就算是双方讲和了，东西双方不再进行正面对抗。既然英、美、法在自己的占领区成立了一个“德意志联邦共和国”，也就是西德，那这边苏联也成立一个，叫“德意志民主共和国”，也就是东德，这是一个由社会主义党，其实就是共产党领导的社会主义政权。所以说如果没有“冷战”，德国不可能这么快就成立国家，而且同时成立了两个国家。当时东德和西德的国旗差不多，底色都是同样的三色，其实大家还都是德国，只是上面盖的“戳”不一样，这边盖了一个社会主义的“戳”，那边盖了一个资本主义的“戳”。

说起欧洲的国旗，还有一个很有意思的现象，除了北欧有些国家的国旗是十字形的，大部分欧洲国家的国旗都是三色旗，所以很多人到了欧洲以后看到这些国旗也搞不清楚到底是哪个国家。德国的国旗是红、黑、黄三色，比利时的国旗也是红、黑、黄三色，法国、荷兰和俄国的国旗都是红、蓝、白三色，只是横竖和排列顺序不同，然后还有意大利和匈牙利的红、绿、白三色国旗，所以感觉特别奇怪，在欧洲到处都是三色旗，要么是红黑黄、红蓝白，要么是红绿白，等等，就这么三种颜色搭配，然后就形成各种组合，竖着的、横着的全部登场。

在这之后，东德和西德陷入了长达几十年的分裂时期。最开始的时候东德和西德之间并没有墙，后来修的柏林墙实际上也不是东、西德边境的墙，柏林墙实际上是在柏林城里边的墙。前面说过西柏林是孤悬在东德境内，它的四周都是东德的领土，因为西柏林由英、美、法三国管辖，它比较富有，很多东柏林的人就跑到西柏林去，于是就在东、西柏林的边界上建了一堵长长的墙，这样就拦住了准备从东德跑到西德去的人。所以当时不但出现过“柏林封锁”，还建了柏林墙，柏林变成了“冷战”的最前线。在“冷战”达到高潮的时候，双方差不多各有上百万大军聚集在东、西德两边。百万苏军集中在东德，百万盟军集中在西德，双方对峙的坦克也有几千辆，后来还有核武器进驻德国。德国当时就是处在这么紧张的状态之下，直到 1989 年东欧剧变，紧接着苏联也解体了，整个东方的华约集团也就此解体，在这样的背景下，才最终迎来了东德和西德的统一。

当然东德和西德的统一还是经历了一个过程，先是两边慢慢放松管制，所以今天大家如果在柏林开车，经常就会在某个路口看到一块牌子，上面写着这个路口曾经被关闭了几十年，在 1989 年 10 月 15 日，或者有的是在 1989 年 11 月某日，有的是在 1989 年 12 月某日才终于重新开放了。每个路口开放的时间不一样，当时的统一也是一步一步来的，这个我就不多讲了。德国是在 1990 年 10 月 3 日正式统一的，1989 年圣诞节的时候，东德和西德的边境已经都开放了，当时数十万西德居民拥到东德去过圣诞节，因为几十年来两边虽然是同一个民族，但是完全不知道对方是什么样，大家都想去看一看。

之后东德和西德都正式开始选举，东德有两个反对党上来，成了第一大党和第二大党，原来执政的社会主义党变成了第三大党。整个选举结束，双方就水到渠成地开始谈，那咱们两德是不是该统一了。当时有两个方案，一个是把两德全部废弃，重新写一部新宪法，成立一个新国家，但是这样做太复杂了，因为德国是联邦制的国家，各个州的权力也很大，统一起来很困难。另外还有一种简单的方式，就是让对方并入，不管是联邦德国，还是民主德国，并进来就可以了，一切就用现成的宪法、现成的法律，用现成的货币。

谈到最后，两边决定不以建立新国家的方式统一，这一点对整个国家来讲是非常重要的。德国统一之前东、西德各有一种马克，在 1990 年的夏天，东德首先废除了自己的马克。德国最终统一的方式，不是简单地两德统一成一个国家，也不是东德作为一个整体加入西德，而是当时东德成立了五个州。之前东德分成了很多州，现在东德又恢复到二战之前的这五个州，这五个州一起加入德意志联邦共和国，最后等于是德意志联邦共和国扩大了五个州。东德的整个国家政府停止运行并解散，不是东德政府并入西德政府。

德国统一之前和英、美、法、苏四大占领国签署了一个彻底终止战争的协议。当时英、美、法、苏还占领着德国，苏联占领着东德，英、美、法占领着西德。德国统一之前，在 1990 年跟四大国签署了终止战争状态的协议，所有占领军都撤出。当时装备最先进、最精锐的苏联红军从东德前线撤出，英、美、法的军队从西德撤出。这次停战宣告了冷战的结束，大家都欢欣鼓舞。不管以前怎么样，至少现在苏、英、美、法全都撤出了，所以东德人民欢送苏联红军，西德人民欢送英、美、法军，百万大军撤出。冷战结束，统一后的德国开始进行和平建设。

德国不但跟英、美、法、苏签订了最终结束被占领状态的协议，真正成为一个独立的国家，而且还向全世界宣誓，在统一后的基本法里加了一条，从这一天开始，就认为再也没有未回归到德国的领土了，也就是认为在东德这五个州加入以后，所拥有的就是德国的全部领土了。这相当于告诉全世界，你们放心，我们对当年二战之后被割让的所有土地，已经放弃了所有的要求，以后也不会再有要求了。无论是西里西亚——那里曾经是德国工业非常繁荣的地区，还是东普鲁士——那里是哲学家康德的故乡、容克地主的大本营，也都不要了。德国用这样一种方式告诉全世界，我们要与大家和平相处，不再谈那些历史问题了。

10 月 3 日这一天，柏林举行了盛大的两德统一仪式。西德的首都当时设在波恩，这只是一种临时性的无奈之举，因为统一之前的柏林地处东德境内。而柏林才是德国人心目中真正的首都。所以统一之后，首都就马上迁回了柏林。统一后，新的领导人由当时的各个党派一起选举，科尔领导的西德的一个党胜出，他当选了第一届总理。现在的德国领导人默克尔也是西德人。统一以后，两边在政治上还是平等的，东德人也可以当选德国的领袖。当然，在经济上、文化上有很多漫长的后遗症，到现在还有人怀念当年的政权，这也是没有办法的。

关于这段历史，有两部得奖的电影大家可以看一看。一个叫《再见列宁》，讲的就是一位东德的老人怀念当年的社会主义时代，她的孩子又不想刺激她，于是就自己编了很多关于社会主义的电视节目，给老人看。还有一个叫《窃听风暴》，获得过奥斯卡最佳外语片奖，讲的是当年东德时期的一个秘密警察怎么去迫害一位作家，把人家搞得家破人亡，但后来在道德的驱使下秘密地帮助作家，后来两德统一了，这位作家成了著名的作家，而那个秘密警察成了路边的一个搬运工，在一家书店里，他看到了作家向自己致谢而写的书。大概是这样一个很感人的故事。

统一是每一个民族最热切希望的，当然统一的同时也是有代价的，但是一个民族只要热爱自己的国家，也就愿意付出这个代价。两德统一时，西德人民背上了一个沉重的负担，叫作统一税，他们付出了巨大的代价去帮助东德的经济发展。因为西德比东德发达得多，东德虽然相比其他的东方国家，例如苏联、波兰，已经发达很多了，但是这种发达跟西方国家比起来还是差远了。东德当时有大量工厂破产，大批工人失业，到现在德国那些年轻的“纳粹党”，就是“光头党”，其实主要都是心理不平衡的东德年轻人。西德人民为了统一也付出了沉重的经济代价，但是尽管有这么多的困难，德国最终还是得以统一，成为如今屹立于世界民族之林的伟大国家和民族。

《晓松说——历史上的今天》来到了10月4日。1824年的这一天，墨西哥成立共和国；1957年的这一天，苏联发射人类历史上第一颗人造卫星。

| 墨西哥合众国成立 |

1824年的这一天，墨西哥合众国成立了。实际上墨西哥在1810年时就已经宣布独立。我前面讲过拉美大片地区的独立其实都跟拿破仑战争有很大的关系，拿破仑战争摧毁了欧洲的这些大帝国，尤其是殖民地最多的西班牙。当时整个西班牙被拿破仑占领，葡萄牙被灭国，这也让大西洋对岸那片大陆上的人们高兴极了，西班牙自己都没了政府，它也管不了他们了。1810年墨西哥就已经宣布独立，但是没有人承认它，因为那时候大家都在那儿打仗，也没有人顾得上这事儿。到了1821年的时候，西班牙正式承认墨西哥独立。墨西哥刚刚独立的时候，还像当时的很多国家一样，大家都习惯立个国王什么的，于是墨西哥最开始还有个国王，但是这国王也没有什么权威，所以就当了一年。到了1824年10月4日，墨西哥合众国正式成立。

这墨西哥合众国自成立以来可以说是命途多舛，说起来也是一把一把的辛酸泪，先是不停地被美国政府折腾，因为19世纪初，那是美国最昂扬向上、到处开疆拓土的时代，1812年向中心地区发展，1845年在西岸发现了黄金，就向西部、南部到处拓展，这个时期正好叫墨西哥赶上了。北边的加拿大，因为有英国一直在那儿守着，倒没有被美国怎么着，而墨西哥当时是不停地被美国折腾，一会儿被美国弄走一块土地，一会儿又弄走一块。紧接着，墨西哥的得克萨斯州又被美国策动独立。得克萨斯州的名字大家听着好熟悉，除了阿拉斯加以外，这是在美国本土大陆最大的州，这个州就是美国从墨西哥弄来的。所以墨西哥刚刚独立的时候，这个国家其实是很大很大的，大家看1824年的地图就知道，墨西哥比美国还要稍微大一些，北美洲的西南部几乎都是墨西哥的领土，而密西西比河以东一带才是美国的。得克萨斯州独立以后，墨西哥要通过打仗把它再抢回来，但得克萨斯州人民在美国的策动下，进行了公投，通过公投的方式大家同意加入美国。这时候美国就说，如果你墨西哥要来打得克萨斯，那就是要跟我打，于是美国和墨西哥之间就爆发了战争，这就是著名的美墨战争。美墨战争也是墨西哥丧失土地最多的一次，丧失了差不多一半的土地，被美国人一路打到墨西哥城，具体的我就不多讲了。

当时墨西哥人再英勇抵抗也没有用，因为墨西哥是一个热带民族，墨西哥人本来就不善武，更不善战。在咱们这个地球上，其实最能打的、最善战的就是在北回归线以北、北极圈往南的整个北温带地区，总的来说，绝大部分北半球的人都极为能征善战。为什么大部分的殖民地都在热带地区，就是因为热带地区的人不太善战，确实不太能打仗，那个地方又特别热，大家也比较懒，没有那种团结起来一起战斗的精神，所以墨西哥人一下子就被美国"摧枯拉朽"。战败以后，墨西哥以极低的价格把它的土地卖给了美国，其实根本就没有价格，美国当时就说你把那些土地以最低廉的价格给我，我就不说是抢你的了。实际上就是强买。现在美国西部和南部的七个大州——得克萨斯州、新墨西哥州、亚利桑那州、犹他州、科罗拉多州、内华达州，包括我居住的加利福尼亚州，这些特有名的大州的土地绝大部分当年都是墨西哥的，全被美国抢了过来。就这样美国人还不满意，后来又从墨西哥的其他地方抠了点儿土地出去，墨西哥人一看这几万平方公里都不当回事儿了，上百万平方公里都被美国人弄走了。

紧接着墨西哥又被法国占领了好多年，它跟法国人又开始再次打仗，再次革命，然后又独立，终于把法国人赶走了。这墨西哥简直倒霉得要死，法国人刚走，紧接着又上来了一个独裁者，当然他在打法国的时候是位英雄，但是上台以后就开始独裁，这哥们儿对墨西哥独裁统治了三十多年。好不容易把这独裁者给推翻了，墨西哥又一党执政了七十一年，直到2000年墨西哥才加入世界民主国家的大潮当中，举行了它的第一次选举。墨西哥本来是由革命制度党一党执政，后来终于有了反对党，2000年的时候墨西哥举行了第一次大选，当时世界民主大潮浩浩荡荡，墨西哥也要跟着学一学。墨西哥反对党胜出，这是肯定的，执政党已经执政了七十一年，大家也烦了，反对党首次参加选举肯定能胜出。结果墨西哥反对党胜出以后连任两届，墨西哥总统的任期是六年一届，结果在反对党执政的十二年当中，墨西哥是毒品横行、暴力猖獗，当时连市长都没人敢当。墨西哥有一个美女市长曾经多年坚决跟毒品战斗，结果多次被刺杀，连丈夫也被杀了，但她坚决跟毒贩们战斗，2012年她也被毒品集团虐杀了。在反对党执政十二年后，墨西哥人民不干了，觉得还是原来一党执政的那七十多年好，搞所谓的民主太乱，于是革命制度党又重新当选，重新执政。其实在很多国家都发生过类似的问题，之前我讲过，埃及也曾经出现过这种情况，所以一个国家到底采用什么样的制度更适合，这个并没有定论。

墨西哥的经济发展得还算不错，但是这点美国人看不到，因为美国有很多从墨西哥偷渡过来的人，这些人在墨西哥都是穷人，如果不穷的话他就会留在墨西哥，不会偷渡到美国来。墨西哥的人均GDP有一万多美元，实际上墨西哥比印度要发达得多，应该算是一个比较富有的国家，它的总GDP排在全世界第十几名，但是我们这金砖四国里没有墨西哥，不知道为什么，可能是因为巴西就能够代表拉丁美洲了。巴西当然比墨西哥要强大一些，然后余下的三国，分别是我们中国、印度、俄罗斯，后来南非也加入了。南非当然是很发达的，对于非洲的GDP南非的贡献是最大的，它是非洲鹤立鸡群的一个国家。我觉得金砖国家里如果再发展一个，墨西哥就应该加入了，它实际上很发达。当然如果要再发展一个，这个拼法就变了，就不叫BRICS（金砖国家）了。

墨西哥对美国是单向开放，我们生活在加州的人，去墨西哥是畅通的，没人管，一条高速路就开过去了，回来的时候就不行了，要排很长的队。因为墨西哥人总是会利用各种各样的方式跑到美国来。其实墨西哥本来差点儿成为美国的殖民地，当年墨西哥人民英勇抵抗了半天，才保留了自己的这么一方土地。现在一想，还不如当年就别抵抗了，直接成美国的领土也挺好。但是说归说，谁也不能这么做，每个国家的人民都有自己坚定的爱国主义精神。

美国对墨西哥人，甚至包括对拉美裔的移民都怀有一种矛盾的心态：一方面，他们对墨西哥人来美国抢他们的工作感到很不满，但另一方面，又挺同情这些人。从道德上讲，这里本来就是墨西哥的地方。再有美国确实有很多底层的工作，这些工作美国人不爱干，华人也不干，现在华人在美国的地位越来越高，收入越来越高，也不去干那个。而黑人宁可在街边唱歌要饭，也不干这个。所以那些特别苦的底层工作，像刷盘子、扫地、洗碗等，美国人觉得既然没人干，那让墨西哥人来干也挺好。那里的墨西哥人很多都是非法移民，即使被剥削了也不敢去告你，这其实就相当于变相的奴隶。

美国在 2013 年通过了有关移民的新法律，这个法律主要是针对墨西哥人，好像是说，如果你在这儿已经工作了十三年，并且在此期间按规定纳税、守法，就相当于从奴隶赎身成了公民，而且跟着他们的父母来移民的 18 岁以下的孩子，也可以直接给你公民身份。因为这些孩子很多都是小的时候就跟着爸妈来到美国，从小就在美国念书，一直读到大学。这相当于给了拉美的移民一个特别大的优惠政策。

在加州生活的人，一般都会说一两句西语，因为那里到处都是墨西哥人，说西语太普遍了。在加州即使你一句英文都不会说也没问题，因为西语在加州的绝大部分地方都是第二官方用语，你去政府办事就直接说西语，因为那里的办事人员也说西语；你去超市买东西也可以说西语；甚至在选举的时候也是。所以西语在加州基本上就是通行语，而且不仅是加州，其他那些美国从墨西哥割来的大州，比如新墨西哥州，很多人也说西语。所以西语在美国西岸是仅次于英语的第二大语言，在美国西岸的学生基本上外语都选修西语，以前还说点儿法语，现在越来越少了，因为说法语没什么用。但是学了西语，你不但可以在加州生活更加方便，去世界上的其他地方也能获得很大便利。

墨西哥是全球第一大讲西班牙语的国家，全球第一大西语国家不是西班牙，西班牙只有几千万人口，而墨西哥有一亿多人口。全球第二大天主教国家也是墨西哥，加州有大量的墨西哥人，所以在那里能看到很多天主教的教堂。大家看到加州的地名，San 什么的，那些神的名字，都是天主教的。

墨西哥人喜欢足球，我刚到加州的时候，看足球没地方看，非常着急，说看欧洲杯，只能找到西语足球节目，那解说说西班牙语，听不懂。现在墨西哥人越来越多，在加州已经可以看足球赛了。洛杉矶开始有足球队，比赛的时候，底下坐满了观众，很多都是西裔，西裔不爱打棒球，打篮球也没那么好，但是他们踢足球。实际上他们的文化习俗跟美国是不太一样的，但是他们也慢慢地在改变。

加州的园丁绝大部分也是墨西哥人，每天在那儿锄草。墨西哥人干最底层的活儿，而且还特别高兴。他们不像咱们中国人，先在底层干，为的是有一天要出人头地。华人在美国干一份工作，都是三年不升职就辞职了，而印度人在美国三十年也可以在一个地方干下去。就像在我们那儿，华人三十岁还没买房子的不多，但是在美国一般情况下三十岁没人买房，好歹得三十八九岁、四十岁买房子。墨西哥人也是，再苦再累的活儿也愿意干，干完了回到家组乐队，库里不停车，每天晚上大家在那儿敲锣打鼓地唱歌，特别高兴。美国到处都有绿地、游乐园、游泳池，一到周末，所有这些地方，特别是那些公共的烧烤区，全都被墨西哥人占领了。墨西哥人是大家庭，比我们中国人的家庭还大。华人在那儿一般生一两个孩子，而墨西哥人一生就是一大家子。

你到了墨西哥，心情就特别好。当然除了晚上，因为墨西哥是个极度不安全的地方，晚上经常发生枪击、抢劫之类的事情，尤其是边境附近一个叫蒂华纳的城市，那里的人到晚上都不敢出门。但是白天墨西哥阳光灿烂，所有房子都被涂成五颜六色的，非常好看。热带民族不善战、不严谨，但是热情奔放，热爱音乐、舞蹈，印度也是这样。而且在墨西哥什么东西都特别便宜，但是在买东西的时候一定要用现金，千万不要用信用卡，因为它那儿到处都是犯罪组织，他们会用各种扫描仪器扫描你卡上的信息，你信用卡一刷，人家就能获得你的全部信息。我有一次去墨西哥，刷自己的信用卡，结果卡就被人扫了很多次，只好回来赶紧办理停卡。不过幸亏在美国，你打一个电话给银行，他们就会把那些损失赔给你。美国银行有预算专门用来应对这些信用卡被盗刷的案件。

墨西哥不但东西很便宜，风景非常美，而且吃的食物也极其好。因为加州的墨西哥人非常多，所以那里最多的快餐连锁店，不是麦当劳、赛百味之类，而是一家墨西哥风味的连锁店，叫 Taco Bell（塔可钟快餐店），Taco 是墨西哥的一种卷饼，长得像铃铛一样，里边装着各种馅儿，有时候是鱼，有时候是肉。还有一种 Fajita（法士达卷饼），这是墨西哥最著名的一种食物，就是用一张面饼，把鸡肉、牛肉等卷起来吃，很好吃，在加州专门卖美国南部菜的星期五餐厅就可以吃到。到了星期五餐厅，或者到墨西哥餐厅里看到这个 Fajita，千万不要读成“法吉达”，这个我多次说过，西语里面，J 这个字母是念“H”，而不是念“J”；墨西哥美女那些名字也是，叫 Juanita（“花妮塔”），虽然是 J 打头，但是不能念“爪妮塔”。我在餐馆里经常看到人们在点菜的时候说，我点一个“法吉达”，然后被人家墨西哥服务员纠正，所以这一点大家要记住啊。

| 苏联发射人类第一颗人造卫星 |

1957 年的这一天，苏联发射了第一颗人造卫星，虽然当时是为了与美国搞军备竞赛，但的确是人类向太空迈出的巨大一步。在那个年代，卫星、核能、计算机的发明和使用，引发了工业革命之后的一场伟大的技术革命。其中人造卫星上天，是对人类的一个巨大的推动。

10月5日

《晓松说——历史上的今天》来到了10月5日。1962年的这一天，第一部《007》电影首映；2011年的这一天，史蒂夫·乔布斯去世；今天还是大美女凯特·温丝莱特的生日，生日快乐！

|《007》电影首映|

电影《007》，它伴随着无数人的成长。《007》是男人电影，成为007式的人物应该是男人最大的梦想吧。一般男人会有这两个梦想，一个是能打，拥有各种各样高科技的武器，见人杀人，见佛杀佛；另一个就是把各种美女拥满怀。007式的人物完全符合男人的这些梦想，所以好莱坞其实就是完全商业化的模式，男人们原来都想这样，那就给你们创造一个男的，别的事儿都不干，专门干这两件事儿，于是大家就看了这么多年。到今天《007》已经拍了二十三部了。如果纯从电影角度来讲，《007》应该是持续时间最长的 franchise film（特许经营权电影），也是拍得最多的系列电影，还没有哪一个电影能拍到第二十三部，票房依然大卖。当然这不包括之前的漫画书改编的电影，美国的很多系列电影都是从漫画书开始的，《007》不是那种类型的系列电影，大家后来看到的漫画类型的美国影片实在是太多了，搞一个什么《复仇者联盟》，各种各样的漫画人物就全都出来了。

首先，007 这个人物不是美国人，而是英国人；其次，《007》是从一部小说而不是从一本漫画书开始的，美国电影中由小说开始的系列电影还是极少见的，《007》是最成功的一部。它的成功首先归功于好莱坞对它的改造，小说本身所塑造的 007 的形象并不是大家在电影中看到的花花公子，碰着谁杀谁，这部小说实际上讲了很多间谍的辛酸史，以及人生的各种更深刻的东西。文学通常给人的感觉还是比电影要深刻一点儿，小说中的 007 没有那么油头粉面，而是挺忧郁的样子，但是经过好莱坞一改造，《007》中的人物立刻就变成了大帅哥、大美女。《007》中的人物形象是一部一部试出来的，一开始的时候还没有那么多大美女，后来出现了“邦女郎”，结果“邦女郎”火了，于是后面每一部《007》选“邦女郎”都会成为大新闻。所以一个好的系列电影，不但能创造出一个永远不老的角色，而且还能制造出大量的明星，美国有大量的女明星就是从“邦女郎”开始的，这有点儿像我们的“谋女郎”，但是“谋女郎”并没有“邦女郎”那么多。在好莱坞能够成为“邦女郎”，那就基本上已经进入“二线女星”的行列了，之后你就能成名、能火了，在美国最开始成名的华人女星很多都是因为当选了“邦女郎”。大家知道，一般华人男星要想成名基本上就是靠“打”，像当初的布鲁斯·李（李小龙）等，但是华人女星不是靠“打”就能够成名的，因为功夫片中的女星是只站在旁边，没什么重要的戏份，电影中甚至没有她这个角色都没关系。所以最开始的华人女星成名几乎都是因为被选为“邦女郎”。这么多部《007》中，“邦女郎”从金发美女，到黑发的南欧、东欧的女性，还有亚裔的女性，各种人物都有，但是她们有一个共同点，就是她们的身材都特别好，这是“邦女郎”的第一要素。在美国开始火起来的华人女星，像周信芳的女儿，还有大家现在依然熟悉的杨紫琼，都是因为饰演了“邦女郎”，大家才开始对这些亚洲女星熟悉起来。

《007》系列电影还是一个可以创造巨大财富的大产业，它不光卖电影，还卖大量其他的东西，包括电影中的植入广告位。在电影《007》之前其实还没有系统的广告植入，因为要用汽车、用各种先进的设备，《007》第一次开始大规模地引入电影“广告植入”的概念。于是大家就开始竞价，谁出的钱多007就开谁的车，所以007开过各种各样的跑车，包括很多意大利的跑车，还有宝马、奥迪等。《007》是一个非常大的产业，大到什么地步呢？它虽然都由好莱坞的米高梅来拍，但《007》的版权并不在好莱坞，这个版权方发现拍这个电影赚的钱越来越多，于是就签了一个长期的合同，一部一部就由米高梅来拍，而版权方就拿版权费。后来《007》这种类型的电影都变成了由版权方开发，这种电影特别赚钱，而且能获得很多预售款，发行商光靠预售款就已经能满足预算，根本不需要任何人来投资。《007》系列电影的版权方更换过好几家，据说后来英国有一个大老板，他的几个富二代儿子闲着没事儿干，就把这个版权买下来了。于是，他们自己开发《007》的新电影，高潮的时候，一部《007》同时要请二十二个编剧。好莱坞一线编剧请一个超过七十万美元，二十几个编剧全都请过来，就说一个要求，下一部《007》要去秘鲁，故事情节就由你们来写吧。然后大家根据自己编出来的剧本来竞标，你这个写得好，那一人拿走一半编剧费，留下这个剧本以后慢慢打磨，他们自己来选导演，等等。然后把剧本拿到好莱坞竞价，让这些大电影公司来竞价，谁出的价高，就由谁来拍，于是大家就开始72小时竞价。各大公司纷纷出价，这个说我出多少钱拍，我的计划如何如何。最后就成了公开的竞价，谁给的钱最多就由谁来拍，到《007：大破天幕杀机》甚至能赚七八亿美元，所以这成了一个巨大的产业。

对于扮演007的演员来说，007这个角色也是一把双刃剑。首先演007肯定会功成名就，但是也会使演员的戏路一下子变窄，所以007的扮演者要突破自己，再去演别的戏就非常困难。大家最熟悉的几个007演员，第一代007的扮演者是一个稍微上了点儿岁数的演员——老绅士肖恩·康纳利，现在007有越来越年轻的趋势。肖恩·康纳利刚出来的时候，脸上都已经带着皱纹了，但那个时代的人就觉得一个男人要成为绅士，怎么也得是这个岁数的，年轻人肯定不行，所以肖恩·康纳利刚出来的时候就是那种中年偏老的形象。他在演了五六部《007》之后就不再演了，因为他觉得不能老演这个，否则的话就再也没人找他演别的戏了。肖恩·康纳利是所有007扮演者当中最成功的一个，他离开了《007》以后又演了大量的好莱坞优秀的大卖电影。肖恩·康纳利的女儿也是一个大美女。然后第二个007来了，这个007就是一个打酱油的。由于这时候全世界人民都在看着，当时还没有互联网，要是有互联网更可怕，上来就得给活活骂死，就跟现在谁来演小龙女一样，大家就说你也敢来演小龙女，简直都快被骂死了。第二个007的扮演者是模特儿出身，并不是一个专业的演员，是澳大利亚的模特儿，他刚演了一部，全世界的007迷就全都开始破口大骂，那人一看也别招这骂了，干脆别演了，所以就成了一个打酱油的007。紧接着下一个是历史上演007时间最长的一位，就是罗杰·摩尔，大家看《007》电影，几乎是每看两部，就有一部是他演的。其实罗杰·摩尔本来并不太符合007的形象，因为最开始007的形象被塑造成了黑头发的样子，而罗杰·摩尔是黄头发，而且是那种比较花的形象。但罗杰·摩尔以他自己精湛的演技，把007慢慢地改造成了一个比较花的形象，也使得《007》电影越来越像一个花花公子的电影。罗杰·摩尔饰演的007取得了大成功，除了最近几部《007》之外，最卖钱的几部全是罗杰·摩尔演的。可以说罗杰·摩尔时代是《007》的黄金年代。之后罗杰·摩尔也是觉得自己不能一辈子演007，应该演点儿别的，于是就又换了一个哥们儿来演。结果这哥们儿也是打酱油的，演了两三部之后觉得不行，说我得去演别的角色。因为他是一个戏剧演员，这戏剧演员对自己的要求都很高，他觉得自己不能总演一模一样的脸，那样自己就毫无突破。因为那时候007的表演已经有了一套程式，包括表情、眨眼、挤眼、怎么掏枪，都是标准化的，你必须得这样，你必须得说那几句话："我是詹姆斯·邦德……"还得是小声地跟某个人说，这时007的表演已经成为一套程式。这个演员一看，说我不能多演了，于是也走了。所以现在大家看到最后的007就变成了现在这个硬汉克雷格的形象。

大家通过《007》的电影，也可以感受到这个世界的变化。在电影中，007要去打谁，谁是007的敌人，谁是007的朋友，美女来自哪一个民族，毁灭世界的大坏蛋来自哪个民族、是什么肤色，这些都会跟着整个世界的变迁而变化。《007》最开始出现的时候是在1962年，那是"冷战"的高潮时期。"冷战"时期，美国的对手就是苏联，慢慢地"冷战"结束了，敌人就变成了恐怖分子。恐怖分子之后，对手又变成了中国人，后来对手又成了日本人，然后现在又变成了恐怖分子，总之是随着世界潮流不断变化。《007》的“邦女郎”也在不断变化，一开始的时候“邦女郎”都是那种大胸、大屁股的形象，但是这种类型的演员会让女权组织非常不满意，女权组织就会质问：“你什么意思啊？难道我们女人就是一工具吗？我们女人就没有思想吗？我们女人就得这样吗？”于是这“邦女郎”的胸也就越来越小，“邦女郎”的人数也越来越少。高潮的时候，一部《007》当中至少得有两个美女，三四个的时候都有。现在由于女权主义空前高涨，《007》里的邦女郎越来越少了，每部里最多有两个，007的形象也从花花公子逐渐变成了一个忠于爱情的男人、一个硬汉，再也不是当年那种奶油小生了。

所以《007》电影不光记录了娱乐产业的变化，还记录了这半个世纪历史的变迁。当然也有一些东西经过这么多年依然没有变，比方说它的音乐就一直延续到了现在，一直都是电影配乐中的经典。我希望《007》这个系列还能拍下去，拍到我女儿长大，祝愿它的人气永远这么火，创下的这些纪录永远没有人打破。

| 凯特·温丝莱特生日 |

正好接着《007》说，凯特·温丝莱特就属于那种特别倒霉的女演员，她演过很多种电影，有投资很高的，有评价很高的，有得过很多奖的，还有非常考验演技的，像《泰坦尼克号》《朗读者》等。大家有空一定要看看《朗读者》这部电影，这部电影不像通常的好莱坞大片，它抛弃了好莱坞的各种商业元素，是一部内容非常深刻、非常有趣的电影。凯特·温丝莱特为了演这部电影，还特意去减肥，瘦了很多很多。凯特·温丝莱特可以说是一个运气非常不好的演员，一直到现在，她广告代言的薪酬也不是很高，因为大家觉得她不是实力派演员。我曾经在一个经纪公司看到过好莱坞演员的广告代言价格，凯特·温丝莱特好像只有五十七万美元，折合人民币大概也就相当于一个中国内地三线影星的价钱，而且不知道为什么中国也没有人请她代言广告，究竟是不知道她的价钱，还是觉得她没有那么大牌？

关于温丝莱特，在2013年的奥斯卡颁奖典礼上还出现了令人非常尴尬的一幕。在以前的奥斯卡颁奖典礼上，还真没这么开放，这次上来一个当红的主持人，然后给大家唱了首歌，叫《我们看过你的咪咪》。正好在座的各种各样的女演员都演过这样的电影，歌词里每提到一位女星，就会唱出在哪部影片里看到了她的胸。唱到凯特·温丝莱特的时候，全场大笑，她自己也特别不好意思，是这么唱的："凯特·温丝莱特是在《罪孽天使》和《无名的裘德》，还有《哈姆雷特》，还有《泰坦尼克号》，还有《携手人生》，还有《身为人母》，还有《朗读者》，还有你现在拍的那什么片，我们看过你的咪咪。"她几乎在每一部电影里都被导演要求要有那种暴露的镜头。所以运气好不好对一个演员来说确实是很重要的。但是依然要祝这位大美女生日快乐！

|史蒂夫·乔布斯去世|

有关乔布斯，大家应该是很熟悉了。今天也很巧，介绍的三个人都跟电影有关。乔布斯跟电影其实有很大的关系，首先是因为他当年离开苹果公司之后，跟人合伙创办了一家新的电影公司——皮克斯。大家知道好莱坞这么多年来一直是那几大电影公司，几乎没有异军突起过一家新的公司，而乔布斯他们创办的这个电影公司几乎能够和这些大公司并列，非常厉害。其次是乔布斯和电影的后期制作有很大的关系，我自己也是电影导演，所以比较了解电影的后期制作，电脑上那些制作CG（电脑动画）的软件、后期剪辑的软件很多都是苹果公司的产品，苹果的系统我觉得也是最好的专业系统。

最后说一件乔布斯的趣事儿，是关于他的名字的。大家知道他的全名是Steve Jobs，他姓Jobs，Jobs的意思就是工作。因为他在硅谷太强势，而且在工作上给大家留下了一种铁面无私的印象，所以后来硅谷有一阵子说"我要开除你"，都不说You are fired，而是说You got Steved，就是"你被史蒂夫了"。可见乔布斯在硅谷有多么大的影响力。

10月6日

《晓松说——历史上的今天》来到了 10 月 6 日。1976 年的这一天，“四人帮”被粉碎，这对全中国人民来说都是非常重要的一天；1973 年的这一天，第四次中东战争爆发；1981 年的这一天，第四次中东战争的发动者埃及总统萨达特遇刺；今天还是大 S（徐熙媛）的生日，生日快乐！

| 粉碎“四人帮” |

首先讲一下对当代中国具有里程碑意义的一天，这就是 1976 年 10 月 6 日，“四人帮”被粉碎。有关粉碎“四人帮”的目的、过程、意义，大家都已经耳熟能详了，我就不多讲了。在这儿我只讲一下我个人的感受，当时我已经六岁多了，对那段历史还是有很深的记忆的。当时虽然我还小，但仍能感受到家里的压抑气氛，因为 1976 年的那一年，对那一代中国人来说是难以忘怀的，当时几位最重要的伟人——周总理、朱德委员长、毛主席都先后去世了，在毛主席去世之前还发生了唐山大地震。我就记得那一年家里始终笼罩在一片愁云惨雾中，让我印象特别深的就是全家极为严肃而紧张地看葬礼，因为那年先后有周总理的葬礼、朱德委员长的葬礼、毛主席的葬礼，我当时也不太明白，就想问大人们一些问题，结果大人们非常凶地对我说："不许说话，安静！"后来我才知道他们是在认真地听参加葬礼的所有领导人的名字的排序。那一年是非常非常压抑的一年，大家经历了太多的变化，全中国人民都很紧张。我现在回想1976年，就觉得那一年到头好像都没有出过太阳。

直到10月6日粉碎"四人帮"那一天，我才觉得天一下子变晴了。当时的情景我还记得很清楚，其实粉碎"四人帮"的事情老百姓是不知道的，我们家可能因为稍微有点儿级别，就先知道了一些消息。家里人开始传说一些东西，但是每个人都非常神秘的样子，我当时觉得特别奇怪，心想大人们都在那儿说什么呢，完全不让我们听见。慢慢地消息就越传越广，老百姓也开始知道了，人们都欢欣鼓舞，一开始大家就只是去买酒，还不敢真正地上街游行。后来等消息一公布，人们便立刻走上街头去庆祝，因为大家都非常痛恨"四人帮"，这个消息太振奋人心了。

我当时住在上海，上海有人就去买螃蟹下酒，大家知道那个时候人们的生活还是很清苦的，所以买螃蟹是很少见的事情，但大家还是要去庆祝，买三只公的、一只母的，就是为了影射"四人帮"，偷偷地庆祝。这一天我印象非常深，也是我人生中为数不多的能永记心中的一个日子。当时我家住在四川北路，从横浜桥过去有一个弄堂叫美楣里，有一天早上我刚一出门，突然觉得自己几乎不认识这个地方了，整个弄堂的墙上都贴满了巨大的漫画，画上有"美女蛇"江青，有姚文元拿着一根大笔杆子、嘴上喷着唾沫，有"狗头军师"张春桥等，上面是一个特别大的铁拳，人民的铁拳，下面是四个小丑。我当时都傻了，简直就跟做梦一样，这世界怎么一夜之间就变成了我不认识的样子？真的是非常非常神奇的一天。

1976年粉碎"四人帮"之后，我感觉到笼罩着全家人的阴霾很快就散去了，阳光出来了，全家人的脸上开始有了笑容。于是大家开始谈论很多事情，对各种各样的事情都有了期待，整个社会都有了一种春暖花开的感觉。因为"文革"时期我家也是被打倒的，下放到江西很多年。1976年的那一天是对今天的中国人民非常重要的一天，如果没有粉碎"四人帮"，也就没有后来的改革开放，也就没有今天整个中国的强盛。有关粉碎“四人帮”的具体过程就不再多讲了，大家有兴趣可以去看看史料。今天的年轻人，包括八〇后、八五后，对“四人帮”的了解并不太多，所以大家有机会应该去了解一下这段历史。

| 第四次中东战争爆发、埃及总统萨达特遇刺 |

1973 年的这一天爆发了第四次中东战争。所谓中东战争，是指以色列与阿拉伯国家在 1948—1973 年间先后爆发的四次大战的总称。从另一个角度讲，它也是整个阿拉伯世界人民跟犹太复国主义者之间进行的一场持续多年的战斗。当然敌对双方各有各的立场。第四次中东战争是双方有史以来最大规模的一场战斗，战争打到最后，双方都是筋疲力尽。当时共有二十多个阿拉伯国家参加了这场战争，这也是阿拉伯国家最团结的一次，大家有钱的出钱，有力的出力，以南边的埃及和北边的叙利亚为首，伊拉克、约旦也都出了兵，其他国家哪怕是出兵一个营、一个连，也都参加了战斗。那些海湾国家都是石油富国，他们出钱，这些周边的国家出力，大家一起和以色列拼命打。

这场战争的过程也非常富有戏剧性，中间出现了一个惊天大逆转。战争刚爆发时，阿拉伯国家对以色列发动了猝不及防的突然袭击。在南方的埃及军队顺利跨过苏伊士运河，一举攻破被认为固若金汤的巴列夫防线；在北方的叙利亚军队也迅速收复了几乎整个戈兰高地。此时以色列军队天险尽失，已处于极其危险的境地。不过几十年的残酷战争经历已使以色列拥有世界上最高效的战时动员机制。全国上下迅速地动员起来，所有男人上前线当兵，并立即发动异常凶猛、大胆的反击。以军选择了一条难以通行、无人把守的道路，硬是从两支埃及部队的夹缝中悄然穿过，直插敌后，然后在夜幕掩护下用木筏载着坦克渡过苏伊士运河。攻入埃及境内后，以军便以猛虎扑食之势一举摧毁对方的防空导弹基地，又严密包围了对方整整一个军团的主力部队，而运河对岸的埃及军队已被切断后路，处境十分危险，面临全军覆没的困境。战场上态势突然发生了如此惊天的大逆转，使全世界感到无比震惊。这场战争如果继续打下去，那阿拉伯国家最终肯定是一败涂地，但当时在美、苏的调停下，战争没有继续往下打。因为当时还处于“冷战”时期，第四次中东战争差一点儿引发了美苏大战，美国支持以色列，苏联支持阿拉伯国家。最后苏联、美国都已做好卷入这场战争的准备，当时苏联的七个空降师都已经到了苏联南部高加索地区，而美国也在全球进入了高度战备状态。

1973年的第四次中东战争在军事史上也有着非常重要的地位，它是二战以后最大规模的、势均力敌的现代战争，因此也成为现代战争的一个重要范例。在这场战争中，天上已经有制导炸弹，地上有防空导弹，沙漠里有反坦克导弹，海上有反舰导弹，各种各样的现代武器都已经用上了。之前的越战，虽然美军一方的武器很现代，但是越南那边的实力不行；朝鲜战争时期，我们的装备也跟美军差得很远。所以武器的较量都是一边倒的结果，美国占有绝对优势。而这次中东战争成为军事史上大家研究现代战争，尤其是研究消耗和补充的重要战例，因为这场战争是两边都准备了多年才开始打的，一个星期之内所有的储备几乎全打光了，大家才知道现代战争原来消耗这么大。美国最后临时下订单也生产不出来了，美国战机的军徽是五角星，以色列的是六角星，美国只好把自己的现役主力战斗机的五角星标志都涂成六角星，由犹太裔的美军飞行员到前线去给以色列提供补充。苏联这边也是把现役武器直接拿出来送往前线，所以如果这场战争再打下去，那美苏之间就要爆发大战了。

后来在美、苏调解下，以色列和阿拉伯国家之间终于停战。而且史无前例的是，在美国的撮合下，埃及开始跟以色列和解，到1979年时两国签订了正式的和平协议，即著名的《埃以合约》，直到今天埃及跟以色列还保持着和平的关系。后来叙利亚和以色列又发生了一次小小的战争，就是1982年的那次，有人称其为“第五次中东战争”，但这次战争并没有太大的规模。所以整个中东地区从这之后基本就保持了和平，和平来之不易，这些高瞻远瞩的政治家都觉得双方再打下去不行，最后以和解的方式解决。当然双方为和解也付出了很大代价，有好几位著名的政治家都先后被刺杀了。1981年的时候，埃及总统萨达特在一次阅兵中被极端分子刺杀。当时电视台还在录像，我看电视新闻的时候都有点儿傻了，正在阅兵的时候，各种摄像机在那儿拍摄，突然跳下荷枪实弹的士兵，就冲着主席台上扫射。萨达特总统因为是军人出身，所以挺身站在那里，结果遇刺身亡。我还记得当时在台上，除了萨达特总统以外，还有各国的武官，其中还包括我国的武官，大家都是军人出身，所以反应都极快，最后基本都幸免于难，但是萨达特总统被刺身亡。紧接着以色列主张和解的总理拉宾也在 1995 年被刺身亡，所以和平也是有代价的。

| 大S徐熙媛生日 |

祝徐熙媛生日快乐！我们就不说这位大美女到底是哪一年生的了，总之她确实是一位非常优秀的演员。她还主演了我的一部电影《大武生》，在里面演了一位非常漂亮、英姿飒爽的刀马旦。大 S 在台湾从小就学普通话，演出的时候非常有范儿，效果很好。我们当时拍这个戏的时候也非常幸运，大家知道拍电影非常讲究运气，如果有主演在拍戏的过程中谈恋爱或者结婚，对这个戏的前期宣传其实能起到非常好的作用。我当时印象特别深刻，在拍戏的过程中，大 S 和汪小菲开始恋爱，而且两人的恋情进展极快。有一天大 S 突然跟我请假，说："我要去结婚。"我当时都傻了，因为这个戏是美国制片，我就跟美国制片人说女一号要请假去结婚。美国人的风格是那种一切都按合同办事的，制片人说："合同里又没写她结婚要请假，她一请假这剧组一天得损失好几十万，这由谁来赔……所以肯定不行。"我当时就跟制片人急了，我说："我要告诉你一句话，电影再重要，也没有人生重要，电影再伟大，也没有爱情伟大，所以我决定要让她放假去结婚。"于是大 S 就暂时放下工作去结婚了，回来的时候剧组还为她准备好了蛋糕等礼物庆祝。我猜还没有几个导演遇见过这种美好的事情，在自己拍戏的过程中女主角结婚了，而且到今天他们依然非常恩爱、幸福。

祝大 S 生日快乐！

10月7日

《晓松说——历史上的今天》来到了 10 月 7 日。1571 年的这一天，在希腊爆发的勒班陀海战中，以西班牙王国、威尼斯共和国和罗马教皇为首的海军同盟击败了奥斯曼土耳其帝国海军；今天是俄罗斯总统普京的生日，也是中国人民非常熟悉的著名演奏家马友友、李云迪的生日，三位生日快乐！

| 勒班陀海战爆发 |

1571 年爆发的勒班陀海战是一场并不太著名的战役，关于这场战役本身我就不多讲了。这次海战发生在大航海时代之后，当时的西欧越来越强大，而奥斯曼帝国越来越衰落，所以奥斯曼帝国海军打了败仗。在这场战役中有一个有意思的细节，以西班牙为首的海军同盟当中，有一位著名的战士叫塞万提斯，后来塞万提斯成了西班牙著名的作家，他的作品《堂吉诃德》广为人知。实际上，在勒班陀海战中，塞万提斯就预先扮演了一遍自己要写的角色堂吉诃德，塞万提斯在战争中像堂吉诃德一样英勇，最后一直冲入了敌船内部。大家知道那个时候的海战正处在火炮与接舷战并用的过渡时期。交战时先用火炮猛轰对方，由于当时的火炮威力有限，所以只能造成人员伤亡，难以击沉对方战舰。然后再用舰艏的铁冲角去猛烈冲撞对方。最后当双方战舰十分接近时，便用各种钩子把双方的船舰钩在一起，血肉横飞、决定生死的接舷战便惊心动魄地展开了。塞万提斯非常英勇，这在文学家当中可以说是非常少有的，当然后来也出了一些英勇的文学家，像匈牙利诗人裴多菲就曾上过战场，后来还牺牲了。塞万提斯当时是跳到敌船上和敌人进行搏斗，在战斗中他失去了左臂，几年后还遭到海盗袭击被俘。后来塞万提斯在自己的作品中就创作了一个非常英勇的角色，也就是著名的堂吉诃德。

塞万提斯的《堂吉诃德》应该是西班牙整个文学史上最最重要的作品。从20世纪开始，西语文学就出现了一种很奇怪的转向，它的创作重心转向了拉美，我在西班牙还跟大家讨论过这个问题。我说："你们西班牙这么伟大辉煌，就算今天军事实力不行，好歹文化应该行吧，但是你看20世纪最伟大的西语作家，像哥伦比亚的加西亚·马尔克斯、智利的聂鲁达、阿根廷的博尔赫斯，这些西语小说家全都是拉美的，已经基本没有西班牙作家了。"但是西班牙人自己可不那么想，他们会说我们有这个诗人那个诗人，但是这些诗人咱们根本就不熟悉，大家知道的全是拉美的那些大诗人。

塞万提斯是西班牙历史上最重要的作家，现在西班牙到处都是他的塑像。塞万提斯的家乡阿尔卡拉·德·埃纳雷斯镇也是著名的旅游胜地，我还到过那里。阿尔卡拉离马德里非常近，从马德里开车有四十多分钟，那里是典型的欧洲小镇的风格，有教堂、大学。大学的校园古老极了，让人感觉一走进去就能够获得很多灵感和知识。阿尔卡拉大学著名的塞万提斯学院有不少中国留学生。当然不光是西班牙，中国留学生现在是遍布全世界，我曾经在美国开车到新墨西哥州和得克萨斯州边界三百里无人烟的沙漠戈壁地带，发现山里有一个学校，那里竟然也有很多中国留学生。在塞万提斯学院有中国人开的各种各样的小店，西班牙人懒极了，他们的店可能一天就开两三个小时，而从早到晚，直到深夜都开着门的店，永远都是咱们勤奋的华人开的。阿尔卡拉这个非常非常美的小城，大家有机会一定要去看一看。

再多说一句，关于堂吉诃德的姓，这个Don就是西班牙的贵族姓氏，西班牙各种各样的贵族都姓Don，包括文学作品里边的人物也有很多姓Don，其中有最著名的两个人物是唐璜和堂吉诃德。关于Juan这个名字的翻译再多讲几句，民国的时候翻译成“唐璜”，当时老想按照中国的名字来翻译外国人名，其实这个Juan在今天大家非常熟悉，我们都翻译成“胡安”，当年是翻译成了“唐璜”。大家看现在有很多的西班牙足球运动员，都叫什么胡安，还有西班牙的国王就叫Juan Carlos（胡安·卡洛斯）。在西班牙名字前面有Don，就是西班牙的贵族，就像在德国名字中有Von（冯），就是德国贵族。为此冯小刚还曾经开过玩笑，说他是贵族，因为他姓“冯”嘛。所以大家到欧洲去，看到某个人的名字中有某个姓，就马上得表示敬意，说您是贵族。不过只有欧洲才有这种情况，美国就没有这些贵族的名字。

| 俄罗斯总统普京生日 |

今天是普京的生日，普京1952年出生，现在已经六十多岁了，比我大十七岁。大家看普京现在的身体，还有他整个人的状态都非常好，按中国话说他已经是花甲之年，但依然是俄罗斯所有女性心目中的男神。看到年逾花甲的普京，我自己一下子就有了信心。当然了，我跟普京还是有巨大的差距，人家是什么都会，上天能开飞机，而且不是开那种小飞机玩，是战斗机。他在视察远东的时候，自己开一架重型战斗机，还会跳伞。下水能开船，在地上能开坦克。普京还会打猎，枪法很准，骑马骑得也非常好，柔道还是黑带，唱歌还挺好听。当然最重要的还不是这个，在苏联解体时，俄罗斯出现了大量问题，经济几乎面临崩溃，在这个时候，叶利钦任命普京来继任，普京做了三任半总统、一任总理，是他把俄罗斯带到了今天。

普京这个人很有意思，很多人当总统要么想着独裁，要不然就是规规矩矩，而普京正好介于这两者之间。他想让俄罗斯一直按照他的理想治理下去，可是他又不想成为希特勒那样的独裁者。当时宪法规定总统不能连任两届以上，但是并没有规定能参选几次，普京就是利用了宪法的这个漏洞。美国之前的宪法也存在这样的问题，所以美国也有过一个总统竞选过两次的情况。普京任两届总统后就不再连任了，我觉得这个表率作用起得非常好，一个守法的总统，哪怕他能力差一点儿，那也是一个好总统。普京用了一个很巧妙的方法，他找了一个人先替他当一届总统，这个人就是梅德韦杰夫，而普京自己当了一届总理。他俩的配对挺有意思，叫“梅普”，就是普京当总统，梅德韦杰夫当总理；普京当总理，梅德韦杰夫当总统。大家看到梅德韦杰夫当总统的四年，电视上出现最多的其实还是普京，每天都是普京以总理的身份出来说俄罗斯的各种问题等。我印象中那四年电视上的梅德韦杰夫永远就是坐在桌子一边，普京坐在另一边慷慨激昂地汇报工作，梅德韦杰夫特别认真地听。四年以后，根据俄罗斯的宪法，普京可以再选，他又当选了总统。普京在俄罗斯的普通民众当中还是有巨大威望的。我去过好几次俄罗斯，跟俄罗斯人民聊天的时候，就能明显地感觉到，俄罗斯那些寡头、富豪，对普京都恨之入骨，因为他上台以后就严厉地打击那些寡头。大家知道俄罗斯那些寡头的钱可不是一点儿一点儿靠劳动积攒来的，而是利用苏联崩溃的契机，利用转制期间各种各样的手段，一下子弄来的。所以普京严厉地打击这些寡头、大富豪，自然要被这帮人痛恨。

普京受俄罗斯人民的爱戴还有一个原因，就是他用非常铁腕的手段基本平息了车臣叛乱。大家知道宗教和民族问题在很多国家都很容易引发难以平息的尖锐矛盾，要解决这些矛盾是非常困难的。大家看这个世界如今的热点依然是那些问题，比方说叙利亚问题，到现在也没能得到非常充分的解决。而俄罗斯居然在那么混乱的情况下，最后靠普京上台铁腕镇压，再加上怀柔政策，就相当于恩威并施，基本平息了车臣问题。现在恐怖袭击在俄罗斯已经基本绝迹了。所以普京是非常非常厉害的一个人，直到今天，他一直是深受俄罗斯人民爱戴的一位优秀的领导人。

最后再跟大家补充一件有关普京的小趣事儿。普京是克格勃特工出身，克格勃是苏联最大的特工组织，跟美国 CIA（中央情报局）旗鼓相当。但是俄罗斯独立后，克格勃就改名叫俄罗斯联邦安全委员会了，普京在这个组织里从一个普通的特工开始，一直做到最大的头儿。美国总统里根当年访问苏联的时候，到红场上去散步，跟苏联的普通民众聊天，当时的一张照片被保存下来，就是里根在跟一群看上去很普通的苏联游客聊天。后来当普京当了总统以后，有人又发现这张照片，仔细一看，当年和里根聊天的人群中一位憨厚的苏联游客就是特工普京化装的，不过此事并未经克里姆林宫证实。

10月8日

《晓松说——历史上的今天》来到了 10 月 8 日。1993 年的这一天，中国著名的诗人、朦胧诗派的代表顾城自尽；1992 年的这一天，德国前总理勃兰特逝世。

| 中国朦胧诗派代表顾城自尽 |

在讲顾城之前，先允许我长叹一声！做这个节目经常让我叹息，因为经常会讲到人的去世，会讲到很多悲伤的事情，很多人就会在你的记忆里激起波澜。我很早就想到 10 月 8 日这一天肯定要坐在这儿讲顾城，心里非常沉重，顾城应该是我们这一代人最重要的几座灯塔之一。我们成长的 20 世纪 80 年代被称为“最后一个大师年代”，那时在中国的文学界有一批非常非常优秀的大师，包括我热爱的王朔、苏童、余华等，那个年代也正是第五代电影导演最勃发、最昂扬向上的时候，这些大师的出现对中国电影有着巨大的推动作用。在中国的整个历史中，有这样一种观点：诗人的伟大才是时代的伟大。中国自古以来的历史几乎从来不重点记录音乐家，但是诗人在每朝每代都要被记录在最为重要的地方，即使是我们上中学时读的那些薄薄的历史课本，也一定会记载每朝每代的诗人，所以诗人出现的高潮实际上在某种程度上也代表着时代的高潮。

我记得在那个时代，我们每一个人的书包里都塞着各种各样的诗选，在这些诗选中排在前三位的诗人永远是北岛、顾城、舒婷，当然后面还有海子，这几位就是当时众多灯塔中最耀眼的几座。我们成长的那个时代也是很幸福的时代，海面上的灯塔明亮至极，在音乐界还有崔健、罗大佑等。我们听着这些音乐、读着这些诗，就会觉得人生应该超越眼前的苟且，应该有更崇高的目标。而到我们中年的时候，虽然海面上的灯塔都熄灭了，但是由于我们的心在年轻的时候曾经被这些灯塔照亮过，所以还始终知道应该向哪个方向游去，基本没有迷茫。

顾城这个人，在我心中的地位是非常崇高的。当然了，每个人的品位不一样，有人喜欢海子的凌厉，有人喜欢北岛的深刻，而大家看我写的歌就会知道，我个人非常喜欢顾城的诗，他的文字是非常漂亮的。应该说如果单纯从文字的角度来讲，顾城在这些诗人中是最好的。我最喜欢顾城的这句诗："小巷，又弯又长，我用一把钥匙，敲着厚厚的墙。"我觉得这句诗的美尽在不言中。当时看到这句诗的时候，我就觉得原来中国字可以用得这么简单，而且如此自然……顾城的文字之美就是极其自然，不光他的诗，还有他的散文，以及他写给谢烨的那些情书，包括他后来写的小说《英儿》。顾城还发出了那一代人振聋发聩的呐喊，就是他那句著名的诗："黑夜给了我黑色的眼睛，我却用它寻找光明。"还有那个时代的女生非常喜欢的一首短诗："你，一会儿看我，一会儿看云。我觉得，你看我时很远，你看云时很近。"顾城不光诗写得好，人长得也帅，大眼睛、双眼皮，非常腼腆，而且头上永远戴着一截裤腿。诗人永远有自己非常怪的那种习惯，顾城就习惯把裤腿剪一截戴在自己脑袋上。

今天本来准备在这儿给大家朗诵一下顾城当年写给谢烨的情书，他的情书写得非常漂亮，但讲讲他们的故事比朗诵漂亮的情书更好。从他俩来往的书信的文字中，你可以清楚地看到，什么样的文字是受过专业训练的，什么样的文字又是浑然天成的。谢烨也是一位诗人，她的文字也写得相当好，但是你能明显地感觉到谢烨的文字是受中国文学训练熏陶出来的，而顾城写出来的东西完全就是天成的，文学作品中常用的顶真、回文、排比都没有，就是那种极其自然的文字。所以看完顾城的作品后经常会长叹一声说，这东西真的是学不来的，上什么中文系，学到博士也没有用，他的文学才能是天生的，那是他的内心对文字的真正的感受，这和唱歌、绘画其实非常相似。

顾城的故事非常悲惨，其实顾城的故事已经不能再叫“故事”，而是应该倒过来说，叫“事故”。顾城来到人间这件事儿本身我觉得就是一个“事故”，诗人来到人间有一个很大的问题，就是诗人必须以最高的温度和速度燃烧自己，去照亮周围的人，然后把自己烧成灰烬。所以大家很少看到长寿的大诗人，包括李白在内，自古以来那些伟大的诗人，都是迅速地绽放、燃烧自己的生命，点亮别人。顾城也是这样。在我心目中，顾城是一个伟大的诗人，而他的故事也和大家看到的西方的萨特和波伏瓦等人的故事非常相像，而且比他们要更悲惨，顾城的故事准确地说是三个人的事故——顾城、谢烨和英儿的“事故”，我就不管这叫“故事”了。

顾城当时以灯塔的方式照亮了那么多人，当然“事故”的女主人公谢烨跟英儿，也都是被他照亮的人之一。顾城非常想用一种理想化的乌托邦的方式去生活，就是离开所有的世俗，离开所有他熟悉的东西，到远方，去过他一直向往的那种生活——离开人世间所有的苟且，去寻找诗和远方。后来他们去了新西兰的一个人迹罕至的荒岛，那里没有工业，没有任何的营生，只有一些在英国活腻了的、想要遁世的人才会跑到那里，这个小岛叫激流岛（也叫怀希基岛），三个人就在那里生活。但是你再躲避世俗的那些苟且，毕竟还要生活，还要考虑到经济问题，还有身份的问题。这些问题纠缠在一起，最终导致了顾城的生活支离破碎。英儿需要身份，一个是她在新西兰的身份，另一个就是她在顾城面前的身份，因为顾城是有太太的，他的太太就是谢烨，而且两人是经历了那么浪漫的爱情才最终在一起的。而谢烨自己也面临着身份的问题，她也觉得这个理想中的世界幻灭了，或者说激流岛其实并不是她的理想，她想去德国这样的地方，过更像正常人一样的生活。其实大部分人都没法儿适应这样的生活，当然很多艺术家年轻的时候，都会对人生充满各种幻想，毕加索也好、顾城也好，都有这样的问题，但是这些幻想很多时候都是不切实际的。

到了最后，所有的一切还是要回归现实。英儿为了拿到新西兰绿卡，要嫁给岛上一个五十多岁的外国人。而谢烨也觉得自己其实应该跟一个更正常的人在一起，她在德国有一个朋友，谢烨和他已经说好了，如果能离开这个小岛就嫁给那个人。那顾城怎么办？了解顾城的人，包括谢烨以及谢烨的那位德国朋友，都跟顾城讲过，要不然你把英儿杀了，然后你自杀，那你的人生就结束了。顾城最后写了一本小说叫《英儿》，这本书我也看过，文笔非常潮湿、美好。而顾城最后的选择却是杀了自己的原配妻子谢烨，然后自杀。当然很多人从正常的世俗和道德观念的角度会给予他无尽的批判，在任何时候漠视他人的生命，我觉得都是不对的，但是如果从一个因为一场“事故”来到人间的诗人的角度去看的话，我还是觉得内心充满了悲怆。

我记得那天的报纸对这个消息的报道，整张报纸只有一个大黑框，上面写着四个字——“诗人死了”。当时我对着那份报纸默默地看了一整天，然后写了一个长达十五分钟的组曲。我这一生写音乐从来没有那么快过，我自己实际上也很少去写那种完全没有技术的，甚至连节奏都没有的，充满了倾诉欲望的音乐。后来这个组曲也收到了我的作品集《青春无悔》当中，这也是我人生中最重要的组曲，一共有三首，分别是《白衣飘飘的年代》《月亮》和《回声》。

这几首组曲发表以后的反响也很好，顾城的母亲还给我打过一个电话，她说：“谢谢你！晓松。感谢今天你还记得他。”我说：“要感谢的是顾城，不是我，是他点亮了我们那个时代。”顾城最后以这样的方式结束了自己的生命，当然历史上很多著名的诗人也都是以不同的方式早早就结束了自己的生命，不管是普希金决斗的方式、裴多菲死于乱军之中的方式，还是顾城的这种方式。我觉得诗人是我们这个世界上非常独特，但是又不可或缺的一类人，因为如果没有了他们，那我们慢慢就会失去很多很多宝贵的情感，最后变得跟动物差不多。所以今天在这里，我怀着很沉重的心情纪念诗人顾城！

| 德国前总理勃兰特去世 |

1992 年的这一天，德国的前总理勃兰特去世。德国历史上有很多很多重要的总理，二战之后的德国比较幸运，接连不断地出现了一批相当优秀的领导人，直到今天，我都觉得德国的领导人在欧洲众多的领导人当中算是最优秀、最理性的。关于勃兰特总理，大家记得最清楚的一幕，就是他到波兰访问，在华沙的犹太人殉难者纪念碑前下跪。这给全世界人民留下了极为深刻的印象。一个民族对另一个民族犯下过罪行，如何面对过往犯下的罪行，我觉得这是很重要的一个问题。德国人为自己的罪行下跪过、道歉过，也尽力地赔偿过，而且全世界人民都能看出来，德国人是在用一种深切自省的方式来赎罪，而不是以敷衍的态度去做这些事儿。所以德国人才是真正勇敢的，这一点远远超过了日本。

德国和日本这两个民族有很多相似的地方，比方说它们的人民都充满了纪律性和献身精神，非常有秩序。但是在人格的独立性和思考的独立性这些相对理性的方面，日本这个民族和德国还是有很大不同的，因为日本人会去狂热地、毫不犹豫地执行下达的命令，不管是对的还是错的，但德国即使在二战前和二战时那段纳粹统治的黑暗时期，在希特勒威望最高的时候，国内包括公务员体系、法官体系等各个系统，还有国防军的将领们，也不像日本人对军国主义者、对天皇绝对地服从那样盲目服从，也就是说，德国人独立思考的精神要比日本人强得多。比如，在二战最后阶段，穷途末路的希特勒下令让德军在各地的司令官炸毁巴黎等一些重要城市，而这些命令最终都没有被执行。德国在历史上也曾经出现过很多伟大的哲学家，它的确是一个能够独立思考的、冷静的、理性的民族，所以至少在这一点上，德国是值得全世界人民尊敬的。

10月9日

《晓松说——历史上的今天》来到了 10 月 9 日。在 1967 年的这一天，革命家切 · 格瓦拉遇害；今天还是关锦鹏导演的生日，关导演生日快乐！

| 革命家切 · 格瓦拉遇害 |

今天对愤怒青年、文艺青年们来说是非常重要的一天，1967 年的今天，他们的偶像革命家切 · 格瓦拉遇害。在这个世界上有大量的愤怒青年、文艺青年，切 · 格瓦拉戴着贝雷帽的那张头像，大家可能都非常熟悉，这张头像曾经被印在全世界无数愤怒青年、文艺青年的胸前，在 20 世纪创下了头像在 T 恤上的印刷量世界第一的纪录。

切 · 格瓦拉的原名并不是切 · 格瓦拉，大家知道，西班牙语的名字特别长，之前我们给大家讲过毕加索的名字就特别长，切 · 格瓦拉名字也很长，但是他后来被叫作“切”。“切”在西班牙语中实际上是一个象声词，或者叫感叹词，我觉得可以直接译成“铿锵”，所以他的名字应该叫“铿锵 · 格瓦拉”，因为他有无数的名言，他有无数的妙语，关于革命的、关于坚持的、关于不投降的、永远要这样那样的，这些都写在各国愤怒青年、摇滚青年的衣服上。

革命家通常分为两类，一类是从社会的底层产生的革命家，大家看农民起义，就是那些处于社会最底层的人，他们深切地感受到这个社会的不公，感受到极度的压迫，然后起来反抗；另一类是一些出身非常好的知识分子，这些人因为出身好，很容易左倾，在学习、思考的过程中，他们的思想逐渐左倾，慢慢地就成了革命家。切·格瓦拉就属于后者，他不但出身好，而且应该算是全世界有史以来出身最好的革命家之一。他出生于中产阶级家庭，当年的家境非常好。切·格瓦拉在大学时是学医的，大家知道在拉美或者在西方，能去学医的人家境一般都是非常好的。他在读大学的过程中还好几次出去旅行，走遍拉美。他曾经写过一本著名的日记，叫《摩托日记》，记录的就是他骑着摩托去旅行的故事，这段经历后来还被拍成了电影。

有关切·格瓦拉的电影有很多，最著名的有两部，一部就是《摩托日记》，另一部就叫《切》。《摩托日记》曾经得过奥斯卡的最佳原创歌曲奖，这部电影当时也是所有摇滚青年必看的，没看过《摩托日记》大家就别聊了，就跟没听过重金属音乐就别聊摇滚一样。《切》是美国好莱坞著名的大导演索德伯格拍的，讲的就是有关切·格瓦拉的故事。我还记得那一年《切》在戛纳首映的时候盛况空前，当时我也去参加戛纳电影节，就是为了去看这部电影。这部电影特别长，在美国上映还分为上、下集，电影演完之后还有余兴派对，大家完全陷入20世纪60年代末70年代初那种左派革命的狂热，当时法国正在兴起五月风暴，美国正在反越战，大家高举旗帜，身上画的都是切·格瓦拉，好像又回到了当年的那个时代。我当时就在那个派对外面，我有《切》的余兴派对的入场券，看完电影以后我就拿着入场券排队想进去，结果一直排到夜里三点半也没进去，因为人实在太多了。

我觉得每个时代都需要偶像，那个时代正好需要切·格瓦拉这样一个反主流的偶像，于是就孕育了这样一个完全被神化、被美化了的人。如果从正面讲，切·格瓦拉确实是一个非常神化的人，可以说他是一个热血的革命家。他的出身这么好，在走遍拉美以后，他深刻地体会到了拉美人民的贫穷以及独裁统治的弊端等。切·格瓦拉对社会不满，然后就到处去参加革命，先到危地马拉去革命，结果被 CIA，也就是美国中央情报局干涉——实际上切·格瓦拉的一生只有一个敌人，就是 CIA。然后切·格瓦拉就又流亡到墨西哥，到墨西哥以后认识了卡斯特罗兄弟，大家知道现在是菲德尔·卡斯特罗的弟弟劳尔·卡斯特罗在执政，当时切·格瓦拉就参加了卡斯特罗兄弟的那个组织，进行了古巴革命。

古巴革命的成功实际上是一次巧合，切·格瓦拉后来的革命为什么没有成功，就是因为他老是靠古巴革命的经验来进行后面的革命。当年古巴革命时有八十二个非常狂热的革命者，他们坐着船出发，然后直接在古巴登陆，登陆后遭到了敌人的伏击，结果只活下来了十二个人，这十二个人后来逃到了山里，其中就包括了卡斯特罗兄弟和切·格瓦拉。他们逃到山里后就开始在山里发动群众，这些游击队员最后冲出了大山，其实打了很少的几仗，就取得了古巴革命的胜利。其中具有决定性的一仗，切就是指挥者之一，他们率领的纵队在圣克拉拉这个地方打败了政府军，占领了哈瓦那，成功夺取政权。古巴革命成功之后，古巴变成了美国最不能容忍的国家，古巴距美国佛罗里达州最南边的基韦斯特岛只有一百五十一公里，可以说就在美国的鼻子底下。顺便说一句，基韦斯特岛也曾经是海明威居住的地方，当然海明威也是一个左翼作家。

古巴革命成功以后，切·格瓦拉为古巴做了很多事情。他原本是阿根廷人，入了古巴籍，负责古巴的外交。做了古巴的外交官之后，他走遍全世界，曾经到苏联和赫鲁晓夫准备签订战略导弹协议。他还到中国见过毛主席，见过周总理。切·格瓦拉曾到全世界几乎所有的革命国家去访问，像捷克等，他蓄着胡子，形象非常好，给人的感觉就是一个革命者，他又受过良好的教育，外交工作做得非常好。那个时候他已经很红了，出现在世界各地的报纸上。他还掌管着古巴的银行，从这里你也可以看出卡斯特罗是多么信任他，所有的钱都掌握在他手里。切·格瓦拉又开始改革古巴经济，其实他并不太懂经济，但是他怀着一腔革命热血，把一切东西都收归国有。

在古巴，切·格瓦拉坐到了非常高的位置，但有一天他突然觉得这好像不是一个革命家应该干的，他要继续革命。他在古巴待不下去了，他的心里永远燃烧着一股火，他要继续去革命。于是切·格瓦拉就给卡斯特罗写了一封诀别信，这封诀别信现在刻在圣克拉拉他墓地上那座特别大的雕像和墓碑后面，信的大意是我要离开古巴了，我要到世界各地去革命，只有革命胜利的理想完成我才会回到古巴。对于切·格瓦拉的离开，卡斯特罗非常痛苦。其实切·格瓦拉不是古巴人，他不太了解古巴，又不懂经济，切·格瓦拉和卡斯特罗在古巴的经济改革、政策等方面其实有很多的分歧。但是卡斯特罗是他的老战友，当年只有十二个人一起干革命，后来在党的全会上卡斯特罗还宣读了切·格瓦拉的信，表示要支持他去革命。

切·格瓦拉离开古巴后先去了非洲的刚果（金），在那里一段时间后，他发现古巴这一套革命游击战术完全不适合刚果现状，而且他那套革命理想在刚果也不太被支持，他觉得没什么意思，就琢磨换个地方去革命。看来看去这个世界到底还有哪儿能去革命呢？后来他发现了拉美国家玻利维亚，当年的拉美始终处在要么是右派集权、军人专制的政府，要么就是左派来回摆动的状态，所以拉美地区是一块悲怆的大地。大家如果有机会去看加西亚·马尔克斯的《百年孤独》，就可以看到拉美国家当年的状况：拉美各个国家都有左派、右派，哥伦比亚也有。切·格瓦拉去了玻利维亚，到玻利维亚以后，他也没得到当地党和游击队多少支持。他始终带着自己的一些信徒，这些信徒来自拉美各个国家，其中还包括一个华人，这个华人来自秘鲁，当年秘鲁有很多亚裔，这个华人一直追随着切·格瓦拉。切·格瓦拉到了玻利维亚以后，其实革命一直没有真的开展起来，他没有发动起当地的群众，始终都是这些信徒、追随者跟着他干。最后他成为一个布道者，带着自己的信徒到处走。

在玻利维亚的时候，美国的CIA一直在追踪他。本来美国的中央情报局并没有插手玻利维亚的革命，因为美国人觉得玻利维亚这个国家既没有石油，又没有资源，什么也没有，根本就没将其放在眼里。后来听说切·格瓦拉去了玻利维亚，CIA立刻警觉起来，于是也派人到了玻利维亚。玻利维亚的政府军本身非常腐败，极不善战，所以切·格瓦拉在那里其实很安全，但CIA一到那儿以后，美国特种部队和玻利维亚两个陆军师合成的突击营就开始专门追踪切·格瓦拉。最后在切·格瓦拉的队伍中出了一个叛徒，这个叛徒把他出卖了，切·格瓦拉被捕了。据说当时美国人想把切·格瓦拉弄到巴拿马，也就是美国的属地去审判，让全世界看看我美国抓住了切·格瓦拉，这太厉害了。但玻利维亚政府坚决不干，因为玻利维亚太怕切·格瓦拉了，说万一这人跑了，或者到哪儿去再做一场演讲什么的，这可受不了，于是直接把他在玻利维亚处决了，并向媒体短暂展示遗体，当时这可是世界性的大新闻。

20世纪60年代末正是摇滚最兴盛的时候，切·格瓦拉被捕以后，传出了各种各样的豪言壮语，这些豪言壮语极大地激励了全世界的摇滚青年和左派青年，所以才会引起那么大的反响。他作为一个追求理想、追求信仰、反主流的最大的偶像，至今也无人超越，但实际上他有些被神化了。大家认真看切·格瓦拉的历史，并不全是正面的东西，一个人总是有两面的，我们唯物主义的辩证法就认为任何东西都有其两面性，切·格瓦拉当然也是，你说他到底是一个热血的革命家还是一个冷血的屠夫呢？你要说他是个屠夫也没有问题，因为革命必然伴随着很多暴力，在战斗中必然会有杀戮。在古巴革命成功以后，切·格瓦拉第一个被委任的职务并不是外交官，而是去做当时最大的监狱的检察长，这个监狱就是关押政治犯的。在掌管这个监狱时，切·格瓦拉几乎不执行任何审判的程序，基本就是屠杀，在一年多的时间里，把这些犯人全杀了。据考证，当时光妇女就杀了几百人，而且那些妇女真的是特别无辜的，其中还包括孕妇。切·格瓦拉以看杀人为乐，他自己的办公室建在监狱的二楼，他要求别人把他办公室外面的墙打掉，这样可以直接看到外面行刑的地方。从这方面看他就是一个冷血的屠夫。所以你说他到底是一个热血的革命家呢，还是一个冷血的屠夫呢？我觉得在需要革命的年代、需要偶像的年代可以捧出这样的一个偶像，但是到今天，当全世界人民走向和平，全世界人民反对任何反人类的罪行的时候，我觉得一个屠夫不应该再被歌颂。

| 香港女性电影导演的杰出代表关锦鹏生日 |

今天是关锦鹏导演的生日，生日快乐！咱们不讲女明星的出生年月日，每次一讲男导演我就特别高兴，关导演比我大一轮多，生于1957年，还战斗在第一线。关导演监制了票房和口碑双丰收的《致我们终将逝去的青春》，可见导演的艺术生命是非常长的！在香港这样一个南洋文化非常昌盛，尤其男权文化非常昌盛的地方，女性在电影中的地位并不高，大家可以看到大量的香港导演都是以拍男性为主，包括吴宇森导演、徐克导演等。在香港导演的群体中，能拍女性电影，非常细腻地刻画女性形象的是非常非常少的，除了两位女性导演——许鞍华导演和张婉婷导演以外，男性导演当中关锦鹏导演是首屈一指的。关锦鹏导演在众多的男性导演中应该算是一枝独秀，他拍的那些刻画女性的电影，最著名的有《胭脂扣》《红玫瑰白玫瑰》《阮玲玉》等，还有另外一种类型的电影《蓝宇》，这些都是关导演非常重要的作品。我也一直在筹备拍一部描写女性形象的电影，比如林徽因，等拍摄时我可能也要请关导演来做监制。关导演是香港女性电影的杰出代表，关导演生日快乐！

10月10日

《晓松说——历史上的今天》来到了 10 月 10 日。今天是辛亥革命爆发的日子，这个全中国人民都记得；今天也是梅艳芳的生日，“梅姑”生日快乐！

| 辛亥革命爆发 |

1911 年 10 月 10 日爆发的辛亥革命，是对近现代中国影响最深远的事件之一。关于辛亥革命，我们的历史课本中有详尽的描述，大量的影视作品也有涉及，成龙主演的电影《辛亥革命》很多观众都非常熟悉，所以大家对整个辛亥革命的过程、影响都耳熟能详。今天就跟大家分享其中的一点点细节，这些细节并没有被写进历史书，但其实在波澜壮阔的历史当中，许多人的命运以及一些细节，才真正地代表那个时代中国的样子。

先来讲讲在历史书中一直不太被提及的黎元洪在辛亥革命中所起的作用。历史对黎元洪的描写当然都是对的，他确实在辛亥革命的时候手刃过士兵。当时他是反动军官，本来已经躲起来了，穿了便装，但他还是被强行拉出来参加了这次行动。黎元洪当时是协统，也就是旅长，这实际上是在武汉的新军中能找到的最高级别的指挥官了。黎元洪应该是北洋水师学堂科班出身，而且参加过甲午战争，当时他是一艘著名的军舰“广甲”号上面的一个小军官。“广甲”号后来被敌人击沉了，但黎元洪表现得还比较英勇，在日军击沉“广甲”号之后，他自己跳海，最后逃了回来，他后来一路都走得比较顺利。新军当时最强大的就是北边袁世凯的北洋军和南边张之洞的这支新军。张之洞一直比较欣赏黎元洪，所以黎元洪就跟着他一直做到协统。在辛亥革命刚爆发时，黎元洪确实是像我们历史书中所描述的那样躲了起来，这些都没有异议。但是他最后还是被拉出来了，一开始他先扛了一阵子，说我不当，结果别人非要让他当，然后他说那就当吧。据说人家还替他签了字，签了个“黎”，所以他也没办法。然后别人又以他的名义发电报，他也没办法，但是他一直都不说话。直到有一天他看到机会来了，他毕竟是老官僚、老军人出身，当看到武汉三镇人民踊跃参军，各个阶层的人都支持革命，就突然觉得这事儿好像有点儿意思，自己人生的机会又来了。他确实是个机会主义者，但是机会主义者对革命的成功也起了重大的作用。

如果当时武昌起义由革命党领袖来领导，孙文也好，黄兴也好，那我觉得结果会不一样，因为他们是怀着革命理想的，是不会妥协的。但是当时革命的力量实在是太弱小，武昌起义当中的那些革命领导人都是由连、排级干部组成的，一没经验，二没威望，最后才找到了黎元洪。黎元洪作为一个机会主义者，作为一个老官僚，在整个革命中确实起了很重要的作用，稳定住了局势。为什么他能稳定住局势呢？就是因为他了解其他省的那些军官，知道那些官僚都是怎么想的，知道人心向哪边去。据说黎元洪当时还利用了一个重要的东西，就是设在武昌的一个国库的中转库，西南地区的大部分税收的中转都是在武昌。大家知道当时的国库中存有很多银子，黎元洪敏锐地发现利用这个库就能稳定住局面。所以他每天就干一件事儿，就是上午给各省发电报，下午汇款。电报发给各个省的巡抚或者军官，说你独立吧，你支持我们吧，我们团结起来，等等。他知道只要各个省都独立了，哪怕有十几个省开始独立，那这个革命就不会失败。于是他就大撒银两，把当时在武汉中转国库的大量银子汇给各个省，只要你独立，就给你汇钱，这样做相当程度上促成了各省的独立。

大家知道在整个辛亥革命的过程中流血是很少的，就是武昌起义时流了一点儿血，在山西的时候流了一点儿血。当时是山西的新军阎锡山包围了山西巡抚，山西巡抚就是我外婆的爷爷陆钟琦，陆钟琦也是在辛亥革命中被杀的唯一的地方大员。当时陆钟琦其实已经打算要独立了，结果还没有来得及行动，就被新军阎锡山包围了，后来阎锡山独立成了山西的头儿。当时江苏的巡抚程德全直接把辫子一剪就宣布独立了，咱也甭等着被新军杀了，先当都督得了。于是程德全摇身一变，从江苏巡抚变成了江苏都督。程德全还干了一件特别可笑的事儿，他觉得既然革命，那总得破坏点儿什么吧，什么都不破坏，这怎么能叫革命呢？于是他就拿着棍子，把他们家房上的那两片瓦给打碎了，说这是革命。

扬州的革命更可笑，那时扬州是水运以及盐商等的重镇，扬州当时也有总督、巡抚等。扬州的巡抚、总督都没想好怎么革命，革命党就开始“革命了”！可见当时孙中山领导的革命党进行了这么多年的革命，已经深入人心，最后扬州总督跳墙跑了，巡抚投河自尽了，扬州就这样光复了。然后扬州的那些士绅大佬就一齐到革命军的指挥部去，跪下说，欢迎革命党来，扬州人民支持革命，请发安民告示。革命可以啊，我们可以剪辫子，但是不要乱。革命党一看，好啊，那就发安民告示吧。扬州就这么光复了。

当时全国各地都爆发了革命，武昌起义是由连、排军官发动的，其中黎元洪起了很重要的作用，但从整个大局看，还是以孙中山为首的，包括黄兴等，这一批革命党人，这么多年坚持不懈地宣传、起义，起到了最重要的作用。在黄花岗起义失败之后，大家就总结经验，说我们不能总在广东起义，广东不是中国的中心地带，新军、大的帮会都不在这里。最后革命党决定到长江流域去发展革命力量，因为长江流域有大量的码头，有码头的地方就有帮会，新军当中大量的士兵就是帮会成员。革命党当时联络了很多帮会，包括帮会在新军中的人，动员其加入革命党，这一切都促成了最后武昌起义的成功。

武昌起义爆发时孙先生并不在场，据各种记载说，孙先生当时正在美国的一家中餐馆里刷盘子。对于这个细节其实我做过调查，我去了孙中山当年住的地方，孙先生当年生活得还不错，住在一间相当不错的公寓里，而且我也问过周围的人，孙先生当时确实没有穷到要去餐馆刷盘子。当然了，孙先生是不是刷过盘子不重要，后来还是孙先生回国，革命党才开始控制住局面。所以可以说武昌起义打响了辛亥革命的第一枪。

我再讲一个小细节，从这里大家也可以看到整个国家那种心向革命的状态。我的母校清华大学就是在1911年辛亥革命这一年成立的，而且就在辛亥革命之前，刚刚通过考试招来了第一批学生，其中就包括后来成为清华国学研究院主任的吴宓，他是清华的第一届学生。清华大学当时的名字叫清华学堂，是留美预备学校。在吴宓的回忆录中有特别有意思的记载，他说当时考进了留美预备学堂，准备好好地读八年书，到那儿学生食堂也开伙了，每顿饭四菜四汤，还有米饭馒头，宿舍的条件也好，正准备开始好好学习，结果突然就被遣散退学了。学生们在辛亥革命爆发后立刻分成两派，革命热情高涨的那一派马上南下了，剩下的那些人还在商量怎么办。最后校方给学生每人发了二十块大洋，先把大家遣散了。二十块大洋在那时候是一个非常大的数目了，可见清华多有钱。这些在吴宓先生的回忆录里都写得很清楚。后来直到辛亥革命彻底成功，清帝退位，革命的浪潮平息，第一届学生才开始入学。

这些革命时期的小细节我觉得很有意思，从这些细节中我们能看到，当时革命为什么能成功。它不是偶然的，不是放了几枪、用了一些什么计策就能成功，而是大势所趋。

| 风华绝代梅艳芳生日 |

下面来说一下梅艳芳，在这里先祝“梅姑”生日快乐！虽然她已经离开我们十来年了，但是我觉得像梅艳芳这样一位风华绝代的优秀女艺人，是香港黄金时代最重要的标志之一，我们还是在她生日的时候纪念她吧，不要在她的忌日再去纪念。

梅艳芳去世那天，我记得我特别难过，因为那个年代也是香港的黄金时代，大家都看香港电影，唱粤语歌，看着那些杰出的艺人，在属于他们的舞台上光芒四射。而反过来再看今天大量的年轻一代艺人，虽然可能也有很高的知名度、很多的粉丝，但是往舞台上一站，跟张国荣、梅艳芳这些人是完全没办法相比的。所以张国荣和梅艳芳先后离开我们的时候，我就跟周围的人说，我觉得香港最美好的黄金年代随着他们两位的去世已经逝去。他们两位还联袂出演了关锦鹏导演的著名电影《胭脂扣》，昨天我们正好讲到。《胭脂扣》里讲了很多他们两人所饰演的角色的前世今生的故事，想不到最后就像电影一样，两位先后去了天国。

Today

今日

in History

10月12日

《晓松说——历史上的今天》来到了 10 月 12 日。1492 年的这一天，哥伦布航海到达巴哈马；1997 年的这一天，美国著名的乡村民谣歌手约翰 · 丹佛去世。

| 哥伦布航海到达巴哈马 |

1492 年 10 月 12 日，哥伦布航海到达了美洲的巴哈马群岛。1776 年美利坚合众国建国，到 1792 年时，美国正式把这一天定为“哥伦布日”。“哥伦布日”是美国为数不多的用人名命名的全国性假日，这个日子就是用来纪念发现美洲的哥伦布的。当然除了全国性的假日，美国各州都有自己特定的假日，像东部爱尔兰人多的地方，就有什么圣帕特里克节之类的假日。

哥伦布第一个到达了巴哈马群岛，第一个发现了美洲大陆，但是他当时坚持认为这个地方是印度，所以就把这里的人都称为“印第安人”。咱们中文的翻译也很有意思，这“印第安人”跟“印度人”其实在英语中是同一个词 Indian，只不过我们翻译的时候，美国那儿叫“印第安人”，真正的印度那里叫“印度人”。这两个词只有靠语境来区别，因为在美国也有很多印度人，尤其是硅谷有很多的印度籍工程师，又有很多印第安人，那你说他到底是印度人还是印第安人呢？这时你就得靠上下文来判断，比如说，他来自印第安的保留地，那他就是印第安人。哥伦布在到达巴哈马群岛以后，就管这块美洲大陆叫印度。后来有一个叫 Amerigo Vespucci（阿梅里戈·韦斯普奇）的意大利学者，他在亲自参加了对南美海岸的考察之后发现这地儿不是印度，应该是一块新发现的大陆。按说这块新大陆是哥伦布发现的，本来应该叫“哥伦布”，美国这个国家就应该叫“哥伦布国”。但就是因为哥伦布一开始弄错了，后人就把这块大陆仿照 Amerigo 的名字命名为 America，所以这地方就被称为“美利坚合众国”，也就是“美国”，比那个什么“哥国”要好听一些，比较美的一个国。

讲到这儿的时候我多说一句，就是美国语文课本中关于哥伦布的记述很有意思。美国语文课本的内容和我们的不一样，我们每个年级的语文课本当中都分别包含古文和今文，而美国不是，美国的中学语文课本就从他们最早的文学历史开始讲述，一直讲到现在，完全按照历史的顺序来讲文学。美国最早的印第安人并没有什么文字，于是最早的记述就是从哥伦布发现新大陆开始的，所以美国中学语文课本的第一课就是哥伦布的《巴巴多斯日记》。在这篇日记中，哥伦布把巴巴多斯描写得特别好，黄金遍地，到处都是美好的东西。但是课后的讨论题特别有意思，说这篇文章其实是哥伦布在吹牛，因为他的日记是给他的赞助商看的，那请你把他吹牛的地方找出来；然后假设你是当时参加哥伦布航海的一个海员，请你重新写一遍《巴巴多斯日记》，告诉大家一个真实的巴巴多斯。大家看，这就是美国中学的教育，我觉得很有意思，首先告诉你即使是这么伟大的哥伦布，他也会说谎，所以大家从小就要锻炼独立思考的能力，不能人云亦云，不能随大流，不能说他是伟人，他的话咱们就要信，这是非常非常好的教育。美国中学语文课本的第二课讲我们从哪儿来，这一课讲的就是印第安人的各种神话、故事，也特别有意思。

| 美国乡村民谣歌手约翰·丹佛去世 |

1997 年这一天，应该说是迄今为止美国乡村音乐最大的大腕儿约翰·丹佛去世。约翰·丹佛的乡村民谣《乡村之路带我回家》可以说是家喻户晓，中国人民也非常熟悉。除此之外，约翰·丹佛还有无数著名的歌，像《高高的落基山》等。邓小平 1979 年第一次访美的时候，就由约翰·丹佛为邓小平演唱了这首《高高的落基山》，代表美国人民欢迎邓小平。约翰·丹佛还曾到北京来开过演唱会。他来北京演出的时候我去现场看了，但是整个演出现场才坐了不到半场，我觉得好伤感。

在这里纪念约翰·丹佛！

10月13日

《晓松说——历史上的今天》来到了 10 月 13 日。1987 年的这一天，新中国恢复了当铺；1994 年的这一天，日本乒乓球选手小山智丽击败中国选手邓亚萍，获得广岛亚运会冠军；1941 年的这一天，著名音乐大师保罗 · 西蒙出生；1942 年的这一天，中国佛学大师弘一法师去世。

| 新中国恢复当铺 |

1987 年的这一天，新中国恢复了当铺，这个很有意思。典当可以说是人类古老的行当之一，而且是人们最需要的行当之一，因为谁生活中都难免遇到突发的事儿，但谁也不能一遇到急事儿就把东西卖了，否则回头等急事儿过去了，东西全没了。所以当铺是个非常非常好的行当，你可以先把东西当出去，等事情过去有钱了再把东西赎回来，可以帮助人们应个急。所以当铺不像银行，当铺比较适合紧急小额用钱，如果到银行贷款，那得申请半天，查这个查那个，可能急事儿都过去了，银行的钱还没有贷出来。而当铺就简单得多，你进去把东西给人家，然后把钱拿走，赶快拿钱把事儿办了，等过两天钱缓过来再把东西赎出来，所以全世界所有国家都有当铺。

中国从南北朝的时候就开始有当铺了，中国最早的当铺也很有意思，这当铺居然是寺庙先开的。按理说这寺庙应该是块净土，佛说“戒贪、嗔、痴”，但那时候的寺庙竟然都想着挣钱的事儿，让人觉得不可思议。在南北朝的时候，中国的佛教已经非常兴盛，当时的寺庙也都非常富有，大家看到今天保存下来的最好的佛头、佛像都是北齐的。南北朝时期每个庙都有大量的庙产，一帮农民成了它的佃户，在那儿替它种地，然后庙里的和尚就“白吃白喝”。中国的佛教徒开始吃素也是从那时候开始的，其实佛原本并没有说要你吃素，佛说，你托钵去化缘，敲开了门，施主给什么你吃什么。施主给你一鸡腿，你不能说你不要给我鸡腿，你必须给我炒个豆腐，这就完全违背了佛的本意。佛讲的是随遇而安，不贪、不挑食。但是到了梁武帝时，他认为食肉就是杀生，而经书里规定“戒杀生”，这些佛教人士就觉得咱好像有点儿离佛太远了吧，咱现在这么富有，人家农民给咱种着地，咱还吃着山珍海味，这个不太好，于是说那我们就吃素吧，这样我们也可以表明一下，虽然我们那么富有，有那么多地，但我们对自己还是要求比较严格的。但是，当时他们挣了那么多钱，钱挣来了还想再多挣点儿，所以说脑子还是没有用在佛教上，于是就在庙里开了好多当铺，因为当铺是很挣钱的。大家知道其实越短期的、越小额的钱，利息越高；越长期的、大额的钱，利息越低。所以这个当铺相当于短期高利贷，你拿东西去抵押，当铺是肯定不会赔钱的，这个东西值十块，当铺可能只给你三块钱，他不会说你这东西值十块钱，我给你八块钱，那不可能，因为你万一没钱往回赎，我这当铺就亏了，这当铺亏了哪儿能行。

当时的当铺已经火到了什么程度呢？大家可能都想不到，那时候的皇上梁武帝竟然把自己都当了。梁武帝是佛的大粉丝，他特别喜欢佛，于是赐给了寺庙很多钱和地产，所以南北朝的时候寺庙才那么富有。梁武帝当时非常支持这些庙搞当铺，他甚至把自己都当在当铺里，然后群臣就都跑到当铺里来说，皇上您把自己当了，这事儿怎么办呀？皇上说，那你们来赎我呀，你们拿一万万钱来赎我，我一开始就跟当铺说我值一万万钱。大家谁敢说这皇帝不值一万万钱？碰上这么一个皇帝也没办法，只好拿一万万钱去当铺里赎他。

可是没过多久，这皇帝一高兴就又把自己给当在庙里头了，然后大臣们又得去赎他，其实这也是皇上在变相地给当铺钱，梁武帝用这个办法给庙里捐了很多钱。

不过在南北朝的时候也确实出现过皇上没钱去找当铺的事情，当然这不是梁武帝了。我听说南北朝的时候有各种各样的小国，各国之间经常打仗，打仗打得国家没钱了，皇上就去找当铺，把东西押给当铺，借钱再去打仗。可见当铺对推动历史还是起了很大的作用，而且还救了很多人。鲁迅先生在他著名的小说《呐喊》的自序中就写道："我有四年多，曾经常常，——几乎是每天，出入于质铺和药店里，年纪可是忘却了，总之是药店的柜台正和我一样高，质铺的是比我高一倍，我从一倍高的柜台外送上衣服或首饰去，在侮蔑里接了钱，再到一样高的柜台上给我久病的父亲去买药。"从他的描述中大家就知道当时当铺的柜台特别高，为什么那么高呢？因为怕人抢劫。大家知道当铺里不光有钱，还有很多很多被典当的东西，所以柜台就做得特别高。大家看过电影里的当铺，都安着铁栏杆，柜台特高，门也都特别严实。镜头中总会有一个人特别阴险地坐在那儿打着算盘，当铺负责干这个事儿的叫"朝奉"，这个"朝奉"一般在前边，后面还会有一个大腕儿在那儿坐着，民间管这个后边的大腕儿叫"老法师"。因为朝奉只是给你这东西估个价，谈谈这东西值多少多少钱，朝奉有时候会看不准，你拿一个大东西来，一看是贡品或者一个古董，这个东西到底值多少钱朝奉也拿不准，那这时候后面的老法师就会出来看看，鉴定一下这东西到底值多少钱。

刚才我们说这个梁武帝曾经直接把自己给押在当铺里，除了梁武帝之外，我记得当年程咬金也有一回要把自己当了。程咬金到了当铺就说："我要给我妈看病，你看我值多少钱，把我押在这儿。"这朝奉说："我们押的都是东西，而且这东西上得盖章，得有些标记，你这一大活人我没办法弄。"结果程咬金说："那你弄一标记印我耳朵上。"朝奉一看，这纯粹是来找事儿的，也别招你了，我干脆给你点儿钱，你去给你妈看病吧。当年毛泽东要从长沙到上海开中共一大，他手里没钱，也曾经拿着一块镀金怀表到长沙的当铺里当，拿到钱以后才来到上海，所以当铺对中国革命来讲也很重要。还有当年邓小平勤工俭学到法国留学，小平同志特别喜欢看足球，他为了看一场足球还去当铺当过一件衣服，这件衣服当了五法郎，小平同志用这五法郎买了一张票看了足球。

开当铺是个非常赚钱的生意，南北朝的时候最先是和尚开始开当铺，后来大家觉得这东西挣钱，于是就有各种各样的人去开当铺，最后连皇上都开了当铺。后来的当铺就分成了“皇当”，就是皇上开的当铺，还有“官当”，各种当官的，尤其是封疆大吏开的当铺，以及“民当”。当年曾国藩当总督时也开过当铺，当然他不是为了自己挣钱，而是为了给湘军筹措经费；张之洞也曾将大笔资金存入典当放款收利。水浒好汉卢俊义也是开当铺的，《水浒传》里就曾经描述，他吃了饭，晌午坐在那儿看伙计们怎么把物品做各种各样的清点等，除了那个富二代柴大官人柴进之外，《水浒传》中最有钱的就算是卢俊义了。当年的和珅据说也曾经开过七十五家当铺，还有四十多个银号，这银号就相当于银行。我还听说和珅最后被抄家的时候，有五百八十万两黄金、近千万两银子，其他财宝不计其数，和珅差不多能排进世界有史以来的首富的前十名，可见这个当铺也是挺挣钱的。当铺是非常有意思的，我拍电影，拍过客栈，拍过镖局，再往下就该拍当铺了，当铺的故事也能拍好几十集电视剧。

| 小山智丽在广岛亚运会上击败邓亚萍 |

1994 年的这一天，日本乒乓球运动员小山智丽在广岛亚运会上击败了中国的邓亚萍，获得女乒冠军。年轻人大概都不知道我为什么要把这段历史拿出来讲。中国乒乓球运动员在亚运会、奥运会上得的冠军太多了，为什么要讲讲广岛亚运会的这块金牌呢？这里面还有别的原因。这位日本运动员小山智丽就是原中国著名国手何智丽，因为她嫁给了一个叫小山的日本人，后来改名为小山智丽，并且加入了日本籍。小山智丽在广岛亚运会上代表日本人出战，并且赢了中国运动员邓亚萍，这在当时引发了巨大的争议，骂她卖国的也有，骂她这个那个的都有。尤其是她加入的是日本籍，如果加入的是澳大利亚籍，那打赢了中国人可能大家的怒气还稍微小点儿，就是因为她去了日本，嫁给了日本人，所以引起的争议非常大。

小山智丽在和邓亚萍打这场比赛时，她还充满着怨气，小山智丽当年其实并不只是为了美好的生活或者说为了爱情才嫁给了日本人，其实她是在赌气，所以这场比赛也不是以友谊为第一，打完以后双方拥抱拥抱，并不是这样的。何智丽可以说是怀着非常非常愤怒的情绪在打这场比赛，对于当时的境况她自己后来也亲口讲过很多。当然我们在那个时代，举国体制下搞体育确实存在这样的问题，在中国的乒乓球选手各个都极其强大的情况下，拿出来哪位选手其实都能得冠军，那究竟让谁夺冠最后就变成了由领导来安排，当时对于这一点何智丽就非常抵触。何智丽是上海人，她的性格比较刚烈，她就不同意领导的安排，我比她打得好，为什么要把冠军让给她啊？于是领导批评她，结果她就负气离开国家队，嫁给了日本人，代表日本人去打。那场球打得非常激烈，邓亚萍那时也处在如日中天的时代，何智丽咬紧牙关，完全是那种拼了的状态。因为她不光是要打球，更是在赌自己人生的一口气，她就是要争这个冠军。最后何智丽赢了邓亚萍，得了金牌。

这件事儿在国内有很多的争议。但是我个人认为，任何一个人在这个世界上，都有用脚投票的权利，大家都可以选择自己的生活方式，这是每一个人都不能被剥夺的权利。人家怎么选择自己的人生都跟你没关系，我觉得去骂别人汉奸这个那个的完全没有意义。

| 美国音乐大师保罗・西蒙出生 |

1941 年这一天，我最最敬爱的美国音乐家之一——保罗・西蒙出生。今天保罗・西蒙已经七十多岁了，比我父亲的年龄还大，但他依然在开演唱会，依然活跃在舞台上，从这一点也可以看出美国人对音乐是多么热爱，中国很少有七十多岁的歌唱家还在上台唱歌。保罗・西蒙的歌，大家应该是耳熟能详了，尤其是著名电影《毕业生》当中的那几首插曲。其中有一首叫《斯卡布罗集市》，我上大一的时候就是唱这首歌获得了清华大学歌唱比赛第一名。《沉默之声》也是《毕业生》中的插曲。《毕业生》是一部特别特别好的电影，大家有机会去看看，听听保罗・西蒙的那些歌，非常美好。当年保罗・西蒙是跟一个叫加芬克尔的组成了一个乐队，乐队的名字就叫 Simon & Garfunkel。他们两人上台以后演出效果特别好。保罗·西蒙的歌到今天已经被翻唱过无数次，所以大家可能听过很多个版本。他的歌词和旋律在美国的词曲作者当中都是极其好的，因为大家知道一般歌词写得好的都是英国人，但是保罗·西蒙的歌词也写得非常好。

| 佛学大师弘一法师去世 |

1942 年的今天，李叔同大师去世。李叔同大师就是我们大家都熟悉的弘一法师，我们从小就唱一首歌，叫“长亭外，古道边，芳草碧连天”，这首歌原是美国人作曲，由李叔同填词。当时看到“长亭外，古道边”这么优美的文字，尤其最后“一壶浊酒尽余欢，今宵别梦寒”，觉得李叔同好有才，这词写得太好了，甚至比徐志摩的诗写得还好。后来又知道了弘一法师，再后来我才发现原来是同一个人，再看李叔同传记的时候，才知道弘一法师原来就是李叔同出家以后起的号。李叔同是一个极少见的全才，他曾经留学日本，他的画画得特别好，他的音乐造诣也很深，文学以及其他各方面的水平都极高，在杭州的时候，李叔同为中国的教育事业也做了很多贡献。李叔同长得还很帅，年轻的时候风流倜傥。所以人太帅了也有问题，像我就不会出家，我觉得我还得努力干好多事儿，而有的人太帅了，风流倜傥之后，就突然会觉得人生寂寥，没什么意思，所以特别有才华的人经常会想不通，然后就出家了。

不过有才华的人到哪儿都会是大师，弘一法师那是真真正正的佛学大师，这并不是因为他之前是李叔同才成为大师，而是因为弘一法师为宗教做出了巨大的贡献，他到处云游、讲经，他对佛的理解、对经的理解，完全达到了佛教界顶级大师的水平。弘一法师在佛教中的宗派是律宗，我个人觉得禅宗挺有意思，当然我不是对佛教不敬，我觉得禅宗就是不用念经，只要思考就好了，而律宗在佛教的所有宗派当中是最严格的，它必须持所有的戒，所以弘一法师对自己的要求非常严格。

我记得曾看到过弘一法师的墓碑，上面写着“悲欣交集”，这是他手书的字，也是他最后圆寂的时候说的几个字。弘一法师圆寂的时候是大师级的圆寂，他坐在那儿最后说“悲欣交集”，然后就闭目而逝。这是修行极高的高僧才能做到的，就是准时准点在那里坐化。

纪念弘一法师！

10月14日

《晓松说——历史上的今天》来到了 10 月 14 日。1066 年的这一天，诺曼底公爵威廉率领的法国军队击败英国军队，英格兰国王哈罗德二世战死；1944 年的这一天，隆美尔服毒自尽；1969 年的这一天，窦唯出生，生日快乐！

| 诺曼底公爵率法国军队击败英国 |

先说 1066 年的今天，诺曼底公爵率领军队在黑斯廷斯战役中击败了英格兰国王哈罗德二世，哈罗德二世在这一天战死。黑斯廷斯战役并不是一场普通的战役，这相当于一场灭国级战役，诺曼底公爵因此成了英格兰的国王。从此以后，诺曼底家族一直统治着英格兰许多年。欧洲的历史，尤其是贵族统治的历史，可以说是极其复杂的，只有他们自己能明白这个血统的来龙去脉，别人很难搞清楚。他们的孩子生下来以后要背二百多个名字，要清楚这二百多人之间是什么关系，这个人是我表哥，那个人是我表姐，非常复杂。诺曼底公爵在黑斯廷斯战役取胜后当上了英格兰国王，但他有着法国血统，维多利亚女王又嫁给了一个德国血统的贵族，这关系复杂极了。应该这么说，全欧洲除了东欧、东南欧的一两个小国，像克罗地亚，其他大国的贵族基本上全是嫡亲，有机会大家去研究一下这个问题，挺有意思。

除了血统的影响之外，欧洲另外一件很有意思的事情就是领土对各个国家的影响。大家有时间可以去研究一下欧洲的历史，这历史是非常复杂的，欧洲的地图一天到晚地在变。这欧洲不像我们中国，中国的版图基本上变化不大，只是有时候上面稍微大一点儿，有时候上面小一点儿，来来去去就这点儿变化。而欧洲当年可以说是全乱了，因为他们是真正的封建社会，这块领地是我的，我嫁给你了，那这块领地就当嫁妆跟着一起划给我了。我到那儿去把你征服了，当上了国王，然后就把我的领地也带过来了。后来英国和法国因为领土的问题打了好长时间，其实这块领土就是当年诺曼底公爵带过来的，后来法国不干了，要把这块领土要回来，英国说不行，这是我的，于是两边开始打，这战争来来去去一直打了上百年。所以欧洲的历史是非常非常复杂的，我每次看这段历史的时候都觉得非常混乱。

在这儿给大家讲讲和语言有关的事情。就是因为这个诺曼底公爵征服了英格兰，成为英格兰国王，所以才有大量的法语词汇被带到了英国，而且之后很长时间英国宫廷也都说法语，再后来整个欧洲的宫廷都在说法语，包括俄国宫廷也说法语。大家都觉得法语才是高级的，法语成为当时所有上流社会贵族的共同用语，如果不会说法语，那就别说你是贵族。所以大家看到英语当中有大量的法语词汇，我觉得快有三分之一是法语词汇了。

英国人最早使用的词汇中连饭馆和厕所都没有，在英国饭馆叫 restaurant，厕所叫 toilet，这些都是来源于法语词汇。到美国以后，美国人把英语改良了很多，美国的厕所叫 restroom。高级的东西，什么政府、皇家啊，等等，这些词英国都没有，像政府 government、皇家 royal、国家 state、议会 parliament 等这些词都源于法语。贵族的称号英国也没有，英国最初只有三个称号，就是国王 King、女王 Queen 和伯爵 Earl，英国那时候土得只有一个 King 跟一个 Queen 坐在皇宫里，其他的啥都没有。后来法国人来了，才把它弄成了体系，才有了 Duke 公爵，诺曼底公爵本人就是一 Duke，然后有了 Prince 王子，这些词也都是源于法语。此外还包括和宗教信仰有关的一大批词汇，像 religion 宗教、angel

天使、sin 罪恶、sacrifice 牺牲、miracle 奇迹等都是法语词汇；还有与法律相关的词汇，包括 law 法律、justice 公平、judge 法官、court 法庭，也全部都是法语词汇。

英国原有的词汇永远是最土最土的词汇，动物的名字是英文词，但是它变成上桌的菜就是法语词，像猪肉是 pork，牛肉是 beef。各种各样的高级东西，包括音乐在内等都是法语。每次英国人跟法国人稍微一来劲，法国人就说："谢谢您，您这没文化的就别跟我们聊了，您连语言用的都是我们的。"就跟我们以前老说日本用的都是我们的汉字一样。当然了，英国也好，日本也好，都在原来语言的基础上做了很多改良，很多词的意思都不太一样了，但是英语很多词的根源确实是法语。

|"沙漠之狐"隆美尔服毒自尽|

下面我们再来说一下"沙漠之狐"隆美尔。1944 年的今天，德国陆军元帅隆美尔服毒自尽。二战期间全世界可以说是将星如云，如果说当时有哪些世界人民都知道的如雷贯耳的大将的话，那德军将领隆美尔必是其中一个。当然，因为美国后来胜利了，天天宣传自己，所以大家会知道美军的什么麦克阿瑟将军、艾森豪威尔将军等，尤其是巴顿，觉得巴顿将军似乎是世界无敌的将领。实际上要真从战略及战术的角度来讲，美军并没有什么将领能跟德军相比，因为美军本身的实力太强大了，根本就没有什么机会能让这些将领发挥，巴顿将军率领着那么强大的军队像推土机一样扫过去，走到哪里都是战无不胜，根本就用不着指挥什么，所以也就看不出巴顿打过什么漂亮仗。当然如果有可能换个位，换成由巴顿将军率领德军，面临东、西两线，那巴顿也有可能打出更漂亮的仗。但就是因为美军太强大，而且美国整个战术用的就是火力轰炸，也不搞那些复杂的战术，用飞机全部炸平，然后拿炮弹轰，轰完以后再用坦克轧，全轧毁以后，大家再偷偷摸摸抱着枪杀出来，所以也显不出美军将领的水平来。我的外公外婆在二战期间都在德国，我听他们讲过，说当时美军到德国以后就开始轰炸，轰了好几天，终于有一天炮停了，一看美军偷偷摸摸地出来了，东看看西看看，其实啥也没有，德军早就都撤了，所以巴顿将军没机会打什么漂亮仗。

德军在战争中始终要做到的就是以弱胜强、以少胜多，在二战的后半程尤其显著。面对东线，德军的数量没苏联军队多，在北非没英国军队多，在西线那更别比了，好几百万的英美军队冲了上来。德军在三线都是采取以少胜多的方式，或者说以少防多的方式在打仗，所以德军当中涌现出了大量的勇猛的将士，包括很多优秀的飞行员。大家知道美军的王牌飞行员也就顶多击落五架敌机，那没有办法，因为美军的飞机太多了，飞行员也太多了，敌机就那么多，分都分不过来，击落五架敌机在美国就叫王牌飞行员了。而德国的王牌飞行员中前三名击落的敌机都在三百架以上，因为德军本来就飞机少，飞行员也少，所以一个飞行员打落三百多架战机也很正常。

德国二战当中最重要的陆军将领就是三位，我个人觉得这三位要是排序的话，首先应该是曼施泰因，然后是古德里安，再就是隆美尔。曼施泰因是大帅，而且指挥的都是大战役，在西线和东线曼施泰因都曾经指挥过很多战役，尤其在东线打过很多不错的仗。大家知道南线其实没什么好打的，跟一帮被称为“猪一样的队友”的意大利军队来防守；而西线就是英美飞机、大炮一通炸，也没什么战略可言；只有在东线打得好的战役才是世界陆军战史上最重要的战役，人类历史上陆战的所有的招式在这儿全都用上了。曼施泰因在东线指挥过克里木战役、哈尔科夫战役等，从战争角度来说，哈尔科夫战役打得尤其不错。在斯大林格勒战役之后，整个南线洞开，苏军可以直驱罗马尼亚，这时德军以区区两个集团军的兵力，挡住了潮水一般的苏军，在中间穿插、包围，最终歼灭了苏军，收复了哈尔科夫。

隆美尔最早任德军第七坦克师师长，这个师非常厉害，被敌人称作“魔鬼师”。第七坦克师当年一路进军攻打法国，第一个冲到海边，非常英勇，当时统帅部都不让继续前进了，隆美尔依然率部队继续向前冲。在北非打的时候，隆美尔也曾率兵孤军深入沙漠地区上千里，当时连意大利统帅部都不让他继续打了，而隆美尔说，不行，我要打，我曾经从这一带的沙漠上空飞过。像托卜鲁克这些战场，就是一望无际的沙漠，你只有千里跃进，才能获得新的基地，才能获得新的补给……从隆美尔在战争中的表现可以看出，他并不是像曼施泰因这样的强大的帅才，应该说他是一个将才，他就是指挥一支部队使劲儿打，往前冲，这是他最厉害的地方。

在1944年的今天，隆美尔被希特勒赐死，我们在7月20日的时候讲过七二〇刺杀希特勒事件，其实大家并不喜欢希特勒，也不想听他的指挥，但是作为军人，命令还是要服从的，要服从命令去打仗。希特勒所提出的什么种族灭绝、什么屠杀，以及带领德国疯狂地挑战全世界，最后把德国民族毁灭，这些都是国防军的将领不同意的，但是德国人就是这样，有的时候即使我不同意你的观点，也要坚决执行你的命令，这些德国将领的仗打得也还是一如既往的漂亮。大家知道“冯”姓在德国是贵族的姓氏，这些“冯”姓的军事贵族，像冯・曼施泰因、冯・龙德施泰特等根本就看不起希特勒，觉得这希特勒就是一下士，说德语还带着奥地利口音，所以他们从总参谋长到陆军总司令等一直在不停地抵抗希特勒的很多东西。但是希特勒命大，最后刺杀希特勒的行动失败了，大批的德军高级将领被抓起来施以绞刑或被枪毙。当时还在打仗，隆美尔因为太有名，在法军和英军中都有很大的影响力，“魔鬼师”是法国人给他的部队起的名字，“沙漠之狐”是英国人给他起的名字，这要是把隆美尔给绞死了，那对全军的士气、对德国在整个世界的威信都会有巨大的影响。

当时隆美尔在法国从前线返回指挥部的途中遭到盟军的飞机轰炸受了伤，这时候希特勒派人给隆美尔送来了毒药，说摆在你面前的就两条路，要么你自杀，我们保证以你病死的方式举行国葬，而且你的老婆、孩子以及所有的家属都可以拿到陆军元帅的抚恤金；要是你不自杀，那军事法庭就会审判你，然后绞死你，你就什么都没有了。对于德国的那些高级将领来说，当然是荣誉胜过生命，隆美尔毫不犹豫地选择了前者，于是服毒自杀了。德国也确实为隆美尔举行了国葬，而且是冯・龙德施泰特老元帅亲自主持了葬礼，对隆美尔的战功也大肆宣传。

“一代战神”隆美尔就这样陨落了。战后实际上很多德国国防军的高级将领并没有受到多严厉的惩罚，因为他们并不同意种族灭绝大屠杀，国防军那边也没有参与过屠杀活动，参与屠杀的都是党卫军，也就是纳粹党的那些党棍，再加上国防军还刺杀过希特勒，如果隆美尔能熬到战后，可能就不会承担多么严重的罪责。但是隆美尔并没有熬到那一天，曼施泰因熬到了那一天，后来曼施泰因还写过回忆录《失去的胜利》，但隆美尔没有写下任何东西，不过当年隆美尔有写日记的习惯，后来有大量的隆美尔日记流传于世。

| 纯粹的音乐人窦唯生日 |

今天是窦唯的生日，窦唯是一个纯粹的音乐家，一个脱离了低级趣味的音乐家，一个非常纯粹的人。窦唯是我在音乐圈里几十年来最最喜欢的人之一，他也是整个行业或者叫整个社会当中没有被时代改变的人之一。大家知道没有被这个时代改变的人其实是极少极少的，窦唯其实是个特例，他在成名之后，仍然继续甘于清贫，继续做小众音乐，而且做得非常好。我在写剧本的时候一般都会去听窦唯的音乐，他的歌其实也有变化，到后来他的歌词越来越少，慢慢你就会觉得歌词其实对音乐本身是有伤害的。音乐的很多东西其实是抽象而辽阔的，歌词一加进来，它就具象化了，就有了一个特别具体的指向，反而把音乐的辽阔性给收窄了，所以很多著名的音乐家写的歌都是歌词慢慢地越来越少。

我很喜欢窦唯的音乐，像《山河水》《窗外》等。我和窦唯每年也就见上一面，每次他都是坐在北京后海烟袋斜街的一个茶馆外面。他的生活非常清贫，但是他自己觉得这都无所谓，他一直都是过这样的生活。当时大家都去挣钱，尤其是我，但窦唯不是，他也不乱花钱，也不酗酒，就坐在那儿弄一壶酒，见面以后就是几句简单的寒暄，问候一下还好吧，还好，那就完了。他也不爱说话，说话还有点儿结巴，不过他唱歌不结巴，特好。而且他也没有什么话要跟你说，你也没有什么跟他说，因为很多情况下不需要语言，用音乐表达就足够了，他不需要跟世界倾诉什么。他就是这样一个人，非常淡泊，非常纯粹。正是因为有他们这些人在，我才觉得这个行业还能叫音乐圈，不然的话就只能叫娱乐圈了。

小窦生日快乐！

10月15日

《晓松说——历史上的今天》来到了10月15日。1917年的这一天，20世纪最著名的美女间谍玛塔·哈丽被处决；1984年的今天，美籍作家江南被刺身亡；1993年的今天，曼德拉和德克勒克共同获得诺贝尔和平奖；今天是马云的生日，马云大哥生日快乐！

| 美女间谍玛塔·哈丽被处决 |

在各种各样的影视作品、文学作品中经常会出现各种女间谍，女间谍是一个重要的商业元素，只要拍女间谍的片子通常就会很卖座。20世纪世界上有著名的十大美女间谍，玛塔·哈丽就是一战中最著名的美女间谍。通常著名的女间谍可以分为两种，一种是她做的事儿特别大，轰动世界；还有一种是她在做间谍前本来就有名，也就是说一个著名的女人去当了女间谍，所以就成了著名女间谍。我还因此开过玩笑，我说著名导演也有两种，一种是拍出了伟大的作品；还有一种是这个人本来有点儿名，结果他也去当导演了，比如我，也叫著名导演，但是并没拍过什么特别好的作品。

玛塔·哈丽就属于后一种著名间谍，她在战前就已经蜚声欧洲。那个时候的巴黎以及整个欧洲都没有今天这么开放，那时刚开始有人跳脱衣舞，这就已经很神奇了。玛塔·哈丽不但跳脱衣舞，而且人长得漂亮，所以轰动世界。玛塔·哈丽是一个大美女，她爸爸是荷兰人，她妈妈是印度尼西亚的爪哇人，印度尼西亚当时是荷兰的殖民地，所以玛塔·哈丽是一位欧亚混血大美女。她长着黑头发，皮肤像亚洲人一样好，身材像欧洲人一样婀娜。玛塔·哈丽幼年非常不幸，后来婚姻也不顺利，儿子又被人毒死，等等，在经历过一系列不幸之后就来到巴黎，跳起了脱衣舞。玛塔·哈丽长得漂亮，舞又跳得非常好，于是蜚声世界。全世界的人都跑到巴黎来看玛塔·哈丽跳舞，我觉得巴黎有可能连旅游收入都增长了，巴黎的娱乐业也因此变得特别有名。

大家知道欧洲上流社会一直有这种传统，就是舞女通常也会是交际花，大家看过《茶花女》等，里面都描述了这样的人物。玛塔·哈丽当时也是和上流社会的各种人接触，再加上自己离了婚，孩子也死了，所以她没有任何的顾忌，跟上流社会的人打得火热。一战之前欧洲的上流社会实际上就是军官的社会，这些军事贵族，法国姓德的，德国姓冯的……基本上造就了欧洲的上流社会，差不多到二战以后，欧洲的军事贵族才彻底土崩瓦解。玛塔·哈丽实际上在一战之前就跟这些德、法的高级军官混得很好。一战开战的时候，玛塔·哈丽正好在德国演出，德国的情报机关一看这个女人在巴黎那么红，认识那么多上流社会的人，于是直接就在德国发展她做间谍。开始给她两万法郎，后来据说又给了她很多钱，有人说德国情报机关总共给了她超过二百万美元的巨款。玛塔·哈丽做舞女跳脱衣舞是为了生活，混进上流社会是为了过更好的生活，现在既然有人给这么多钱，那做间谍也无妨，于是玛塔·哈丽回到巴黎，为德军窃取了很多情报。大家知道一战当中有很多重大战役，其中德军和法军之间的马恩河战役就是一战初期的一场重要战役。这场战役中，玛塔·哈丽窃取了法军的情报，掌握了法军突击的要点，她把这些情报交给了德国人，以至于德国人在重要的地区做了最准确的防守。据说因为她的情报，在这场战役中多死了几万法军，所以她对法国犯下了滔天罪行，虽然不能叫“法奸”，因为她是荷兰人，但她确实是间谍。

后来，她又被法国情报机关给发展成了法国间谍，这样玛塔·哈丽就当了双重间谍，她既给德国提供法国的情报，又给法国提供德国的情报。直到有一次她在西班牙巡演的时候，被德国情报机关出卖了，德国情报机关可能是觉得她没用了，或者发现了她的双重间谍身份，就准备处罚她。德国人想既然你是双重间谍，那就让法国人处死你吧。所以德国人当时就用了一个诡计，德国情报机关明知道电报的电码能够被法国和英国破译，于是他们就发出了一封电报，说有一个重要的间谍叫 H21，她现在马上要回巴黎，钱已经准备好，要支付她一万五千法郎……这封电报在发出以后立即就被法国情报机关截获了，这时玛塔·哈丽也正好接到德国的命令让她马上回巴黎。所以这两件事儿放在一起，法国人才明白原来玛塔·哈丽仍然是德国的间谍，仍然在执行德国的命令，于是玛塔·哈丽回到巴黎后马上就被法国人抓了起来。

其实在玛塔·哈丽被抓以后，她本来可以申辩，因为她是双重间谍，她完全可以辩解说我也为法国做了贡献，等等。但自古红颜薄命，这永远就是命，玛塔·哈丽在审判时正好碰上了一个家庭非常不幸、非常痛恨女人的法国旧式贵族法官。这位法国老贵族法官对她当然早有耳闻，一看这样的风流女子，就已经非常生气，再加上他痛恨女人，痛恨间谍，最后玛塔·哈丽被判处了死刑。关于玛塔·哈丽的死也有很多种说法，有人说她临死前说了一句特别幽默的话，当时有十二个人一起举枪，在法语里“franc”是子弹的意思，也是法郎的意思，她最后笑着说：“这是第一次有人愿意出十二法郎要我的身体。”总而言之，在各种各样的传说中她都是那种视死如归、非常洒脱的样子。在 1917 年这一天，20 世纪最重要的美女间谍之一玛塔·哈丽被处决。但是在以后的历史当中，包括在法国在荷兰，貌似都有以她名字命名的博物馆，还有以她名字命名的小说、电影，等等，总之经常会出现她的名字，所以女间谍的传说是永远不朽的。

正好今天说到美丽女间谍，在这儿也顺便说说我们中国的两位最著名的女间谍，一位是川岛芳子，她的名字如雷贯耳；再有一位就是李安导演的《色·戒》中王佳芝的原型郑苹如，现在也开始被大家熟悉。应该说，川岛芳子和郑苹如有几个特别像的地方，首先就是她俩都长得非常漂亮，她们都是民国时期的大美女，很多人都觉得她们应该当影星。其次这两人都跟日本有很深的渊源，川岛芳子姓爱新觉罗，是前清肃亲王的第十四个女儿，所以实际上川岛芳子是格格，但她曾被日本人收养；郑苹如的父亲是国民党元老，在日本留学的时候，他娶了一位日本有贵族血统的女士，这位日本女士后来跟着他回到中国，生了郑苹如。川岛芳子和郑苹如都非常美丽，而且都是贵族血统，这两个人生下来就在上流社会里，但两个人选择了完全不同的道路，当然这种选择的原因还是民族问题。

其实你并不能说川岛芳子是“汉奸”，因为她不是汉人，她姓爱新觉罗，从她的角度来说，她觉得自己做的所有事情都是对的。因为她觉得我想恢复清朝，我想恢复我们爱新觉罗家族，我是前清遗少，那我找日本人帮忙，我干这事儿根本就没错。而郑苹如走上了完全不同的一条道路，郑苹如虽然是日本人的女儿，还能说一口非常流利的英语，但是她实际上是非常爱中国的。在七七事变之前，郑苹如还登上了当时上海最大的画报——《良友》画报，成为封面女郎，这说明郑苹如当时在上海，包括在日本的社交圈中非常非常受欢迎。郑苹如不像川岛芳子，川岛芳子曾经跟各种各样的人发生关系，一开始为了恢复清朝，川岛芳子不但投靠日本，还嫁给了一个蒙古贵族，因为她需要蒙古人来帮她。后来川岛芳子对婚姻感到非常绝望，还逃过婚，很不幸，总之她是那种比较疯狂的女人。郑苹如是一个非常传统的女人，她虽然身处上流社会，但她不是交际花，她也不会随便跟别人在一起，而且她是一个非常爱国的传统女性。在郑苹如十九岁的时候，抗日战争爆发，她毫不犹豫地加入中统。郑苹如和整个上流社会都有广泛的交际，她还认识当时的日本首相近卫文麿的两个儿子，而且近卫文麿的一个儿子还追求她，完全陷入了情网。郑苹如当时向中统建议说，我干脆把近卫文麿的儿子绑架了得了，用他可以威胁日本。当然中统还是老谋深算的，说这个不可以，首相在日本人眼里并不重要，日本人主要是信天皇。

后来中统就派郑苹如刺杀丁默邨，丁默邨原来是军统的一个处长，后来叛变成了汪伪政权一个重要的特务头子。在真实的历史中，郑苹如跟丁默邨是师生关系，她原来在上海上学时，所在中学的校长就是丁默邨，所以郑苹如就设计了一个“公车偶遇”的事件，在公车上师生相遇。丁默邨本身就是一个很“花”的人，两人在车上聊得很好，然后一来二去地就开始约会。后来郑苹如去皮货店买皮货，刺杀丁默邨，结果狙击手在刺杀时失手，丁默邨跑了，这都是真实的历史。其实这个时候，郑苹如还是安全的，虽然丁默邨跑了，但丁默邨还是挺爱她的，也没想把她怎么样。但郑苹如属于那种非常坚定的爱国者，接受了任务就必须要完成，最后她带了把手枪去了汪伪政权在上海的特务总部七十六号，准备孤身刺杀丁默邨。结果她一去就被抓了起来。郑苹如被抓住以后，丁默邨其实都没想弄死她，只想把她关一阵子再放了，因为丁默邨相当爱她，她不是交际花，她是很清纯的女人。但是这时候在汪伪政权中还有一位跟丁默邨发生过很多次矛盾的特务头子叫李士群，李士群秘密地把郑苹如关在一个地方，这个地方连丁默邨都不知道。丁默邨的老婆知道这件事儿以后非常吃醋，他就跟丁默邨的老婆商量，说一定要把郑苹如处决了，这个人绝对不能留下。

在郑苹如被处决之前，汪精卫的老婆陈璧君还亲自去劝过她，说你就投靠日伪吧，郑苹如坚决不从。不但郑苹如不从，令人感动的还有郑苹如的父亲。她父亲也是国民党的元老，郑苹如被抓住以后，汪伪政权还用郑苹如作为人质去威胁她的父亲，说你女儿在我们手里，你如果出来当汪伪政权司法部长，那我们就放了你女儿。最后郑苹如的父亲严词拒绝，说我死也不当汉奸，坚决不当汉奸。这跟我之前说过的同样娶了日本老婆的周作人留在北京当汉奸是完全不同的风格，所以郑家父女都是国之栋梁。最后郑苹如被秘密地处决了。

郑苹如在被处决之前的举动也很让人感动，她不是在那儿高喊口号，而是和一直看押她并要执行处决任务的青年军官说，与君相处数日也实有缘，如果君愿意带我走，我现在就跟你走；如果君不愿意带我走，请勿击我的面部，坏我容貌。这时候，人还是有求生的欲望，而且希望保留她的容貌，因为她毕竟是个年轻女孩嘛，牺牲的时候才二十三岁。其实我觉得那也是特别真实的、流露出人的本性的一种做法，最后那个军官都没敢正眼看她，因为她确实非常美，指挥卫兵直接打了三枪。郑苹如血洒中国大地，非常值得中国人怀念！当时她确实也背负了很多骂名，因为没有人知道她是间谍，大家都以为她投靠汪伪政权，被人骂成“婊子”，到了后来大家才发现原来她是个英雄。

跟郑苹如出身近似的川岛芳子，因为一心要恢复他们爱新觉罗家族的地位，和郑苹如走上了一条完全不同的路，虽然不能叫“汉奸”，但可以说是“满奸”，完全成了中华民族的败类。川岛芳子参与了当时日本人干的各种各样的“大事儿”，皇姑屯事件她参与了，九一八事变她参与了，还有一·二八事变。川岛芳子还挂了一个司令的军职，组织了各种亡命徒替日本去打仗，像什么刺杀队等，基本上属于丧心病狂的类型。川岛芳子仇恨中国，仇恨中国人，抗战胜利后，像她这样的汉奸、女间谍是一定要被处决的，在 1947 年的时候川岛芳子被判处死刑后，于次年被处决。

| 美籍作家江南被刺身亡 |

我们首先说一下 1984 年美籍华裔作家江南被刺。现在的年轻人对这个事件可能不太了解，这是当年轰动世界的大案，对整个世界产生了极为深远的影响，甚至一直持续到今天。当时台湾还处在白色恐怖时期，从 1949 年开始台湾就一直处在“戒严”状态，即“戒严戡乱时期”。这个时期实际上完全是军事独裁，军事法庭可以不经过任何手续就把人抓起来进行审判。当然最初确实是战乱环境逼得蒋氏父子在台湾采取这种独裁高压的手段的，后来一直延续了几十年，在这种高压统治下，文人通常是很倒霉的，李敖当年被抓起来坐了牢，作家江南也捅了大马蜂窝，因为江南写了一本传记，就是《蒋经国传》。大家知道凡是独裁者，其实都准备自己立传，别人给自己写的传记是根本看不上的，因为他也知道自己不是什么好东西，干了很多坏事儿，所以别人来写传的时候，蒋经国当然就被激怒了。其实到今天为止，关于刺杀江南，也没有证据说明究竟是蒋经国下的命令，还是情报机关下的命令，但是大众普遍认为就是蒋经国亲自下的命令，或者至少是经过了他同意，不然的话谁去干这种事儿呢？江南被刺身亡，这件事儿对蒋经国当然是不利的，因为江南写了《蒋经国传》，大家肯定会认为这事儿得罪了蒋经国，蒋经国当然脱不了干系。

1949 年蒋介石跑到台湾以后，他就不太信任之前跟着他的那些军统、中统等，他觉得就是这些老人丢了大陆，就把那些老将都晾到了一边。据说当时胡宗南到了台湾都没有人理，全家人挤在一间小屋里，夏天天气很热，屋子里连个电扇都没有，非常可怜。蒋介石到台湾以后开始着力培养新的势力，搞了个“中央改造委员会”，这个改造委员会权力很大，意图改造党、改造台湾等等。“中央改造委员会”有个二组，和黑社会的关系非常好。

这时候要去刺杀江南，黑社会当然就派上用场了，而且是由“竹联帮”的帮主亲自出马。“竹联帮”的帮主叫陈启礼，这个人在台湾非常有名，你问起一些政客的名字，可能台湾人不知道，可你要是提到陈启礼，那可是家喻户晓、尽人皆知。“竹联帮”的总瓢把子大哥大亲自指挥带队到美国，在江南的寓所附近，三枪就把江南打死了。黑帮毕竟不是真正的特工、间谍，他们行事不密，刺杀江南之后很快就被美国政府的调查机构查到了。大家知道，刺杀美国公民这是美国政府不能容忍的，而且还是台湾的情治机关专门派人到美国本土来，刺杀了美国公民，这还了得？美国政府立刻就炸了，要求全球追查。当时陈启礼还把“情报局”局长如何交代他杀害江南的过程等细节以自述的方式录在一盘带子上，将其留在美国，他可能就是想让美国知道他上面是有人指使的，然后也是给自己一个交代。

总而言之，刺杀江南事件在美国掀起了轩然大波，最后是尽人皆知，闹到这种地步这事儿也就没什么余地了，台湾当局也只好对所有涉案人员进行审判，最后“情报局”的局长、副局长、第三处副处长等全都被抓了起来，判了有期徒刑。这些人其实最后在监狱里顶多待了六年半就都出来了，假释了就没事儿了，当时台湾当局还准许一些人在家服刑，这在全世界都很少见。就是在监狱里服刑的也受到了很多优待，有些人出来以后还在电视上特别高兴地跟人说，我在里边还能用电磁炉，可以煮龙虾，还可以抽烟……所有这些蛛丝马迹连在一起，你一想就能知道，如果不是老大蒋经国本人授命去刺杀江南，那这些人最后怎么能受到这样的优待？要是这帮人背着台湾当局去干这事儿，蒋经国一定会狠狠地处分这些人，因为这严重影响了“美台关系”。1984 年前后正是中国大陆和美国的“蜜月期”，是中美关系最好的时期，因为冷战时期美国要利用中国大陆对抗苏联。那时候本来台湾跟美国的关系就不太好，如果真是这帮黑社会的人背着蒋经国去杀什么美籍作家，直接影响“美台关系”，那以蒋家父子的性格，怎么可能优待那些人，让你在家坐牢，还让你煮龙虾？根本就不可能，肯定会直接毙了你。所以这些细节也说明蒋经国对这事儿是心知肚明的，你们就是替我背黑锅的，所以才会对这些人这么优待。当时蒋经国的儿子蒋孝武还想让蒋经国和这事儿脱掉干系，为此还伪造了录音带，让这些黑帮说这刺杀的命令是蒋孝武下的。蒋孝武还因此被贬到外国去，任“台湾国民党政权驻新加坡商务代表团副代表”，就相当于“外放”。在蒋经国死之前，蒋孝武一直没在台湾。大家想想当时蒋孝武怎么能下这个命令？这命令肯定是蒋经国下的。

江南刺杀案可以说对台湾产生了深远的影响，蒋家的残暴统治极大地震撼了全世界，当时已经不是1949年、1950年，也不是1960年，那时已经到了1984年，全世界已经进入了民主时代，连西班牙、韩国都进入了民主社会，这个世界正在浩浩荡荡地向前进。在这个时候，台湾竟然还能干出杀作家这种事情，而且还是美籍作家，所以这件事儿当时极大地震撼了全世界，也震撼了台湾。后来国民党逐步改良的这条路基本上就断掉了，因为这种行为一旦暴露出来，你自己的形象就太黑了，所以国民党在台湾从那时起就开始走下坡路了。即使后来蒋经国做了很多让步，台湾人民还是步步紧逼，最后导致了国民党下台。到今天为止，国民党还是要背着这个政治的债，背着这口大黑锅。1984年刺杀江南这件事情，对整个台湾的政治、对国民党未来的影响一直延续到今天。

这次的刺杀事件应该是除了一些极端组织以外，全世界最后一个由当权者出面去杀害一个作家的极端事件。纳粹也好，拉美的一些军事独裁政府也好，都有可能去做这样的事情，但是到了20世纪80年代，再由当权者出面去杀作家、去杀知识分子，这真的是震撼全人类的一件事情。

丨曼德拉、德克勒克共获诺贝尔和平奖丨

下面再来说说1993年的今天，曼德拉、德克勒克共同获得诺贝尔和平奖，这是世界和平发展的巨大进步。南非在1991年之前一直都在实施种族隔离制度，在曼德拉和他领导的党，以及全体南非黑人、全世界的进步力量坚持不懈的努力下，20世纪90年代初，南非终于举行了黑人第一次真正有选举权的全民大选。这次大选是南非在顶着巨大的压力下进行的，当时由于南非的种族隔离，全世界的国家都不跟南非建交，都要制裁南非，这次大选的举行让南非人民看到了民主和和平发展的曙光。

在这次大选当中，曼德拉当选新南非总统。曼德拉这个人非常伟大，他不

是一个复仇主义者，也不是一个狭隘的人，这也是现在全世界人民都那么爱戴曼德拉的原因。之前曼德拉在监狱中被关了二十七年，今天他终于翻身当了总统，如果他是个狭隘的人，那就一定会好好清算别人之前欠下的账。如果当年曼德拉走上了复仇和清算这条路，那南非就不是今天的南非，他也不会得诺贝尔和平奖了。令人佩服的是，曼德拉上台以后，采取了极为宽容的政策，白人、黑人以及所有的种族都是南非的公民，大家一律平等。而且曼德拉是一位非常高瞻远瞩的政治家，大家知道政治家这个头衔不是随便能装在谁头上的，不是哪个政客往那儿一坐就是政治家，政治家是有远大的理想和广阔的胸怀，并且有主义的人，只有这样的人才能称其为政治家，曼德拉就是这样的杰出政治家。

和曼德拉共获诺贝尔和平奖的南非迄今为止最后一任白人总统德克勒克，也是废除种族隔离制度的推手，他们两位都是高瞻远瞩的政治家。如果德克勒克继续推行种族隔离政策，也就没有南非的今天，最后在德克勒克妥协、曼德拉妥协、大家一起妥协的前提下，才举行了南非全国人民的大选。到今天为止，南非依然是个繁荣富强的国家，南非的白人、黑人都能和平相处。南非虽然地处非洲，但实际上是一个发达国家。原来很多非洲国家都是白人的殖民地，由白人来统治，导致了种族隔离，等黑人翻身后开始报复白人，于是进入无休止的战乱状态。南非旁边有一个国家叫津巴布韦，津巴布韦就是这样，一开始白人统治，后来黑人开始抢劫白人的牧场，开始杀白人，结果导致整个国家经济发展一塌糊涂，老百姓痛苦不堪。所以对于一个国家来讲，一定要消除种族歧视，大家和平共处，才能共同发展这个国家。曼德拉、德克勒克共同获得诺贝尔和平奖，那确实是实至名归。

| 马云生日 |

今天是马云的生日。马云 1964 年出生，比我大五岁，每当想到这个我就很高兴，但是又一想，五年以后甚至十年以后我也追不上马云。马云的阿里巴巴，准确地说应该叫马云管理的阿里巴巴公司，2014 年在美国上市，创下世界有史以来IPO（首次公开募股）公司最大市值的纪录。这可真算是“中国之光”，咱们不能说一提到钱就是拜金主义，确实一个国家能出现如此伟大的企业，上市能达到两千多亿美元的市值，首日市值就超出Facebook的市值，太厉害了。严格来说，阿里巴巴不是一家中国的公司，应该说它是立足中国，由中国人管理的公司，因为它当时最大的股东是软银，其次是雅虎，软银也不是中国的公司。以马云为首的十几个创始人团队算是第三大股东。不过通常大家还是认为这个公司创业的时候在什么地方，业务在什么地方，那就是什么地方的公司。所以阿里巴巴的上市震惊了世界，全世界都说这家千亿美元市值的中国公司创造了奇迹。

马云不但创下IPO公司最大市值的纪录，他的整个体系给中国创造的就业机会也是惊人的，这个数字我虽然没有具体仔细算过，但那一定是非常庞大的。大家想想光在淘宝上开店就养活了多少人，物流和快递养活了多少人，这一切都是因为马云的淘宝，因为他的阿里巴巴公司，因为他的支付宝。中国的快递业因为淘宝一跃成为中国最最赚钱而且最最强大的行业之一。有则新闻大家可能看过，就是说现在中国的快递公司强大到什么程度，到全世界的飞机市场上扫货，甭管是新的、旧的还是二手的，一律扫走，全都买回来，预订都等不及。我猜中国至少有上千万个就业岗位是和马云有关的，所以伟大的马云是非常值得尊敬的。

我认识马云已经有很多年了，当年我在搜狐做艺术总监的时候，马云在杭州搞“西湖论剑”，北京几乎所有大互联网公司都会去参加。马云在论坛上一会儿评论这个、一会儿评论那个，当时我还在想，人家搜狐、新浪和网易这些互联网公司都上市了，你马云的阿里巴巴到今天都没上市，其实你不如人家这三家公司，还由你来做东？我当时还稍微有点儿矫情，所以说我不是一个好的商人，没有那么准确的判断力。但是从那个时候起我就一直认为马云是一个知识分子，我觉得由知识分子来做这么惊天动地的大事情，对这个国家、这个民族都有很大的好处。我们那一代人接受的教育就是，长大了要纵横四海，要改造国家，只有这样的理想才是真正崇高的理想，而不是你挣多少钱，所以我觉得像马云这样的人，未来还会对这个国家、对这个民族做出非常杰出的贡献。

马云是长得很浓缩的一个人，有一次我们一起喝酒喝大了，大家说脱上衣，然后一脱上衣，我那么胖，他那么瘦，坐在一块儿实在是太不和谐了。但是就那么小的身子板，他却给中国创造了上千万的就业机会，给世界创造了有史以来市值最大的 IPO 公司。

马云大哥生日快乐！

10月16日

《晓松说——历史上的今天》来到了10月16日。今天有两件大事儿震撼世界，一是1964年的这一天，中国第一颗原子弹爆炸成功；另一件是1973年的这一天，震撼世界的第一次石油危机爆发。还有就是公元690年的这一天，武则天登基；1959年的这一天，美国五星上将马歇尔逝世。

| 中国第一颗原子弹爆炸成功 |

1964年的这一天，中国的第一颗原子弹爆炸成功，这不但震撼了世界，而且极大地鼓舞了中国人民的士气。原子弹爆炸成功大涨了中国人的士气，中国人民的“争气弹”终于搞出来了。

大家知道1964年的时候，中国刚刚经历了最最艰难的三年自然灾害，经历了大饥荒。当时陈毅元帅说，我们就是当裤子，也要把原子弹搞出来。这一天我们的原子弹真的搞出来了。当时那么多国家都想搞原子弹，但这可不是光有决心就可以搞出来的东西，你必须得有足够的实力，还必须得有大批的人才。

所以当时那些从海外归国的人才、爱国者，我觉得特别值得在这儿说一说，像郭永怀、邓稼先、钱学森等，他们在美国都已经是非常非常杰出的科学家了，做出了非常大的成就，但他们都怀着对祖国的热爱回到了一穷二白的中国。当时著名的科学家还有杨振宁，杨振宁就没有选择回国，不过这也无可厚非，因为不同的人有不同的人生选择。

这些海外的科学家回国以后，有很多感人的细节。我们后来好像对邓稼先的宣传更多，其实郭永怀对成功爆炸原子弹起到的作用一点儿也不亚于邓稼先。那一代知识分子非常值得尊敬。他们为了祖国的原子弹事业，深入西北的大沙漠，那里的环境极其艰苦，条件很差，甚至连他们的老婆都不知道他们在干什么，但就是在如此艰苦的条件下，中国人最后搞出了自己的原子弹，震撼了世界。中国有了原子弹，确实对国防、国家安全等各方面，甚至对平衡当时的世界局势，都起到了重大的作用。

| 第四次中东战争引发石油危机 |

再说另一件震撼世界的事情，就是第一次石油危机的爆发。我们曾经讲过1973年的第四次中东战争，这也是二战后最大规模的一次双方都使用现代化武器的现代战争。刚过了一个礼拜，也就是1973年10月16日，震惊世界的石油危机就爆发了。第四次中东战争是所有的阿拉伯国家都团结起来，一起跟以色列干，大家是有钱的出钱，有力的出力，总共有二十多个阿拉伯国家，有几个国家出兵，那些没有出兵的阿拉伯国家手里也有一个重要的武器，那就是石油。我前面讲过，在第四次中东战争爆发以后，美国拼命支持以色列，其实不光是美国，西方很多国家也跟着美国支持以色列，因为美国是老大。在这种情况下，所有的阿拉伯国家团结一致，我们这些阿拉伯国家今天就跟你们拼了。于是这些阿拉伯国家拿出了石油武器，很多国家激进到当即停止对美国出口石油，然后就是大家一起涨价。其实有些国家跟美国的关系本来还不错，但是以色列的问题就是阿拉伯国家最最根本的问题，耶路撒冷就是最最根本的问题，所以在这种情况下，像阿联酋、沙特等跟美国关系比较好的国家都毫不犹豫地决定一起涨价，油价就从三美元变成了十一美元，相当于现在油价是一百美元，一天之内突然变成四百美元，大家想想那是什么感觉。

阿拉伯国家的这一举动立即震惊了全世界，美国人全傻了，整个欧洲也都傻了。美国老百姓也没有办法，因为永远是全体美国人民替犹太人埋单，其实美国人民并没有得罪阿拉伯世界，而是美国的犹太人控制了美国的经济、控制了美国的媒体，进而控制了美国的政治。所以国会也好，总统也好，他们都得听犹太人的。犹太人让你支持以色列你就得支持，不然不给你钱，媒体不报道你，你根本选不上总统、当不上议员，最后为了犹太人的利益，你就得支持以色列。这样做的结果就是美国得罪了全体阿拉伯国家，最后全体美国人得埋单，油价涨了三倍，美国人一下子全傻了，那没办法，只能是美国人民一起勒紧裤腰带。油价暴涨马上导致的后果就是美国大量的工厂关闭，美国当时的工业产值下降了 14%。因为油价的影响，美国全国上下不得不一起省油，连尼克松总统都亲自下令降低总统专机的飞行速度，周末旅行时护航的飞机也不要了，供给国防部的油也一下少了一半，必须节省着用。还有白宫顶上、联合国大厦周围的灯也限时关闭，都是为了省油、省电。

当时除了美国，世界上其他强大的工业国家也都跟着倒霉，欧洲国家和日本都受到了影响。其实当时日本并没有干什么得罪阿拉伯世界的事儿，但因为全世界油价都涨了，那大家就都要跟着遭殃，日本当年的工业产值也下降了 20%。当时中国的工业还没有那么强大，要搁今天油价涨三倍，第一受损失的就是中国，因为今天的中国是世界第一大石油进口国。日本虽然工业产值下降了，但是日本从这次危机中捞到了另外一桶金。大家知道，原来美国人都开那种大排量的皮卡车，因为以前油便宜，三美元一桶，七桶相当于一吨。可是突然油价涨了，美国人开不起大排量的车了，大家就都换那种小排量的车。结果日本车正好是小排量，这时候全派上了用场，所以在这次石油危机之后，包括后来的第二次、第三次石油危机，都极大地提高了日本车在美国的销量。今天大家去美国看看，街上差不多有一半都是日本车，所以日本自己虽然也受了损失，工业产值下降，却因此打开了美国的汽车市场，这就是“蝴蝶效应”。

在这次石油危机之后，美国就意识到了石油的重要性，于是开始坚定地推行《戴维营协议》，让埃及和以色列和解。大家知道，以色列这个国家的民族永远怀着那种狂热的爱国主义情结，以色列的犹太人永远要为国家而战，而这些阿拉伯国家的穆斯林也特别狂热，所以以色列和阿拉伯国家之间常年战争不断。当时犹太人打到耶路撒冷哭墙后，跪地痛哭，这是我的祖国，两千年前我们就在这儿……于是阿拉伯人说，你两千年都不来，这里都是我的地方了，现在你突然来要把这个地方抢走，这里——耶路撒冷也是我的圣城……总之两边都特别狂热。但最后美国撑不住了，美国人心想，你们两边要再这么打下去，每打一回油价涨三倍，那最后我们都没法活了。美国总统也会想，他的选票不光是犹太人投的，这里面也有很多其他人的选票。所以在这次石油危机之后，美国实在撑不住了，才坚定地按住以色列和埃及，让它们和解。埃及当时是阿拉伯世界最强大的头儿，这地方的形势也确实是很微妙，全世界 60% 的石油都埋在阿拉伯世界，而以色列就是一个大火药桶，你想想汽油在这儿，打火机也在这儿，这地方多吓人，一不小心就会引爆。还有一个非常奇怪的事情就是，虽然全世界近 60% 的油埋在这儿，但是以色列的屁股底下一滴油都没有，要是以色列有油那也好，一旦双方打起来，那以色列你赔我油就行了，关键是以色列没有油。最后美国为了让自己的石油安全，坚决地抑制这个火药桶不要爆炸，这几乎成了冷战之后美国最大的任务。美国也确实做到了这一点，在埃及和以色列签订了《戴维营协议》之后，两边也确实没有再爆发新的战争。

世界石油危机迄今已经爆发了三次，我们刚刚讲的是第一次石油危机，起因于 1973 年第四次中东战争的爆发。第二次石油危机的爆发是因为始于 1979 年的伊朗革命和 1980 年的两伊战争。大家知道，伊朗和伊拉克都是世界最大产油国之一，光伊朗一个国家产的油，就能占到全世界近十分之一。伊朗在 1979 年发生了伊斯兰革命，之后马上就跟美国翻脸了。有一部获得奥斯卡奖的电影《逃离德黑兰》讲的就是这段历史，当时伊朗把美国的外交官抓了起来，两国的关系陷入了低谷。紧接着伊朗就不向美国出口石油了，顿时石油的价格就从十几美元涨到了将近四十美元。大家记得第一次石油危机的时候石油已经从三美元涨到了十一美元，现在在一天之内又从十一美元左右涨到将近四十美元，是原来的三倍。美国人这下子又晕了，又被严重打击了一下。紧接着两伊开战，不但油价涨得一塌糊涂，而且连运油的船价都涨得不像样了。大家知道，两伊战争期间，两国发动了以袭击进出对方港口的中立国油轮为目标的油轮战，那时候每天在电视上看到的就是浓烟滚滚、战火弥漫。伊朗、伊拉克的各种运油港每天都有很多几十万吨的大油轮出入，当时保险公司对油轮的保险费已经要得非常高，几乎快到船价的一半了，因为油轮被打沉的概率是50%。所以从1973年的石油危机到两伊战争前后，整个西方陷入巨大的衰退中。

第三次石油危机的爆发源于1990年伊拉克和科威特之间的战争。你别看科威特那么小，但是它屁股底下坐的全是油田，这小小的科威特石油储量甚至和伊拉克差不多，所以为了石油，伊拉克去打科威特。这场战争一爆发，全世界油价又立刻暴涨，从而引起了第三次石油危机。现在形势变了，中国已成为世界最大的石油进口国，所以我们的战略和美国、欧洲、日本等的战略都差不多了，大家都要全力以赴地保证自己的石油安全。于是大家经常会为石油去争夺一个地方，马岛战争就是因为在马岛发现了石油，于是英国和阿根廷为了争夺石油爆发了战争。大家知道，其实这个马岛在英国鼻子底下已经搁了那么多年，以前也没人拿它当回事儿，现在这地方突然发现了石油，阿根廷说不行，我得把这马岛收回来，可这英国就打死不放手。大家想想英国当年那么多殖民地，像印度、巴基斯坦、新加坡、马来西亚等，都让独立了，但英国这回拼了命也要把马岛保住，就是因为石油。

现在世界上这些跟石油有关的争夺基本上有两种，一种是真的在这个地方发现了油田，那当然要拼命争夺；还有一种是这个地方处在石油运输的关键位置，运输石油的油轮必须得从那儿过，这个就是“航行安全”，于是大家也拼命去争。马六甲海峡为什么那么重要，新加坡为什么那么重要，就是因为它们的地理位置，全世界60%的海运货物都得从那儿过。我们现在为什么要发展和巴基斯坦的关系，就是因为我们需要另外一个港口，现在巴基斯坦正在建设一个大的港口（2015年已竣工并投入运营），如果我们的油轮从中东出发直接在巴基斯坦瓜达尔港那儿卸货，就避免了绕到印度洋、马六甲海峡、南海之后才能从我国东南沿海港口上岸的情况。这路程差了多少，大家看看世界地图就一目了然了，从伊朗出来，隔壁就是巴基斯坦，这伊朗就跟巴基斯坦挨着，如果直接在巴基斯坦卸了货，然后通过输油管把石油输到中国西部的新疆来，那是多么大的战略优势啊！所以各个国家的战略都在向石油倾斜，石油现在已经成为这个世界上最最重要的战略，也引发了最多的战争。

丨美国五星上将马歇尔去世丨

1959 年的这一天，美国五星上将马歇尔去世。本来想借这个机会给大家多讲讲马歇尔，讲讲“马歇尔计划”等，但是由于时间关系，在这儿只简单讲几句。马歇尔是美国陆军五星上将中唯一毕业于弗吉尼亚军校的。

二战以后美国陆军中有四个五星上将，海军有四个，陆军航空队有一个。其中陆军的五星上将麦克阿瑟、艾森豪威尔、布拉德莱都毕业于西点军校，只有马歇尔毕业于弗吉尼亚军校。弗吉尼亚军校是一所很古老的军校，是弗吉尼亚州办的，它不像西点军校是国立的。弗吉尼亚军校有两位著名的校友，一位是我们现在讲的马歇尔，还有一位就是毕业于清华大学的孙立人将军，他到美国以后又上了弗吉尼亚军校。孙立人将军是抗战期间远征军的一员悍将。

10月17日

《晓松说——历史上的今天》来到了10月17日。1862年的这一天，清政府定黄龙旗为国旗；1933年的这一天，爱因斯坦逃离纳粹德国，前往美国；1849年的这一天，伟大的肖邦逝世；1967年的这一天，中国最后一位皇帝溥仪去世。

| 爱因斯坦从纳粹德国逃往美国 |

1933年的这一天，爱因斯坦逃离纳粹德国，前往美国。爱因斯坦的逃离对全世界的科学界来讲是一个重大标志性事件，大家知道，之前德国是全世界科学最发达的国家，在1933年，也就是爱因斯坦逃离的那一年，美国总共才有五个人获得过诺贝尔奖的自然科学奖，而德国这时候已经有三十一个人得过诺贝尔奖了，是美国的六倍。在这儿先说明一下，后面再提到诺贝尔奖指的都是自然科学奖，那些文学奖、和平奖等社会科学方面的诺贝尔奖，咱们先不在这里谈。

在整个纳粹统治期间，有将近五十万犹太人逃离了纳粹统治下的德国和奥地利，其中有十三万人到了美国，而其他的犹太人遍布全世界，有七十五个国家之多。其中还有很多艺术家来到了上海，所以当时上海有犹太人聚居的小区。十三万犹太人来到了美国，虽然只占全部五十万人的四分之一左右，但是来到美国的这些犹太人全都是精英。大家知道，美国是个很精明的国家，不是你来要饭美国也给你绿卡，你必须得有专长，美国需要你，才会给你绿卡。当然你要是来政治避难的话，美国也会有一套避难的制度，但前提都是你得有用。这十三万犹太人可都是当时的精英，这里面有爱因斯坦，有十几个诺贝尔奖获得者，有上千名科学家和医生、几百名律师，还有大批各种各样的专业人才，他们全都来到了美国。

这些人来到美国以后，美国的科学实力就发生了巨变。从 1933 年到 1945 年，也就是从纳粹上台到彻底失败，中间经历了十二年的时间，两国的诺贝尔奖获得者的数量就发生了翻天覆地的变化。美国在 1945 年时有二十五名在世的诺贝尔奖获得者，这包括之前从德国逃亡过来的以及 1933 年以后新获奖的；而这个时候，德国只剩下了十四名诺贝尔奖获得者，从原来德国是美国的六倍，到现在美国超过德国这么多，已经发生了巨大变化。这些逃亡的科学家后来又有很多人获得了诺贝尔奖，再加上这些科学家的后代——有很多也不是在美国出生的，这些难民为美国的科学发展做出了巨大贡献。到今天为止，美国已经有一百八十多人获得过诺贝尔奖自然科学方面的奖项，这当中就有一百三十多个犹太人，所以你想想犹太人多么厉害。他们当中的绝大多数都是因为当年受纳粹迫害，流亡到了美国。在这些获奖科学家中，我们华裔科学家有五六个，也不少，很多国家一个都没有。

德国纳粹迫害犹太人，也给自己的国家造成了重大损失，在这之前，德国的学术地位是全世界最高的。当时如果你说是留德回来的，那你太厉害了；你说留美的，先问你哪个学校的，如果是耶鲁大学还行，克莱登大学不行；留英的也是，先问问是不是牛津或者剑桥的，如果不是，那对不起，应该也不行。德国的格丁根学派非常厉害，当时全世界精英都在格丁根大学，那里就是科学的圣殿。后来这拨人全都跑到美国去了，主持美国原子弹研制的奥本海默是从格丁根大学去的，美国的火箭奠基人冯·卡门是格丁根大师普朗特的第一个博士，他也到了美国。当年我外婆也是普朗特教授的博士生，而且是普朗特于1942年带的最后一个博士。这些犹太科学家来到了美国以后，进入了美国的各所大学。本来在那之前美国没有几所像样的好大学，但这些优秀的科学家分散到美国各个大学以后，他们带来的教学方法、他们的思想、他们建立的学术传统，对美国的各个大学影响深远，迅速地提升了美国大学的地位。当年爱因斯坦去的是普林斯顿大学，普林斯顿大学当时还很普通，但现在已经成为美国最好的大学之一。

所以说老天爷确实是非常眷顾美国的，美国这地方不但自然环境好，种什么长什么，一条大河贯穿国境，东、西、南海岸都是优良港口，然后还拥有众多人才。在整个二战期间，纳粹疯狂迫害犹太人，把这么多人才逼到了美国，以至于全世界的科学技术中心从德国转到了美国，这些逃亡的犹太人不但为美国带来了科学和技术，带来了原子弹，带来了火箭等，更重要的是他们带来了学术的思想和教育的思想，这对美国后来的国力发展起到了重要的作用。美国是一个特别推崇奋斗、特别推崇科学立国的国家，这些科学家到了美国以后都是春风得意。在美国，医生也很受欢迎。但是那些历史学家、作家、诗人就没有科学家那么幸运，当时这个群体到美国的也有好几千人，都比较倒霉，一方面他们不愿意融入美国，不愿意使用英语，另一方面就是这些人对美国的用处小。大家知道，英语和德语、法语比起来确实比较俗，因为德语的发音特别准确，分成中性词、阴性词、阳性词，还有什么格，所以德语写出来特别准确而优美。英文稀里糊涂，尤其是美国英文，跟英国英文还不能比，所以很多作家、历史学家不愿意用英文写作，不愿意用英文写论文、写诗等。这个群体中很多人最后都自杀了，因为没有办法，他们在美国活不下去，也很悲惨。所以时代和环境造就了不同的人、不同的命运。

| 清政府定黄龙旗为国旗 |

下面讲讲中国第一面正式的国旗。在1862年的这一天，清政府将黄龙旗定为中国国旗。大家想一想1862年是什么时候？1860年英法联军火烧了圆明园，清政府才终于开始醒过来，赶紧擦擦汗，想想自己，咱现在也别再觉得自己是天朝上国了，别觉得自己有多厉害了，咱跟人家差得太远了，咱也赶紧跟人家学学吧。所以清政府从那时候就开始向西方学习，学了各种各样的东西，搞洋务运动等，当然不光是体制上的东西要学，面上咱也得学学。以前中国是没有国旗的，后来才发现原来这国家还需要一国旗，于是清政府就定了黄龙旗为国旗。黄龙旗应该算是迄今为止全世界最复杂的国旗，全世界的小孩都学着画国旗，大家想想这清朝的国旗得什么样的人才能画出来。除了这个龙旗难画之外，西班牙的国旗也挺难画的，虽然是红黄两色，但是中间有一特别复杂的徽，有狮子等很多元素。全世界最简单的国旗应该是卡扎菲时期的利比亚国旗，就是一块绿布，上面什么也没有，涂上绿色就行了。

可惜的是，当时清政府虽然有了国旗，但还是国运维艰，紧接着中国的大地上就升起了各种各样的旗，可谓“城头变幻大王旗”。黄花岗起义的时候，孙中山领导的革命党就已经有了青天白日旗，所以辛亥革命成功以后，纽约的华人上街庆祝举的就是青天白日旗，现在还可以看到当时的影像资料。辛亥革命成功以后，关于用什么旗也有很多争论。当时北方的实力要比南方强，于是南北和谈的时候，北方就说我们不要用你这个青天白日旗，这个应该是党旗，一个国家怎么能用一个党的旗呢？北方说得其实也挺有道理，我们这个国家是个多民族国家，原来满族统治是压迫大家，现在大家要平等，要汉族、满族、蒙族、回、藏族五族共和，所以就弄出了一种叫“红黄蓝白黑”的旗，也就是“五色旗”。其中红代表汉族、黄代表满族、蓝代表蒙族，白代表回族、黑代表藏族，所以这个“五色旗”代表的就是“五族共和”。

从辛亥革命成功到 1927 年，北京城里头升起的就是五色旗，这就是北洋政府用的国旗。还有一点要说明一下，关于“北平”和“北京”的叫法，1928 年以前北京并不叫“北平”，就叫“北京”。这个问题在我拍《大武生》的时候就引起过争议，电影里说北京，当时就有好多人来骂我，说你懂不懂历史啊，那个时候叫“北平”。其实不对，当时就叫“北京”，因为北洋政府在这儿，这里就是“京”，直到 1928 年北伐胜利后定都南京，北京才改称“北平”。我的电影《大武生》的时代背景是刚刚开始建立中华民国，那时候当然叫“北京”了。当时在北京升起来的旗是“五色旗”，这是当时北洋政府的国旗。1927 年国民政府成立后才改成了青天白日旗。

北伐胜利后，发生了“东北易帜”。原来东北的奉系是归北洋政府的，所以当时奉系挂的也是五色旗。后来北伐军虽然没有打到关外去，但是张学良因为父亲张作霖被日本人炸死了，当然他自己也是爱国的，最后就宣布“东北易帜”。张学良降下了五色旗，升起了青天白日旗。至少在形式上全国是统一了，大家挂的都是同样的旗。总之，在1912到1928年这短短的十六年间，当时的国旗竟变换了三种，由龙旗变为五色旗，又换成青天白日旗，在1917年还有过短命的张勋复辟，北京城里又挂了几天龙旗。当时真的是非常混乱。一会儿龙旗升起来了，一会儿五色旗又升起来了，所以大家得收好这几面旗，因为你也不知道什么时候天下就变了，这面旗又升起来了。中国人那会儿也真够倒霉的，所以鲁迅先生有句话叫“城头变幻大王旗”，非常形象。

| 伟大的音乐家肖邦逝世 |

下面说说我最最热爱的古典音乐家肖邦。不同的人会热爱不同类型的古典音乐，有人特别喜欢巴赫的音乐，巴赫的音乐宗教性特别强烈，而我是一个非常崇尚自由主义的读书人，我当然喜欢肖邦的音乐，喜欢那种特别浪漫的东西。我平时在车里面放的基本都是肖邦的音乐，他的音乐能带给我特别自由和浪漫的感受，这是我最喜欢的。肖邦的钢琴曲到今天为止都是没有人能超越的。我经常在想一个问题，人类是在不断地进化吗？如果人类是在进化的话，那为什么在肖邦写出那么美的东西以后，再也没有人超越了？再也没有人写出像柴可夫斯基的《天鹅湖》那样伟大的作品了？为什么一直到今天，维也纳金色大厅演奏的都还是那些18世纪、19世纪的音乐，怎么没人演奏20世纪、21世纪的作品？现在众多的音乐学院都有作曲系，每年都会培养出很多人，但这些人出来以后写的基本上全都是流行歌曲。所以肖邦的时代是伟大的古典音乐的黄金年代，到今天再也没有听到过这么伟大的作品，这些大师是永垂不朽的。

肖邦除了是一个伟大的音乐家，还是一个坚定的爱国者。肖邦是波兰人，但是波兰后来被灭国了。肖邦的父亲是法国人，法国人特别浪漫，估计是因为爱情，娶了个波兰姑娘。他父亲当年就是一个爱国者，比那个波兰姑娘还爱波兰。后来普鲁士、沙俄、奥地利等都去瓜分波兰，肖邦的父亲还上前线去打仗。后来波兰被灭了，他父亲又参加游击队，继续在那里坚持参加战斗。肖邦后来是在法国受的教育，在法国成名。肖邦的音乐当中还有大量的波兰元素，像波尔卡、波兰舞曲等，这些都受波兰元素的影响。

波兰也是个很奇怪的国家，很多从波兰出去的人都非常热爱自己的祖国，肖邦非常热爱自己的祖国，居里夫人也非常热爱自己的祖国。前面我们讲过，居里夫人将自己发现的第一个元素命名为“钋”(Po)，就是为了纪念自己的祖国波兰(Poland)。肖邦一直都无比怀念自己的祖国，但当时已经没有波兰这个国家了。他在遗嘱中说要把他的心脏送回祖国。肖邦是法国大腕儿，法国当然要留住他，所以法国有肖邦的墓。但波兰也有肖邦的墓，大家到华沙就能看到，肖邦的心脏就安放在那里，在那块墓碑上有一个盒子，中间那个地方放着的就是肖邦的心脏。

纪念大师肖邦!

| 中国末代皇帝溥仪去世 |

1967年的这一天，中国的末代皇帝溥仪去世。溥仪的身世非常复杂，大家有机会可以去看一部获得了多项奥斯卡奖的著名电影——《末代皇帝》，是贝托鲁奇导演的，我就不多说了，这部电影讲述了溥仪的一生。

10月18日

《晓松说——历史上的今天》来到了10月18日。1922年的这一天，享誉全球的BBC（英国广播公司）成立；1963年的这一天，香港中文大学正式开学；2008年的这一天，著名导演谢晋去世；今天还是大美女周迅的生日，生日快乐！

| 享誉全球的BBC成立 |

1922年10月18日，BBC正式成立。当时BBC应该算是英国第一家正式的广播电台，后来又成为英国第一家电视台，现在BBC的新闻频道已经覆盖全球。大家知道，美国的绝大多数媒体都是私营的，而欧洲大陆的很多媒体都是国有的。英国这个国家很奇怪，虽然地处欧洲，但很多时候都和别的欧洲国家不一样。比如说，英国的很多大学都是国家来扶持的，但你还是要保持独立，像牛津大学和剑桥大学，你说它俩到底是属于国立大学还是私立大学，其实比较模糊。牛津大学和剑桥大学里面有很多学院，有的是由国家资助的，有的就是私立的。BBC 的体制也是如此，名义上说是国家资助，其实主要的钱都是人民出的。英国政府为了 BBC 还设了一个专门的收费项目，就是电视收视费。这个收视费跟我们的有线收费还不一样，不是说大家交费以后就可以看好几十个频道，英国的这个收视费其实就是专门为了 BBC 设立的。所以 BBC 的钱实际是全英国人民出的，相当于一种变相的税，也就是电视税。

BBC 虽然是接受英国政府财政资助的媒体，但是据说为了保持其独立性，BBC 专门成立了一个独立的委员会。这个委员会通常由一些德高望重的人组成，换句话说，就是人民比较信任的人，有十来个，这些人基本上代表民众和国家的利益，所以很长时间以来，BBC 都是在全世界最有威望、最有公信度的媒体。但是近几年来，大家也都看到了有关 BBC 的新闻，BBC 陷入严重的危机，连续出现了各种新闻媒体的道德问题，其实严格来说，应该是严重的罪行。这样严重的问题曾经连续出现了两次。

一次是在 20 世纪七八十年代，爆出了 BBC 主持人性侵幼童的严重事件，还出现了 BBC 包庇自己的主持人的问题。英国政府大概在二十年前就对此展开了调查，但是 BBC 为了自己的名誉一直在包庇这件事儿。前几年还传出 BBC 里有著名主持人和高管等组成的性侵团伙，这个事件当时成了英国最最严重的事件，其力度堪比教会爆出来的那些丑闻。

还有一次是前两年 BBC 爆出的一个重大的媒体道德问题。一个主持人在某栏目上说女王曾对政府为何没有逮捕激进穆斯林教士哈姆扎表示关注。这个言论一出就在英国引起了轩然大波。大家知道英国从君主立宪开始，尤其是战后，女王已经仅仅是一个国家的象征，按照英国的传统以及规定，女王是不能表明自己的政治立场的，在任何时候都不行，就算你有立场，你也不能表明说我喜欢这个、我不喜欢那个，所以女王是不能说这样的话的。退一步讲，即使女王这样说了，媒体也有道德和义务不把它公布出来。这位 BBC 的主持人为了显摆一下自己，就把这话给说出来了，结果在英国引起了轩然大波，后来这位主持人先是道歉，后被开除。总之这几年，BBC 给人的感觉是在急剧地往下走，总裁也是换来换去。BBC 要想恢复曾经有过的那种光荣以及信誉，我觉得还要很久。

香港中文大学正式开学

下面说一说1963年创立的香港中文大学，1963年的今天，香港中文大学正式开学。我从小生长在教育世家，小时候就经常听到家里人提到香港中文大学。香港中文大学应该是香港最最重要的大学之一，无论怎么给香港的大学排名，前三名当中一定会有香港中文大学，有段时间它能在香港排第一，最近这几年好像都排在第二或者第三。

在香港中文大学创立之前，香港只有一所大学，就是香港大学。当时香港还是英国的殖民地，英国当年在所有殖民地统治区推行的教育政策都是“一所大学”的政策，所以香港长期以来，大概从清末开始到20世纪60年代，就只有一所香港大学。当年新加坡、马来亚、印度等也一样，新加坡只有一所新加坡大学，马来亚只有一所马来亚大学，印度也只有一所大学，叫德里大学。当年英国对它的殖民地非常明确地采取了“不同种族、不同待遇”的政策，凡是由白人构成的英国殖民地，比如说美国、加拿大、澳大利亚、新西兰，就相当自由，他们自己可以办大学，可以干各种各样的事情。因为英国人觉得白人就是自己人，只是他们到了美国、到了加拿大、到了澳大利亚、到了新西兰而已，所以英国人对这些殖民地的管理相当宽松，你想建大学，大学的头儿是谁，都无所谓，英国人也没说非要总督来当校监。可是对所有不是白人构成的殖民地，比如说印度、马来亚、中国香港等，英国人是有严格控制的，他就不允许你自己搞各种各样的教育。我们曾经讲过新加坡的南洋大学的血泪史，南洋大学当时是在南洋的华人为了保持华人的文化和传统而创建的，结果南洋大学被英国殖民地政府疯狂地打压，一直到新加坡独立以后，南洋大学还是没能坚持下来，最后不得不关闭。

香港最初就只有一所香港大学，到1963年的时候，香港中文大学创立。那时候印度早已经独立了，马来亚也已经独立，整个世界正在掀起风起云涌的殖民地独立风潮。英国对各个殖民地的控制已经远远不如战前，所以那个时候各地就开始风起云涌地建大学。香港今天的主流大学一共有七所，这几所大学基本上都是在20世纪60年代建立起来的。当时虽然英国殖民地政府同意这些殖民地自己建大学了，而且也能得到政府的资助，但是对这些非白人建立的殖民地大学的校监是有要求的，必须由殖民地政府的总督来兼任。大家知道，校监就是学校校务会议主席，相当于私立大学的董事长。一般政府资助的大学没有董事会、董事长一说，最高的管理人员就是校监。校长是管学校的正常运营的，而负责做出最高决定的就是校监。英国政府规定这些殖民地大学的学生最后要由校监授予学位，意思是不管你在哪儿受的教育，最后到拿学位的时候，还是由总督授予你，告诉你，这是我英国人给你的学位。当时英国所有非白人建立的殖民地大学的校监都是殖民地政府的总督，像中国香港、马来亚、印度等，只有澳大利亚、新西兰这几个白人殖民地的大学可以自己找人当校监。由殖民地政府总督当校监的这个传统，在香港回归以后，就变成了由特首来做校监，所以香港现在各个大学的校监就是现任香港特首，最后的学位也是由特首来授予。关于这个问题在这儿我要说一下，香港在殖民地总督做校监的那么多年当中，好像大家都没有什么意见，都觉得这个正常，现在变成了特首做校监，很多媒体就有各种各样的议论。我觉得这件事情其实可以讨论，因为现在人类社会已经进入 21 世纪了，大学应该怎么办，大学应该是什么样子的，这些问题都可以探讨。

香港中文大学是到目前为止在香港七所大学当中唯一有诺贝尔奖获得者执教的大学，而且还不是一两个，最多的时候好像有四五个诺贝尔奖获得者执教。还有许多特别特别著名的学者都是香港中文大学的毕业生，著名教授丘成桐是国际著名的大师级人物，就毕业于香港中文大学。前香港中文大学校长高锟也曾经获得过诺贝尔奖，著名的华人科学家杨振宁教授也是香港中文大学客座教授。香港中文大学的名字中虽然有“中文”两个字，实际上绝大多数院系都是用英文授课的，只有中文系、中国文学用中文授课。

香港中文大学和香港大学、香港科技大学并称香港最好的三所大学，这几年大量的内地高考状元纷纷去了香港的这三所大学，他们给的奖学金确实很高，好像香港中文大学最高的奖学金差不多有五十八万港币，内地还没有大学能给出这么高的奖学金来。最后再说一句，如果内地学生想到香港中文大学读书，其实不需要特别的考试，有两种途径可以去。一种是直接参加高考，香港中文大学可以参加大陆高考的提前录取，直接用高考成绩申请就可以；还有一个途径是不参加高考，而是参加其他的国际考试，比如说美国的 SAT（学术能力评估测试）等，你可以以国际学生的身份申请香港中文大学。

| 中国第三代导演谢晋去世 |

2008 年的今天，谢晋导演去世。说起谢晋导演，特别年轻的人可能并不太熟悉，但是如果回头看看中国的百年电影史，迄今为止中国电影行业比较公认的以及国际比较公认的中国最伟大的导演、代表中国电影最长时间的导演、始终奋战在第一线的导演就是谢晋。谢晋导演应该算是中国第三代导演的代表，他比今天的第五代以及后面的导演，从持续的时间、作品的力度到作品的数量，都要遥遥领先。中国的第三代导演是以谢晋为首的，基本上都是解放前在国立戏剧专科学校读电影专业、新中国成立后走上影坛的这些导演艺术家。第四代导演大部分是北京电影学院毕业的，基本是新中国成立后、“文革”之前的那一批导演，比如说谢飞导演、郑洞天导演等。第五代导演是“文革”以后电影学院、戏剧学院重新开始招生，主要是 78 级的这一大批导演，像陈凯歌导演、张艺谋导演、田壮壮导演，他们都属于第五代导演。

谢晋导演在抗战期间就读于国立戏剧专科学校，当年随学校辗转四川、重庆，后来又回到南京复校，师从曹禺、洪深等众多大师，谢晋导演当年的证婚人就是大师洪深。新中国成立以后，从献礼片开始，一直持续到 20 世纪 80 年代第五代导演崛起之前，谢晋导演一直都是中国影坛最最重要的大师级人物。“文革”前全国人民几乎都看过的电影《女篮五号》《舞台姐妹》《红色娘子军》等，这些都出自谢晋导演之手。《舞台姐妹》在国际上得过很多很多奖；《红色娘子军》在中国更是家喻户晓，台词大家都能背下来。“文革”以后到改革开放初期的几部重量级电影也都是谢晋导演执导的，像《天云山传奇》《牧马人》《芙蓉镇》等。《天云山传奇》算是新时代来临之际第一部振聋发聩的作品，无论从艺术的角度，还是从时代的角度，都是当时极其重要的作品，非常非常深刻地反映了那个时代的很多现象。在这部电影中，谢晋导演用的手段在当时的中国电影界很少见，他以三个女人的交错回忆，诠释出一个男人的生活经历和成长过程。《牧马人》和《芙蓉镇》也是重量级的电影，著名演员姜文就是从

《芙蓉镇》这部影片中脱颖而出的。还有另一部反映战争的但是充满人性化的电影《高山下的花环》，也出自谢晋导演之手。

谢晋导演在当时对自己的电影其实也有很多无奈。像《红色娘子军》，本来谢晋导演想表现的是吴琼花和洪常青之间深深的爱情，结果电影拍出来却变成了友情。谢晋导演每次看到这段都会低头不语，因为本来他想表现的是战火中美好的爱情，但是在那个年代，谈爱情太俗了，于是吴琼花和洪常青之间美好的爱情就只能成为革命的友谊。《舞台姐妹》这部片子反映的是谢晋导演所熟悉的生活，谢晋导演自己从小就爱唱戏、看戏，所以他在《舞台姐妹》一片中展现出的舞台充满了自己人生的积累。在《舞台姐妹》的最后一场戏中，应该表现的是我们应该做什么样的人、唱什么样的戏，结果公映的时候却被改成了今后要认真改造自己，唱一辈子革命的戏。其实应该这样说，全世界的导演都身处不同的时代，大家都会受到不同的限制，包括美国导演，虽然没有这方面的限制，但也会有制片人、票房、市场等方面的限制，苏联导演也会受到不同的限制。电影是非常大众的艺术，不同时代、不同地域的导演，都要受到很多很多限制，谢晋导演也不例外。

当然谢晋导演的电影作品也一直受到各种各样的争议，像《女篮五号》刚出来的时候就被批评为推崇“金牌主义”，有人就说我们应该友谊第一、比赛第二，怎么能为了金牌那样去争呢？还有后来的《天云山传奇》《牧马人》《芙蓉镇》这几部片子也被当时上海最著名的影评人钟惦棐批评过。钟惦棐先生是著名作家阿城的父亲，是中国老一代最最著名的影评人，我记得他当年就曾在报纸上质问谢晋，比如为什么《芙蓉镇》里面那个书记是一个道德败坏的人，要在床上偷偷摸木头雕的女人？为什么《天云山传奇》里那个迫害罗群的人会打老婆？为什么要在电影里把这些人都描绘成道德败坏的人，而不去追究时代的原因？钟惦棐先生提出了很多非常尖锐的、深刻的问题，但是我相信谢晋导演已经做了最大努力，他身处当时的时代，最重要的是让电影能够公映，能让更多的人看到，只有这样才是一个负责任的导演。

谢晋导演一生获得的荣誉无数，但他的家庭生活可以用“悲惨”两个字来形容。谢晋导演一共有四个孩子，三儿一女，其中两个儿子生下来就是智障，谢晋一生中付出了巨大的努力来帮助这两个儿子，但其中一个还是在三十多岁的时候去世了。谢晋导演唯一正常的儿子，唯一继承了他的衣钵做了导演的儿子，就是他的大儿子谢衍，也是英年早逝。总而言之，谢晋导演的生活是非常让人慨叹的。纪念谢晋大师！

| 周迅生日 |

今天还是大美女周迅的生日，她也是我的第一部电影《那时花开》的女主角，和我有深厚的友谊，大美女生日快乐！

10月19日

《晓松说——历史上的今天》来到了 10 月 19 日。今天我们讲两件事情：1943 年的这一天，美国首次分离出治疗肺结核的特效药链霉素；1936 年的这一天，鲁迅先生去世。这两件事情之间有很大的联系，因为鲁迅先生就是死于肺结核，在当年肺结核可是不治之症，而到了 1943 年，治疗肺结核的特效药就被分离出来了。

| 美国首次分离出治疗肺结核的特效药 |

1943 年的今天，美国首次分离出链霉素，链霉素是一种抗生素，后来成为治疗肺结核的特效药。肺结核在人类漫长的历史当中，一直都是最可怕的病，这种病曾经被当作“死亡”的代名词。历史上有无数名人都死于肺结核，死于肺结核的普通老百姓就更多了，只不过老百姓没有被历史记载下来。

在这些被记载的名人当中，就包括我自己最最喜欢的几位才子佳人，他们是我整个读书生涯中最喜欢的几位文学大师，像契诃夫、卡夫卡等，都死于肺结核。契诃夫的书我看过无数遍，少年时代，他的书带给了我无尽的欢乐。卡夫卡是我青年时代最大的偶像，在这个节目里我曾经背诵过卡夫卡的《出门》。还有我最最热爱的古典音乐大师肖邦，我在节目里多次提到过肖邦，肖邦也是英年早逝，死于肺结核。

还有中国的大才女林徽因也是死于肺结核。林徽因是民国时期才貌双全的大美女，也是今天无数文艺青年都会提起的才女。林徽因是1955年因肺结核去世的，她的死其实有点儿可惜，因为1943年的时候，链霉素就已经研制出来了，而到了1945年，这个药就已经开始用于临床治疗了。但当时正值战争期间，大批知识分子辗转逃难，大家为国尽忠守节，林徽因一行辗转逃到长沙、昆明，最后来到了李庄。林徽因和她的丈夫梁思成，以及梁思成的弟弟梁思永（他是中国考古学的先驱、大师级的人物，中央研究院院士），还有傅斯年等，这一大批知识分子后来在李庄坚持了很多年。当时的条件非常艰苦，医疗条件、生活条件都非常差，那里连电都没有，林徽因、梁思永先后得了肺结核。林徽因得了肺结核之后没有办法治疗，而且极度营养不良，当时连鸡蛋都没有。后来金岳霖先生来了，大家就琢磨着自己养鸡下蛋，其实大家都不知道怎么养鸡，于是这些大科学家、大哲学家就开始一起学习养鸡，每天保证给林徽因吃两个鸡蛋。但是由于长期的营养不良，林徽因的身体每况愈下，后来大家终于回到了重庆。当时链霉素已经研制了出来，肺结核治疗已经有了特效药，这个病已经不再是不治之症，但是林徽因的肺部已经大面积感染，没有办法治疗了。抗战胜利后，林徽因和梁思成回到了北京，回到了清华大学。当时林徽因、梁思成跟我们家就住对门，一模一样的两栋小楼。林徽因回来后就一直卧病在床，听我妈妈说，那时候每天下午四点都会看到金岳霖先生夹着一本诗集从我家门口路过，金岳霖是去给卧病在床的林徽因读诗的。林徽因在病中还参加了中华人民共和国国徽的设计。1955年，一代才女林徽因因肺结核不治去世，让人叹息！

除了才女林徽因，还有一位才女萧红也是得肺结核去世的。民国时期的著名文学家郁达夫和我党的重要领导人瞿秋白也都得了肺结核，但这两位不是直接死于肺结核。瞿秋白后来是被国民党反动派枪杀，光荣就义了。郁达夫后来在印度尼西亚被日本鬼子丧心病狂地杀害了，当时日本鬼子已经投降了，但是郁达夫之前被迫做过日本人的翻译官，日本人觉得郁达夫对他们还是有威胁，所以后来把他杀了。在中国的文学作品中也有很多才子曾经得过肺结核，《三国演义》中的周瑜就是得肺结核死的。大家都知道诸葛亮“三气周瑜”，最后气得周瑜吐血、咳血，其实就是因为周瑜得了肺结核。雪莱是我最爱的西方诗人，我上大学第一次参加文艺汇演，表演的是吉他，得了第一名，当时我得的奖品就是一本《雪莱诗集》。这样的奖品要放在今天，大家可能会觉得很可笑，今天怎么着也得奖励一部手机或者什么电子产品吧，那时候奖的就是一本《雪莱诗集》。我非常喜欢雪莱的诗，所以非常喜欢这个奖品。雪莱也是得了肺结核卧病在床，但雪莱最后是淹死的，不是得肺结核直接病死的。

后来因为得肺结核的人越来越多，而且这个病得了以后几乎就跟“死亡”同义，以至于它不断地被写进各种文学作品中，自古“红颜薄命”，很多作家都觉得自己笔下这个大美女如果不得肺结核病死都不好意思。有人说《红楼梦》中的林黛玉就是得肺结核死的，这种说法当然也很有道理，因为那时候林黛玉也是贫病交加，跟林徽因很像，也营养不良，再加上愁苦的心情。西方重要的文艺作品《茶花女》的主人公也是得肺结核死的，正所谓“红颜薄命”。其实“红颜薄命”这个词很早很早就有了，这个词用在肺结核病人身上正好特别合适，因为得了肺结核会不停地咳嗽，于是人的脸就会经常泛出潮红，于是就说女人得了这个病“红颜薄命”，茶花女是红颜薄命，林黛玉也是红颜薄命。

大家看到作品中对知识分子得了肺结核之后的描写经常是咳血，尤其是早期电影当中的知识分子通常都是这样。他们在一个寒夜里坐在桌边写作，写着写着就开始剧烈地咳嗽，然后咳血，然后很多镜头都是他们把围巾一围，继续在寒夜中奋笔疾书。我本人也曾经得过肺结核，但是我很幸运，到了我得肺结核的那个年代，这种病比感冒还好治，因为有了链霉素这种特效药，而且到后来大家都具有了免疫力。其实当年我得肺结核自己也不知道，有一天检查身体，然后医生说，你得过肺结核，但自己好了。我说怎么回事儿?他说，我看到你这个肺里有钙化点，就是已经钙化了。所以，其实当年我并不知道自己得了肺结核，也没吃什么药，结果身体产生了免疫力，这病就自己好了。可见人类征服这个病的能力是越来越强了，从最早得了这个病就是意味着“死亡”，到后来有了特效药，再到后来自己产生了抵抗力，自己都不知道就好了。

| 一代文豪鲁迅先生去世 |

1936 年的今天，鲁迅先生因肺结核去世。前面刚刚讲到治疗肺结核的特效药链霉素在 1943 年由美国人提取成功，这种药如果再早发明十年，那鲁迅先生的肺结核就能治愈，他就能为我们写出更多的好作品了。在我的整个读书生涯中，我对鲁迅先生都充满了尊敬。鲁迅先生的小说应该说是开创了白话文小说创作的主要写作范式，包括用词、语法，以及故事的整体氛围和构架等，这对白话文创作都是有重大意义的。鲁迅先生后来还专门修了中国小说史，小说史虽然不像其他文化史那么悠久，但鲁迅先生修的小说史是中国文化史的重要组成部分。我前面曾经讲过，民国时期众多大师纷纷修了中国两千年的文化史，包括林先生、梁先生修的建筑史，郑振铎先生修的文学史等，都为中华文化的传承做出了重要贡献，所以那一代大师都非常值得纪念。中国自古有王侯将相史，而这些传承千年的文化史都是到了民国时期才由这些大师记录下来的，鲁迅在中国小说史的修撰中起了重要作用。

鲁迅先生的杂文的战斗作用，在当时看来也是非常重要的，可以说比他的小说的影响大得多，大家从他杂文的酬金上就能看出来。鲁迅先生当时写杂文的酬金已经到了千字三十大洋，那时候两千大洋就可以买一个四合院，几百大洋就能买一辆车。据说当年《申报 · 自由谈》的总经理给鲁迅签付款单的时候，手都直哆嗦，这应该算是当时中国最贵的稿费了。可见在任何时代，这种紧贴时代的充满战斗性、时政性的文章都是最值钱的。但相比之下，我觉得还是鲁迅先生的那些小说具有更长久的生命力。

尤其是在那个时代，很多东西还没有把真相揭露出来，很多东西也没有真正地沉淀下去，所以时政性的杂文通常都会有很多偏激的地方，鲁迅先生也不能避免这样的问题。他的文中有很多偏激的地方，比如多次骂过梅兰芳大师；他还骂过中医，他文中的蟋蟀要原配的成为揶揄中医荒唐的笑谈；鲁迅还骂过左翼作家。这纯粹是笔战。当时鲁迅先生千字三十大洋，而且还有两份教授的工作，大家知道，教授那时候挣钱非常多，一个月三四百大洋，百倍于一个普通工人的工资，所以鲁迅先生当时很有钱，于是就经常招左翼作家骂。

可以说鲁迅先生当时四面都是敌人，他单枪匹马孤身战斗，不断地骂右派，还骂那些海归大知识分子。鲁迅先生非常痛恨海归大知识分子，其实他本人也是海归。大家知道，鲁迅当年曾留学日本，但在民国时期留日和留苏的通常不被认为是海归大知识分子。可能因为当时中国留日、留苏的人太多，也可能是因为日本和苏联学校的质量比较差，很多学校都是为中国留学生建立的，不像留学欧美的，大家都是直接去了欧美的好大学。于是鲁迅就痛骂各种海归，比如说，他痛骂梁实秋是“丧家的”“资本家的乏走狗”等。现在大家再回头看《鲁迅全集》里的杂文就会发现，里面确实有很多是非常好的战斗檄文，那些文章不单是针对当时的时政，很多都对我们这个民族有很深刻的反省，但是这种反省有时候也会过头，也会偏激。大家如果有机会去看鲁迅先生的作品，不能光看我们语文课本中收录的文章，可以把《鲁迅全集》拿出来，从中可以看出，这个时代鲁迅确实也写了不少偏激的东西。当然了，总的来说，鲁迅先生还是那个时代当之无愧的大师。

10月20日

《晓松说——历史上的今天》来到了 10 月 20 日。1968 年的这一天，美国前第一夫人杰奎琳·肯尼迪嫁给希腊船王奥纳西斯；1973 年的这一天，著名的悉尼歌剧院建成；1997 年的这一天，歌手张雨生去世。

| 美国前第一夫人改嫁 |

首先说说美国前第一夫人杰奎琳·肯尼迪改嫁这件事情。1968 年的这一天，杰奎琳·肯尼迪嫁给了希腊船王奥纳西斯，美国前总统夫人改嫁，这在当年可是轰动全球的特大新闻。杰奎琳在嫁给丈夫肯尼迪总统后改姓肯尼迪，称为杰奎琳·肯尼迪，杰奎琳·肯尼迪可以说是美国有史以来长得最漂亮的第一夫人。当然了，里根总统的夫人南希年轻的时候长得也挺好看，可是里根当选总统的时候已经七十岁了，差不多是美国当选总统当中年龄最大的，所以南希成为第一夫人时也已经老了，大家并没有看到南希年轻时的样子。肯尼迪当选时才四十几岁，应该是美国最年轻的总统，肯尼迪又是海军战斗英雄出身，他本人也非常英俊，非常帅，算是美国有史以来长得最帅的总统之一。肯尼迪还是最受美国人爱戴的总统，我前面讲过，美国人民把总统用字母简称的目前只有两位，一位是FDR，也就是罗斯福总统；一位是JFK，也就是肯尼迪总统。纽约机场就是用肯尼迪的名字JFK命名的。肯尼迪当选为总统后，肯尼迪夫人杰奎琳·肯尼迪年纪轻轻就已经被全世界瞩目，人们都觉得这金童玉女是最最般配的一对。再加上肯尼迪在西方的政坛有非常高的威望，他曾经成功地处理了古巴危机等重大事件，因此深受美国人民以及西方世界的爱戴。杰奎琳·肯尼迪当年跟着他走遍全世界，而且她长得确实非常好看，端庄、优雅，气质又非常好，给当时的世界留下了深刻的印象。正因为这样，肯尼迪总统去世才五年，杰奎琳·肯尼迪就改嫁，一下子就震惊了世界。

杰奎琳后来嫁的是希腊船王奥纳西斯，这个奥纳西斯长得又矮又胖，几乎像侏儒一样，这也让美国人民觉得受到了极大的侮辱。杰奎琳和奥纳西斯之间的故事应该叫“五角恋”吧，我不知道这个故事有没有被拍成电影，如果拍的话，绝对是非常非常好的电影题材，而且有点儿像莎士比亚戏剧的风格。莎士比亚的戏剧中最重要的一点就是每个角色都是人性的代表，在杰奎琳的故事当中，每个人都具有非常独特的个性。在这儿我先跟大家解释一下，这里为什么叫作“五角恋”。这个故事当中有几个重要的人物，一个是玛丽莲·梦露。大家知道，当年玛丽莲·梦露跟肯尼迪就有那种关系，玛丽莲·梦露的死到底是不是因为卷入了肯尼迪家族的政治谋杀，到今天还有争议。在这个故事中另一个大家不太熟悉的人物，就是杰奎琳·肯尼迪的妹妹李·拉齐维尔，实际上最开始，奥纳西斯是李·拉齐维尔的未婚夫，但后来杰奎琳嫁给了奥纳西斯，等于是姐姐抢了妹妹的未婚夫。所以在这个故事当中就出现了五个人：肯尼迪、玛丽莲·梦露、杰奎琳、杰奎琳的妹妹李·拉齐维尔，然后就是奥纳西斯。因此，这段恋情后来被称为“五角恋”，这五个人可以说都非常典型地体现出了人性的那种特点或者叫弱点。

杰奎琳和李·拉齐维尔这对姐妹成长在那种典型的家道中落的家庭，父亲原来的事业非常好，是很有钱的商人，但是后来因为染上了酗酒等各种乱七八糟的恶习，家道中落，破产了。而这姐妹俩从小是在一个富足的家庭中长大的，而且长得都非常漂亮，小的时候都受到了很好的教育，两人都曾在法国留过学，家道中落以后，这姐妹俩不甘心过普通人的生活，于是就下决心要嫁给最好的男人，重新过上出人头地的生活。后来，杰奎琳嫁给了肯尼迪，那时候肯尼迪虽然还不是总统，但已经是一个风光无限、前途无量的年轻政治家，而且肯尼迪家族是美国极少有的、非常非常重要的政治家族，可谓政治大世家。后来肯尼迪当选为总统，杰奎琳成为美国第一夫人。

杰奎琳的妹妹李·拉齐维尔比杰奎琳要小四岁，妹妹一生都在追着姐姐的脚步，这种姐妹花永远都是如此，尤其是长得好看的姐妹花，妹妹永远在跟姐姐比。李·拉齐维尔先是嫁给了美国的一个出版商，一开始觉得还不错，可是后来肯尼迪的官职越来越高，最后又当了总统，妹妹李·拉齐维尔就开始不满足了。于是李·拉齐维尔就跟出版商离了婚，嫁给了一个王子。这个王子并不是什么英国王子，也不是那种大的王国的王子，因为当时在欧洲已经没有那种国家了，但还是有一些没落的贵族，李·拉齐维尔就嫁给了这样一个没落贵族。所以当时欧洲人跟美国人的联姻，最常见的就是一个欧洲的没落贵族娶了一个美国有钱人家的女儿或者寡妇。很多人看过的英国时代剧《唐顿庄园》，讲的就是类似的故事。李·拉齐维尔在嫁给这样一个王子之后，就认识了这个希腊船王奥纳西斯。奥纳西斯是那种最最典型的草根逆袭，他是草根出身，靠自己打拼，然后成了当时的世界首富之 ，拥有了世界级大船队等。这样草根出身的大富豪，尤其是奥纳西斯又特矮、特胖，自己长得既不英俊又不潇洒，现在突然有钱了，天天想的就是怎么才能让自己更有身份，怎么才能让自己显得更高贵，奥纳西斯于是就挖空心思地琢磨如何往上爬。这时候奥纳西斯正好认识了李·拉齐维尔，李的姐夫肯尼迪当时已经是美国总统了。奥纳西斯就想，我要是跟美国总统当了连襟，那我这土财主不就一跃成为贵族了？于是他就狠命地追求李，这个李似乎也很享受这种感觉。据说有一天她还跟自己那王子老公说："有一天也许我会成为奥纳西斯的人……"当时那王子还特别冷静地说："那你得问奥纳西斯娶不娶你。"

结果这时候正好出了一件事儿，杰奎琳·肯尼迪生下的孩子夭折了，当时肯尼迪特别忙，整个世界正处于冷战期间，再加上要竞选连任总统，所以肯尼迪根本就没空儿顾家，没空顾得上杰奎琳。孩子的夭折本来就让杰奎琳特别痛苦，再加上肯尼迪忙于政务，对她根本就无暇顾及，此时的杰奎琳非常失落和愤怒。当然，杰奎琳愤怒还有一个重要的原因就是玛丽莲·梦露。大家知道，玛丽莲·梦露当时跟肯尼迪的关系几乎就是公开的，几乎全世界的人都清楚，都在电视上看到玛丽莲·梦露风情万种地给总统过生日，唱生日快乐歌。你说对一个女人来说，自己的丈夫和一个女影星都已经到了这个地步，生下的孩子又夭折了，处在病痛中老公也不管，还有什么比这更痛苦的？杰奎琳当然会非常失落。

这时候正好她的妹妹李·拉齐维尔给姐姐打电话，杰奎琳就这么一个妹妹。李说，那你来希腊玩吧，来散散心，我给你准备一艘大游艇，然后如何如何。这时候，李跟奥纳西斯两人的关系已经走得很近了，就差谈婚论嫁了。于是杰奎琳就对肯尼迪说要去希腊度度假。肯尼迪就说，你去希腊度假可以，但是不能见奥纳西斯。杰奎琳的妹妹和奥纳西斯的关系，肯尼迪总统都已经知道了，肯尼迪总统之前就跟李说过，如果你要嫁给奥纳西斯，那也必须在我连任之后。实际上，人家谈婚论嫁跟你肯尼迪有什么关系，只是肯尼迪觉得自己的家族很高贵，觉得奥纳西斯根本配不上她，再加上奥纳西斯的名声非常不好，可以说是个唯利是图的大奸商，所以肯尼迪家族对于李和奥纳西斯之间的关系非常反感。这时候，肯尼迪一听杰奎琳也要去希腊，就说，你去希腊可以，但你必须让他们承诺，如果你上船，奥纳西斯就绝不能同时上船。

杰奎琳·肯尼迪到了希腊以后，见到了自己的妹妹和奥纳西斯。杰奎琳在希腊得到了奥纳西斯非常高标准的款待，她乘着豪华游艇到希腊的各个岛游玩。她还坐上了当时全世界最豪华的游艇，有九十九米长，这艘游艇当年丘吉尔也曾乘坐过。杰奎琳住的就是丘吉尔住过的套房，房间里到处都是玫瑰……并且杰奎琳·肯尼迪回到白宫的时候，还带回来了大批好东西，都是奥纳西斯送的，包括各种珠宝、衣服，这些珠宝中还有价值五万美元的钻石。当时的五万美元可跟今天的价值不一样，我隐约记得当时美国总统的工资也不过五万美元一年。可是肯尼迪对这些都不关心，按说任何一个丈夫，你的夫人去了希腊，回来的时候从那儿弄来了那么多衣服、那么多珠宝，你不关心是谁送给她的吗？奥纳西斯居然送给了杰奎琳那么多值钱的东西！所以说，杰奎琳和奥纳西斯之间的关系其实在这个时候已经露出了端倪，只是肯尼迪一直忙于竞选，把这些事情忽略了。

最后大家都知道肯尼迪总统遇刺身亡，当时杰奎琳陪着肯尼迪去达拉斯参加竞选，结果肯尼迪在达拉斯遇刺。之后美国为肯尼迪总统举行了国葬，在葬礼上，奥纳西斯居然出现了，当时美国的官员都震惊了，说，这个希腊奸商怎么配来参加肯尼迪的葬礼？原来肯尼迪的葬礼虽然是国葬，但是作为肯尼迪总统的遗孀，杰奎琳当然有权利确定出席葬礼的宾客的名单，于是奥纳西斯就堂而皇之地出现在了肯尼迪的葬礼上。接下来更加令人震惊的事情发生了，几年之后，在她的妹妹李·拉齐维尔毫不知情的情况下，杰奎琳居然宣布嫁给奥纳西斯。这时候，她已经不能再叫杰奎琳·肯尼迪了，而是成了杰奎琳·奥纳西斯。当时李·拉齐维尔完全震惊了，等于是姐姐抢了自己的未婚夫，所以整件事情让全世界都震惊了，当然这件事情也让全美国人民觉得蒙羞。

所以大家看一看，整个故事看下来是不是一场“五角恋”？出身贫寒的玛丽莲·梦露，小时候还曾被性侵犯，长大以后成为影星，却是那样一个很奇怪的性格；杰奎琳姐妹，一对家道中落家庭的姐妹花；再加上一个草根出身的奥纳西斯和世家子弟肯尼迪兄弟之间这种错综复杂的关系，如果拍成电影，估计一集都拍不完，一定是一部精彩的“五角恋”电影。

| 悉尼歌剧院建成 |

1973 年的这一天，著名的悉尼歌剧院建成。全世界人民一提到澳大利亚首先想到的可能就是悉尼歌剧院，当然有些孩子的第一印象也可能是树袋熊或者是袋鼠，但是绝大多数人对澳大利亚，尤其对悉尼的第一印象就是那个白色的标志性建筑——悉尼歌剧院。悉尼歌剧院当年经过了漫长的建设过程，用了十四年，因为这个工程实在是太复杂了，施工工艺非常复杂，里面涉及的结构力学问题、工艺问题都非常多。在 1973 年的这一天，悉尼歌剧院终于建成了。

关于建筑的问题，在这儿我多说一句，我妈妈是学建筑设计的，我爸爸是学土木工程的，他们都毕业于清华大学。我爸爸就经常说：“我们学土木的最倒霉，又土又木。这个建筑成功了，所有人都说建筑漂亮是建筑师设计得好，但是这个建筑塌了，那就会先把结构工程师抓起来，而建筑设计师没责任。建筑设计师就会说我只管设计，至于它里面的力学问题，什么柱子、梁子的设计等都跟我没关系。这建筑盖塌了是结构工程师的问题，而这建筑成功了是建筑设计师的功劳。”所以结构工程师特倒霉，尤其是当建筑设计师突发奇想，想出那种特别奇怪的结构，结构工程师就得仔细去设计，施工的时候就非常非常费时间，而且也很费钱。悉尼歌剧院本来要在 1963 年竣工，但最后又拖了十年，到了 1973 年才竣工。

像鸟巢这类建筑，还有很多不规则的建筑，就是这种情况，施工都非常非常难。当然了，像悉尼歌剧院这类建筑多花些时间和钱还是值得的，因为它是标志性建筑。我曾经应邀给英国一本叫 *Wallpaper*（《墙纸》）的杂志写过一篇文章，讲的就是关于北京的建筑。我说，北京现在是全世界的建筑师释放魔鬼的地方，因为艺术家心里都有魔鬼，但大部分建筑，人家不会让你把心中的魔鬼释放出来，如果你想释放，那你可以自己回家盖去。但很多建筑师发现中国是一个可以释放心中魔鬼的地方，于是就在中国建了很多奇奇怪怪的建筑。

悉尼歌剧院是一座非常漂亮的建筑。有人说它是帆，因为悉尼是海港；有人说它是贝壳，珍贵的、漂亮的、纯白的贝壳。悉尼歌剧院的建筑设计师是一位丹麦建筑师，他说其实这座建筑既不是帆，也不是贝壳，当时也实在想不出来它的样子，结果他正好在吃橘子，把橘子掰开以后一看，咦，这橘子瓣的形状很美，于是悉尼歌剧院就被设计成了一个橘子掰开了几瓣的样子。

| 台湾华语歌手张雨生去世 |

在 1997 年的这一天，张雨生因为醉酒驾驶发生车祸去世，纪念雨生！雨生是一个非常爱喝酒的人，我跟他非常熟，他去世前一两年的时候，我们俩曾经在北京合作过很长时间。当时是在丰华唱片共事，我们还共同担任了黄磊的第一张唱片的制作人。因为黄磊没唱过歌，所以每天雨生教黄磊唱，我教黄磊乐理，那段时间，我们天天一起工作在录音棚里。张雨生特别爱喝酒，他每天收了工都要来八两二锅头。雨生当时很年轻，长得也很帅，声音也非常清亮，这一般让人想不到，因为大家一般都会认为爱喝酒的人都是唱摇滚的，而雨生不是。

雨生还真的是特别爱喝酒，那天我记得特别清楚，当时丰华唱片和我们在一起工作的总经理小鹏打来电话说："告诉你们一个不幸的消息，雨生喝了酒撞在了电线杆上，而且连刹车痕迹都没有。"他当时开的是一辆跑车，出了车祸，所以一定要切忌切忌醉酒驾驶，酒后驾车是千万不能做的。而且雨生当时正好在转型，从一个歌手转型成优秀的制作人，他刚刚捧出了张惠妹，也是丰华唱片的。他正处在人生转型期，而且刚刚取得成功的时候，就去世了。华语乐坛由此少了一位优秀的歌手和一位可能更加优秀的制作人。

纪念雨生！

10月21日

《晓松说——历史上的今天》来到了10月21日。1328年的这一天，朱元璋出生；1600年的这一天，日本爆发了关原之战；1977年的这一天，中国媒介公布恢复高考制度。

| 日本关原之战爆发 |

1600年的这一天，日本爆发了关原之战。关原之战是我们的叫法，日本管它叫“关原合战”。在日本，通常大的战役都被称为“合战”。日本大的历史脉络虽然很简单，但日本内部的历史非常复杂，有无数个小国、无数个番等，我们很少讲日本的历史，但是关原之战是一定要讲的。在日本，关原之战是一场具有决定意义的战争，此战一举奠定了日本后来长达二百五十多年的“江户时代”，就是德川幕府统治的年代。前几年有一套畅销书，叫《德川家康》，有好多本，在中国很流行，很多人都看过，大家通过这套书对那段历史有了很多了解。正是通过关原之战，德川家康建立了自己对日本的统治地位。关原之战应该算是日本古代史上最大的一场内战，而且它牵扯到了日本古代史上在全世界最有名的几个人，号称日本的“战国三杰”，这“战国三杰”就是大家都非常熟悉的织田信长、丰臣秀吉以及德川家康。

说到日本的“战国三杰”，在这儿我多说一句。我曾经在日本看过一个书法展，我到别的国家特别喜欢去博物馆，到处看展览，这天正好看到了这个日本的书法展。结果那天特别凑巧，我居然同时看到了织田信长、丰臣秀吉、德川家康这三个人的手迹。他们三个人的作品就挂在一间小屋子里的墙上，我喜出望外，于是就非常仔细地去看。这三个人的书法作品非常有特点，织田信长和德川家康两人的书法风格非常像毛主席的风格，字体都是龙飞凤舞的，下边这一大竖直接就戳下来了，而丰臣秀吉的书法相对来说还是比较中规中矩的。从一个人的书法作品中其实能看出一个人的性格，尤其这种雄杰的书法能非常明显地体现出他们的个性，织田信长和德川家康的风格就很像毛主席。

下面我就来简单地讲一讲日本关原之战的时代背景，当时正处在日本的战国时期，这既有点儿像中国的战国时期，又有点儿像中国的三国时期，反正就是一个群雄并起的时代。我跟日本人聊历史的时候，日本人特有意思，他们说：“其实你们中国有过的历史我们日本也都经历过，你们的南北朝时代我们有，你们的战国、三国时代我们也有。我们唯一和你们不同的是你们每段历史都至少重复三次，而我们都只有一回，所以你们是分久必合、合久必分，分久必合、合久必分，分久必合、又合久必分，但来回来去就这一件事儿，而我们就只经历一轮。”日本有一点和我们不一样，日本历史上没有过咱们这种情况：皇帝今天姓李，明天又改姓朱，后天又姓爱新觉罗了，这个在日本是没有的。所以日本的历史不管怎么复杂，江户时代也好，幕府时代也好，天皇家族永远没变过，日本民族觉得天皇就是“神”，而老百姓就是“人”，最多当到征夷大将军、当到关白，那就已经是最顶级的了。

日本的“征夷大将军”，用到“夷”这个字。古代中国人管外族叫夷，像什么满夷等，日本人也管外族叫夷，日本民族也觉得自己的民族才是正统的，而其他的就是夷族。“关白”是日本的一种古代职官，就是涉政的意思，其实在日本，天皇一直以来并没有什么权力，他就一直在京都待着，到了明治维新时期天皇才开始有了实权，大家才开始说天皇说的话我们听，等等，而在这之前日本都是幕府、关白大将军说了算。日本一直是二元政治结构，但天皇一直都存在，所以日本虽然也一直发生着所谓的改朝换代，但实际上天皇并没有改，改的是谁家当这个幕府，谁家管事儿。中国不是，中国的皇帝是一直在换，但中国人讲的是“忠”，当然“忠”不是那种信仰神似的“忠”，而是忠于皇帝，至于这个皇帝是姓李，还是姓朱，或者是姓刘，都没有关系。当然了，在中国如果你真姓一外国姓，那还是有很多问题的，你只要不是外族人，皇帝姓什么都没关系，大家都会忠于你，就像一个人孝敬一个父亲一样，我只要忠于一个皇帝就行了。所以中国历史上连续地改朝换代，而日本一直就是这一个天皇家族，而管事儿的是来回来去地换。

到了日本的战国时代，出现了三位重要人物，也就是我们前边说的“战国三杰”。首先是织田信长，可谓一代雄杰，但后来织田信长被刺杀了。织田信长被刺杀以后，丰臣秀吉就把织田信长下面的力量都收归到了自己麾下，那时候实际上连德川家康也开始听丰臣秀吉的了。丰臣秀吉当时做了关白，而关白长期以来都是贵族，丰臣秀吉却是平民出身，于是天皇就赐了他“丰臣”这个姓氏。丰臣秀吉在日本历史上非常非常有威望，以至于现在一说到“太阁”，就成了丰臣秀吉的专有名字。实际上在日本，所有退休的关白都叫“太阁”，所以日本历史上其实有很多个太阁，但今天日本人说的太阁就是丰臣秀吉，就像我们中国人说文正公，一般都是指范仲淹，顶多有时候还指曾国藩。

丰臣秀吉在做了关白之后，目光比织田信长要长远一点儿，他自己心里就琢磨：“现在这一切都归我了，那我能干点儿什么更来劲的事儿呢？”于是他就想做点儿大事儿。他一想，这中国怎么一会儿陈胜、吴广一揭竿，你们就改朝换代了；一会儿陈桥兵变，就黄袍加身，你们又改朝换代了。你们这朝代好像换得挺容易的，那我也来试试得了。从这儿也可以看出日本人对中国历史非常了解，其实日本人长期以来都在学习和研究中国历史，恨不得比中国人还熟悉中国历史。中国有大量的史书失传了，后来很多都在日本找到了。当时丰臣秀吉就说，那我也来试试吧，看看我能不能再让中国改朝换代。当时他已经制订了要征服全中国的计划，决定先打朝鲜，然后进攻中国。当时朝鲜的宗主国就是大明帝国，于是中国出兵援朝，日本总共在朝鲜打了两次，可以说是胜负各一次，基本上打成了平手。丰臣秀吉非常地失落，心想，我这还没打到中国国境，光在朝鲜就跟人打一平手，我怎么能征服全中国呢？而当时中国并没有出动全国之力，只是派了辽东偏师李如松来和丰臣秀吉打，而丰臣秀吉可是出动了当时日本所有最精锐的部队，包括在后来的关原之战中出现的这些主将，像小西行长、岛津义弘等，全都出现在了朝鲜战场上。所以日本以倾国之力来挑衅中国，中国仅仅用辽东偏师就和它打了一平手。于是这丰臣秀吉连气带病，就一病而亡。丰臣秀吉一死可就要了命了，因为他的地位当时并不稳固，他一死马上各种人就开始蠢蠢欲动。于是德川家康就联络了当时日本关东一带所有的大名，大名就是那些土地或庄园的大领主，德川家康就想日本是不是也该是我的了，我是不是也该当征夷大将军、是不是也该当关白了？于是就爆发了这场关原之战。

关原之战简单说，就是以德川家康为首的关东诸军二十多个大名，大概有十几万人，和关西诸军在关原这个地方进行的决战。这场决战只打了一天就结束了，为什么呢？因为之前已经做了很多很多的准备，德川家康是一个非常有谋略的人，之前德川家通过联姻已经跟好几个大名都联络好了，然后通过封礼又联络了很多大名，而且他还买通了关西军中的五六个大名，这些人就准备在阵前倒戈。所以这场战争如果没有德川家康之前的这些准备，关东军其实是打不过关西军的。日本在明治维新以后，也曾经请过德国的军事顾问到自己国家来。德国的军事顾问到日本以后，还专门看了当年关原之战的地图以及布阵图。看完以后，德国顾问说："这么布阵的话关西军是必胜啊！"但是这场战争在德川家康的指挥下，确实是关东军取得了胜利。

关原之战奠定了日本之后二百多年的江山社稷，这场战役有点儿像我们当年的山海关之战，被称为"灭国之战"。当年在山海关战役中，吴三桂战胜了李自成，奠定了中国后来二百多年的历史。在关原之战之后，又经过了一些年，德川家康又彻底地剿灭了其他家族，包括小西行长、石田三成等都被抓起来斩首了。整个日本的近代史就是从关原之战开始，一直延续到明治维新，这就是所谓的"江户时代"。

| 中国媒介公布恢复高考制度 |

下面来说说 1977 年中国恢复高考制度。今天的年轻人根本不能体会恢复高考对那一代人来说有什么意义，也体会不到当年参加高考是什么感觉，因为整个时代已经经历了巨大的变迁。今天虽然大家对名校的招生还有很多争议，说为什么在北京、上海等大城市招生的比例不一样，像清华、北大在北京招得多，复旦在上海招得多，南开在天津招得多，这对其他地区的考生不公平等，但是至少今天如果你只是想上大学，而不是非要上清华、北大、复旦这样的名校，那比当年可是容易多了。现在像北京、上海这些大城市高考的升学率已经超过了 50%，那个年代可不一样，当时刚刚恢复高考，第一大学少，第二考生非常非常多，所以升学率非常低。

大家知道，整个“文革”十年都没有举行高考，1977 年 8 月至 9 月，全国招生工作会议召开，决定恢复高考制度。从老三届开始插队下乡，然后一届一届积累下来，到 1977 年已经积压了十二届毕业生（1966—1977）。大家很难想象，那个年代有多少人怀着大学梦，有多少人在插队的时候一边种着地，一边还读着书，就梦想着有一天还能高考，所以恢复高考对当时的中国来说是极为震动的一件事情。到了 1977 年冬季，全国十二届中学毕业生一起参加高考，创下了年龄跨度的最高纪录，从十五六岁到三十几岁的全都进入了考场。在之前的那十年当中，很多很多年轻的学生永远失去了读书的机会，初中毕业或者高中毕业以后就开始上山下乡，当年我们称他们为“知识青年”，其实他们并没有多少知识，所以后来他们回城之后就出现了很多问题。当年恢复高考，给很多上山下乡的“知识青年”带来了希望。最后那年能考上大学，也就是 1977 年冬季高考、1978 年春季入学的那一批都是这十二届里最好的精英，所以大家看到各个学校 77 级、78 级都产生了很多栋梁之材。

咱说文艺界最著名的吧，电影学院 78 级的同学有张艺谋、陈凯歌，他们都是插队十来年以后才考进了电影学院，那时候都已经二十八九岁了。那届同学当中还有侯咏，基本上是应届高中毕业生，考进来的时候刚刚十八左右。结果大家在一个班里上课，相差十多岁。78 级后来出了很多著名导演，被称为“第五代导演”，包括田壮壮、陈凯歌、张艺谋、顾长卫、侯咏，还有女导演李少红也是第五代导演的精英之一。除了导演之外，还有许多著名的演员，张丰毅等都是 78 级的。音乐学院 77、78 级也出了很多大家，其中谭盾、瞿小松、郭文景、叶小纲都是著名的音乐家，他们是同一班的，他们班还出了一个又是音乐家又是作家的刘索拉。其实在各个领域 78 级都出了很多优秀的人才，但搞艺术的优秀人才会更明显地集中在 78 级，这是因为很多人经过了生活的锤炼，经过了上山下乡、进工厂，在各种各样的岁月中穿梭，积累了很多阅历，所以这一届艺术院校的栋梁之材最突出，这就是 1977 年恢复高考的重要意义。

10月23日

《晓松说——历史上的今天》来到了 10 月 23 日。1940 年的这一天，球王贝利出生；1954 年的这一天，著名导演李安出生；2003 年的这一天，宋美龄去世。

| “华人之光”李安导演出生 |

先来说说“华人之光”李安导演。李安称得上今天这个世界上最最著名的华人艺术家。他曾经两次获得过奥斯卡最佳导演奖，这在全世界的导演当中都是凤毛麟角，自 1975 年获此殊荣的导演加起来也就只有四五个人，在整个美国电影历史，甚至在世界电影历史上，这都是极为罕见的，所以我说李安是真正的“华人之光”。

前一阵我曾到西班牙去，采访过两位西班牙导演，这两位导演是西班牙这些年来最最著名的阿莫多瓦兄弟。我当时就问他们：“你们知道哪些中国导演？”两个人都毫不犹豫地首先说到李安，然后是王家卫、张艺谋。我跟他们说：“你们说的这三个中国导演非常有代表性，他们三个正好来自中国的三个地方，李安导演来自台湾，王家卫导演来自香港，张艺谋导演来自大陆。”可见我们华人各个地方都能产生好的导演，这三位在世界上最著名的中国导演就分别来自三个地方。

王家卫导演拍的主要是艺术电影，他得过很多大奖，在电影界也有着很高的地位。他曾经当过戛纳电影节的评委会主席，但是他从来没有一部电影大卖，包括他在美国拍的那部由好莱坞大腕出演的《蓝莓之夜》，也没有取得太高的票房。张艺谋导演也只有《英雄》曾经有过几千万美元的票房，算是中国大陆电影当时在美国最好的票房了，但那个时候张艺谋还没有执导奥运会的开幕式，在世界上也不怎么有名，所以当时还是在前面挂了昆汀·塔伦蒂诺导演监制。其实昆汀·塔伦蒂诺导演根本没有监制《英雄》这个电影，只是后来给他看了一下，加上昆汀·塔伦蒂诺本人是个武打电影迷，曾经拍过《杀死比尔》等。所以《英雄》在美国上映的时候挂了昆汀·塔伦蒂诺导演监制，这才使这部电影变成一部美国的主流电影去发行，最后也就是几千万美元的票房吧。相比之下，李安导演的成就最大，票房也是最高的，可以说是两者兼备。他得过很多艺术方面的大奖，包括威尼斯电影节最高奖、柏林电影节的最高奖，还有奥斯卡的最高奖，而且他的票房也极其成功。《卧虎藏龙》当年的票房就高达两亿多美元，《卧虎藏龙》这部电影实际上并不是个美国电影，基本上是咱们中国的很多明星演的，但在美国获得了非常高的票房。还有一位华人导演也拍过很多高票房电影，就是吴宇森导演，这些电影名字说出来人家都知道，像《变脸》《断箭》等，都属于好莱坞的主流电影，票房也很高，但是如果你问这部电影是谁导演的，很多人都不知道是吴宇森导演的。这就是吴宇森导演跟李安导演的区别，当然在美国的电影圈当中，大家还是公认吴宇森是非常非常棒的导演的，甚至用“吴”命名了他拍的那种类型的电影。在星光大道上也有吴宇森导演的大手印和大脚印，但是你到外面一问，大家知道的还是李安、王家卫、张艺谋这三位导演。

李安导演的成功也是非常励志的故事，他是那种靠后天不断努力、坚持奋斗，最终成功的典范。当然李安导演也是从小就热爱电影，在台湾读书时他就开始学戏剧，学表演，然后又到美国伊利诺伊大学继续学戏剧、导演，最后毕业于美国最好的电影学院纽约大学导演系。很有意思的是，即使是最著名的纽约大学电影学院导演系，在一个班的学生中最后也只有李安一个人做了导演，从这儿大家就能知道做艺术的就业率多么低，这一个班能出一个导演就非常非常不错了。李安导演刚刚毕业时的求职路非常艰辛，他到处求职不成，自己一点儿收入都没有，极为清贫。李安的太太是一位科学家，在美国大学里做实验室的工作，这种工作也挣不了多少钱，李安一开始就是靠自己太太的一点儿微薄的工资生存。找不到合适的工作，李安只能负责在家带孩子、做饭、买菜、做家务，但在这个过程中，李安很多年一直坚持写剧本、投稿。后来，李安还做过看仓库那种最低最低收入的工作。李安说，自己做这样的工作一是为了养家糊口，再就是因为在做这种工作的同时能抽出空儿来写剧本，能坚持创作。

大家知道，华人的整个生活背景、文化背景都跟美国很不一样。李安是上大学以后才去的美国，所以很难融入美国的主流文化，但是李安的幸运之处就在于他正好赶上了台湾电影开始改革的年代。当时为了发展台湾的电影业，建立了辅导金制度，通过举行剧本比赛，当局出钱鼓励把这些最好的剧本拍成电影。于是李安就把自己写的两部剧本寄到台湾去，准备赌一把，看能不能获奖，拿到辅导金。结果连李安自己都没有想到，这个剧本比赛一开奖，所有人都惊呆了，获第一名的是李安的《推手》，获第二名的是李安的《喜宴》，他的两部剧本居然包揽了大赛的第一名和第二名。李安的电影生涯于是由此开始了，台湾给了他两笔辅导金，分别是四十万元和二十万元。于是李安就先拿这四十万元的辅导金拍了《推手》。

大家想想，台湾“中影”给的预算是一千二百万台币，这还是在纽约拍，这点儿费用可想而知整个拍摄会有多艰苦。当时李安到处找制片公司，这么低的成本谁都不愿意接，最后找到了一家非常小的制片公司。这个制片公司小到什么程度？就是只能和另一家制片公司共用一间办公室和一个电话号码，以至于电话打进来，两边都不敢接，先得听留言说我找哪家公司，然后才敢接起来。这个小制片公司是一个叫詹姆斯的开的，后来詹姆斯也成了李安一生中最好最好的合作伙伴，他俩后来合作拍了很多很多电影。当时李安没有名气，詹姆斯也是无名小卒，但詹姆斯接下了李安这部小成本片子，詹姆斯当制片，李安做导演，两个人一起拍。这部片子拍得非常艰苦，他们没有钱去租道具，所有的道具都是李安从家里拿来的，演员也都是自己的朋友。《推手》这部片子拍完以后，没挣到钱，所以说这些电影前辈还是很有经验的。当时詹姆斯也很颓废，说我们费了那么大劲儿，两人甚至不吃不睡，省吃俭用地拍了一电影，结果什么也没得到，实际上《推手》这部电影还是锻炼了他们。

接下来因为还有《喜宴》的二十万元的辅导金，于是李安又和詹姆斯合作拍了《喜宴》。这部电影的拍摄依然特别艰苦，在《喜宴》当中有一个表现婚宴的大场面，当时李安几乎把所有能找到的华人朋友全都叫来一起演。最后天不负有心人，《喜宴》最终入围柏林电影节的主竞赛单元，也就是金熊奖的竞赛单元。当时李安和詹姆斯一起赶往柏林，坐在飞往柏林的飞机上，詹姆斯就跟李安说："要是这部片子今年再没买主，回纽约，我们就得关门了。"所以两人当时到柏林去，也就是去赌这最后一下，如果这部片子再得不了奖，可能两个人就都得改行了。但是老天不负有心人，《喜宴》最终获得了金熊奖，这也成了改变李安人生的重要时刻。

李安苦熬了那么多年，终于得了奖。那一年还特别巧，颁出了两个并列的金熊奖，两个获奖导演都是华人，一个是李安导演的《喜宴》，一个谢飞导演的《香魂女》，两人共同获得金熊奖。《喜宴》获奖以后，这部片子卖到了许多国家，卖了三千多万美元票房。这在华人的艺术片里是很少有人能突破的纪录。

李安导演的电影讲的都是特别基础的人性的东西，讲的都是细微的感情，这种东西全世界人民看了都能感同身受。《喜宴》的成功之处其实并不是票房有多高，这个电影也算不上大票房的电影，其独到之处就是李安对情感的刻画特别特别细腻。李安回到美国之后，就得到了一个特别好的导演机会，就是大名著 *Sense and Sensibility*（《理智与情感》）的电影改编。大家知道，大名著改编的电影是最好的机遇，因为名著本身就有市场，拍成电影大家都愿意去看。一个华人导演居然获得了导演英国名著的机会，确实非常难得，李安出手不凡，《理智与情感》大获成功。

紧接着李安又拍了《卧虎藏龙》。《卧虎藏龙》应该说算是迄今在全世界最成功的华人电影，这部电影不但获得了两亿多美元的票房，而且获得了多项奥斯卡奖。当时这部电影在美国非常火，我记得美国各个电视台的主持人在说到这个电影的时候，都不说电影的英文名字 *Crouching Tiger*，*Hidden Dragon*，而是直接说中文的“卧虎藏龙”。李安导演当年拍《卧虎藏龙》可谓破釜沉舟，他说：“我不要酬金，我就直接入股，我相信这部电影一定能成功。”大家知道，入股以后就不是拿酬金了，而是要分账，最后这部电影两亿多美元的票房，李安分得的具体钱数我就不说了，他大概能分到10%的样子，美国导演最高的酬金也超不过这个数。李安导演非常非常热爱电影，而且能非常认真地一步步把一部电影做好，很多电影人也热爱电影，但是真正能像李安导演这样认真的其实并不多，李安导演的这一点非常难得。

李安导演有两个特点，第一个特点就是他能拍出完全不同风格的电影，像《少年派的奇幻漂流》《断背山》《色·戒》《卧虎藏龙》，还有《喜宴》这几部电影，风格就完全不同，你都不会相信这是同一个导演导的，这也说明李安导演勇于突破自己，不断探索新的风格。再一个特点就是李安特别爱拍那些生僻的小说，他只拍过一部畅销书电影，还是人家请他拍的，就是英国名著《理智与情感》。而李安其他的电影剧本最初那两部是自己写的，后来很多都是来自比较生僻的小说，像《卧虎藏龙》就是一部几乎没人提起的小说。这部小说是几十年前的一个作品，居然被李安导演从故纸堆里翻出来，而且他居然以特别能让美国人接受的方式，拍出了这样一部大获成功的电影。《断背山》这部电影也是，《断背山》之前是一个很短的短篇小说，也没有什么名气，结果被李安导演给发现了。《色·戒》应该算是张爱玲小说里最最不被重视，也最没名气的，也被李安翻出来给拍成了电影，而且都获得了成功。所以说李安导演是一个真正的艺术家，在美国他属于纽约学派导演。纽约学派导演跟好莱坞拍商业电影的那些导演不同，纽约学派的导演有自己的风格，而且风格特别明确。李安导演偶尔也会跟好莱坞做一下交易，李安想拍个艺术片，好莱坞给他投了一个叫《与魔鬼共骑》的片子，讲的是南方军里有主人带着黑人仆人去打仗。但是因为美国人民也是被历史跟政治洗过脑的，大家就认为南方军是坏的，南方军是奴隶制的，北方是好的。于是李安的这部《与魔鬼共骑》的电影因为有政治立场的问题，最后就没有能够在美国公映，这部片子好莱坞就赔了钱。后来李安导演就和好莱坞交换说，既然《与魔鬼共骑》这部片子你赔了钱，那现在我再给你拍一部纯商业片，于是就拍了《绿巨人浩克》，也获得了极高的票房。李安就是这样和好莱坞交换的，所以李安是一个既能文艺也能商业的全能导演。

祝李安导演生日快乐!

|宋美龄去世|

2003 年的今天，是宋美龄去世的日子。宋美龄生于 1897 年，2003 年去世，跨越了三个世纪。20 世纪的整个世界可谓风起云涌，也是中国最多灾多难、最复杂的一百年，宋美龄目睹了中国的整个兴衰过程。2003 年的今天，一百多岁高龄的宋美龄在美国去世。

10月24日

《晓松说——历史上的今天》来到了10月24日。1648年的这一天，在欧洲历史上具有重要地位的《威斯特发里亚和约》签订，标志着持续了三十年的战争结束；1991年的这一天，中国棋院正式成立；2008年的这一天，萧克上将去世，萧克上将作为开国的重要将领，在1955年的五十七名上将当中排名第一，纪念萧克上将！

|《威斯特发里亚和约》签订|

1648年的这一天，著名的《威斯特发里亚和约》签订，欧洲持续三十年的战争结束。欧洲的历史可谓错综复杂，欧洲有各种大国、小国，尤其是小国众多，也可能因为咱们对欧洲的历史不熟悉，所以就感觉欧洲的历史非常乱。这个《威斯特发里亚和约》的签订，可以说是欧洲的一个重要的分水岭。在这之前欧洲虽然是有国家的，但最重要的概念不是国家的概念，而是家族、贵族的概念，欧洲的那些国家不停地变换边界就是因为这些贵族之间的通婚。贵族之间结婚了，那这领地就带过来了。如西班牙国王查理一世（1500—1558）就是靠祖父两代的通婚而使国家的版图得到急剧地扩张。他不仅继承了外公外婆的西班牙本土及其在美洲与意大利的殖民地，也得到了祖父哈布斯堡家族在奥地利与中欧的世袭领地，还获得了祖母的勃艮第等地区。在当时的欧洲，国家是跟着贵族走的，因为它是真正的封建社会，各种各样的变化都是以家族利益为主，所以相互之间的战争实际上也是家族之间的战争。即使咱俩不是一个国家的，但咱俩是一家子，你是我表哥，他是我表弟，那咱俩就可以联合起来，作为同一个家族来打。但是从1648年《威斯特发里亚和约》签订之后，国家成了真正的实体，国家利益变成了最重要的利益，而家族的作用就慢慢淡化了，所以这一天是一个重要的分水岭。

在这之前，欧洲持续了三十年的战争，这场战争最初实际上是打着宗教的名义，导火索就是神圣罗马帝国。神圣罗马帝国是一个多民族的国家，而且是中欧地区一个很大的国家，最主要的民族就是德意志民族，后来捷克民族因为受不了德意志民族的压迫起义了。那时候捷克还叫“波希米亚”，“波希米亚”这个词听起来比捷克更浪漫一点儿。捷克人民很倒霉，大家看看捷克开始起义的时间是1618年，经过了三十年战争，在1648年《威斯特发里亚和约》签订以后，战争结束。但捷克真正独立是在一战结束以后，到1918年捷克才独立，所以捷克人民奋斗了三百多年才最后取得了独立。再来说这场战争，这场持续了三十年的战争一开始还只是跟宗教有关，因为欧洲除了家族就是宗教，那是欧洲的主旋律。当时神圣罗马帝国的新教联盟组成了一大群诸侯，天主教联盟组成一大群诸侯，双方就开始打，所以最开始这场战争只是神圣罗马帝国的内战。但是后来战争打到中间的时候，欧洲的各大国都加入了进来，北方的瑞典，还有丹麦、法国、英国等。瑞典那时候还是一个很大的国家，不像现在的瑞典那么小，尤其在军事上很强。丹麦、法国、英国都加入进来支持新教联盟，法国虽然信奉的是天主教，但是因为黎塞留的改革，法国变成了王权大于神权，变成了国家利益至上，所以法国也支持新教联盟。而这些信奉天主教的国家，我们就称它们为保守国家吧，这些国家支持哈布斯堡王朝，就是以奥地利为主，包括西班牙在内的这一大块。所以这场战争慢慢地就从神圣罗马帝国的一场内战变成了几乎整个欧洲都在参与的一场战争，这场战争一直打了三十年，这种大规模的战争在整个欧洲历史上都是很少见的。正是《威斯特发里亚和约》的签订标志着这场旷日持久的战争的结束。

《威斯特发里亚和约》也是世界历史上第一份正式确认国际关系的准则，即国与国之间关系准则的条约，这个准则包括独立、主权等。在这之前大家都没这个概念，所以在这个条约签订以后，才正式开始有了“国际社会”。以前这个世界上，只有宗教以及家族，家族联盟、家族联姻、家族打仗、家族仇恨，只有世仇，在《威斯特发里亚和约》签订以后才有了“国际社会”，才有了大家公认的这些准则。所谓的独立自主、边界、国际条约，以及后来施行的很多国际准则都是《威斯特发里亚和约》开始规定的，比如说优待战俘等。正是从这份条约开始，欧洲开始进入了近代史，从家族之间的历史、宗教之间的历史，变成了国与国之间的历史。

| 中国棋院成立 |

1991 年的这一天，中国棋院在北京正式成立。说句实话，我是因为做这期节目，才知道中国棋院是 1991 年才成立的，之前我一直认为中国棋院早就有了。在我上中学的时候，差不多是中国围棋最鼎盛的时代，我记得大家踢球的时候，一边踢还一边在等围棋比赛的结果。这边踢着球，那边聂卫平和日本或者韩国的那个“棋圣”在下棋，现在谁领先了？最后究竟谁赢了？一边踢球还一边打听比赛结果。突然传来消息说聂卫平赢了！大家当时就高兴得球都不踢了，然后欢呼雀跃，恨不得要上街去游行庆祝。那时候大家一方面确实是都充满着那种爱国情怀，另一方面也确实是围棋在中、日、韩都非常非常火，非常非常流行。当时中国的棋手聂卫平、马晓春，还有后来的常昊、古力大家都非常熟悉。日本也是，从国手吴清源，到后来的著名棋手大竹英雄，在日本都非常有名。韩国也一样，韩国棋手李昌镐等那都是民族英雄。

中、日、韩这三个国家多少年来都是“剪不断、理还乱”的关系，谁和谁唇齿相依，谁和谁一衣带水，谁和谁有仇，最后就都爆发在这围棋上了。那个时候，围棋高手几乎都是被当成民族英雄来拥戴的。当然除了围棋之外，这些“剪不断、理还乱”的关系还曾经爆发在足球上，当然后来足球实在是分出了胜负，差距太大，而围棋那个时候大家可谓旗鼓相当，各自带着自己的民族性格。日本围棋长期以来的风格就是讲究“道”，叫“求道派”。日本这个民族特别有意思，很多东西都是从中国传过去的，但等传到日本都变成了“道”。武到那儿变成了“武士道”，花到那儿变成了“花道”，围棋在南北朝时期就从中国传到了日本，在日本被称为“棋道”。日本人下围棋非常讲究“棋道”，他们下棋的风格不是大杀、大砍，然后围啊、吃啊那种肉搏战的方式，他们追求的是“道”，还保持着过去中国围棋的那种隐士风格。其实中国围棋一开始也是求“道”的，最开始围棋在中国是隐士玩的东西，这些隐士隐居到深山里闲着没事儿干，所以就得找一个特别耗时间的东西，比如下围棋。但是从清朝开始，由于中国整个国势、整个民心士气的问题，导致了围棋的风格大变，变成了大砍大杀，上来就搏斗，上来就跟你断。韩国的围棋也有自己的风格，韩国人是那种特别拧的性格，反映在围棋上也很像。所以中、日、韩三国甭管是下棋还是踢球，都跟大家在抒发自己民族的情感一样，尤其是围棋更体现了中、日、韩三个民族之间的竞争。

1991 年中国棋院成立，那时候正是围棋处在最高峰的时候。我记得在 20 世纪 90 年代，中央电视台的体育频道经常直播各种围棋比赛，大家都特别爱看，讲围棋的那些人也都成了大腕儿，家喻户晓。后来大家可能也注意到了，电视台慢慢地就不播围棋了，开始改播台球了。丁俊晖得了斯诺克冠军以后，台球就更火了，于是大家就开始天天看台球。那个时代也可以说是此消彼长，围棋的势头下去了，台球的势头又上来了。我感觉现在人们越来越不爱看围棋了，以至于现在连围棋联赛的举办都有点儿举步维艰。在中、日、韩三国，大家对今天的围棋高手也都不太在意了，当然现在世界已经进入了娱乐化时代，围棋这种比较求“道”的、比较士大夫阶层的东西慢慢有点儿过时。

我自己也是围棋爱好者，我跟中国棋院以前的院长王汝南先生多年以来关系非常好，我也曾经跟他们混在一起下棋。我还曾经跟马晓春一队，古力跟另外一个水平跟我差不多的棋手一队，两边对战，就是我下一步，那边下一步，马晓春下一步，然后古力下一步。我自己当年也是很爱围棋的，但是围棋这个项目确实是慢慢地衰落了，我个人觉得这可能跟大家太把围棋当成一个竞技项目或者说运动项目有关，什么东西这么一重输赢，一变成运动项目，就会失去原来的味道。大家知道，琴、棋、书、画原来都不是运动项目，琴、棋、书、画都是求“道”的，但是围棋变成运动项目以后，确实有点儿偏离了原来的轨道。

10月25日

《晓松说——历史上的今天》来到了10月25日。1587年的这一天，苏格兰的玛丽女王在英格兰被判处死刑；1936年的这一天，德国和意大利结成轴心国联盟；2002年的这一天，俄罗斯莫斯科发生了劫持人质事件；1971年的这一天，中国恢复了在联合国的合法席位。

| 苏格兰玛丽女王被判处死刑 |

我们先来说一说这位英国历史上最美的女王——玛丽女王，她应该算是欧洲历史上少见的大美人，在1587年的这一天，玛丽女王在英格兰被判处死刑。一说起欧洲的历史，很多人都会感觉非常混乱，英国历史也是如此，他们很多的国王、女王经常还用同一个名字，什么一世、二世、三世、四世，再到五世、六世、七世、八世，这也是造成人们觉得混乱的原因。在这儿说明一下，我们这儿说的这位被处死的玛丽女王不是那位“血腥玛丽”，而是另一位玛丽女王。西方有一种很烈很烈的鸡尾酒叫Bloody Mary，是用番茄汁加上伏特加调制的，这种酒称为“血腥玛丽”，这个酒就是因为“血腥玛丽”女王而得名。“血腥玛丽”应该算是这位被处死的玛丽女王的表姐，所以她们之间的关系非常复杂，我一会儿慢慢给大家讲。

苏格兰和英格兰长期以来都不对付，苏格兰的足球队参加世界杯都不跟英格兰在一块儿，苏格兰还用自己的苏镑，这苏镑也谈不上什么汇率，它跟英镑就是1比1使用，而且离开苏格兰，这苏镑也用不了，但是它就要用苏格兰镑。苏格兰人民一天到晚地闹着要独立，什么事情都和英格兰对着干，包括现在的英国女王伊丽莎白二世，苏格兰人也抗议，因为她不光是英格兰女工，她还是英格兰、苏格兰、北爱尔兰、威尔士联合王国的女王。在伊丽莎白二世登基的时候，苏格兰人又不干了，说，她为什么叫伊丽莎白二世？我们没有过伊丽莎白一世，因为苏格兰一直不承认伊丽莎白一世，伊丽莎白一世当年只是英格兰的女王，而且还处死了他们苏格兰的女王玛丽，所以她就不能称为“伊丽莎白二世”。大家看看，处死玛丽女王的事情已经过去了几百年，可一直到现代，这位伊丽莎白二世女王还是被苏格兰人民抗议，可见苏格兰跟英格兰世仇有多么深。

再说这个玛丽女王，不管是从留下来的画像，还是从对她的记载来看，她都算得上是英国历史上最美的女王。玛丽女王的身高有一米八几，当时整个英国的妇女平均身高才一米五左右，而且据所有的描述都是身材性感，风情万种，男人看见她几乎不能自制。玛丽女王的气质也是无双的，她五岁就被母亲送往法国，在法国的宫廷中长大，最后嫁给了法国国王。苏格兰当时还是一片蛮荒之地，而从小在法国宫廷长大的玛丽女王，培养出了那种雍容华贵的贵族气质。后来她的丈夫也就是法国国王死了，十八岁即成为寡妇的玛丽女王在第二年就又回到了苏格兰做女王，然后又嫁了人。后来这第二任丈夫也死了，关于她的第二任丈夫之死成了历史上的一大疑案，因为刚刚两个月以后，玛丽女王就说自己被绑架了，绑架以后又被一位伯爵给强奸了。对于强奸这件事情，大家也就信了，因为她确实美，长得漂亮，结果玛丽女王说为了维护名誉，那我只好嫁给他了，于是玛丽女王就嫁给了这位伯爵。但是后来据考证，包括验尸结果，以及各种各样的历史学家的推定，都认定她的第二任丈夫之死，就是她和她想嫁的那个伯爵制造的一起谋杀案。不过，玛丽女王的第二任丈夫达恩利虽然仪表堂堂，但是生性狠毒，曾当着玛丽的面残酷杀害了她的心腹女秘书。玛丽确信他会进一步加害自己，所以不久便发生了第二任丈夫的住宅夜晚被炸，然后他被人活活扼死的事件。

所以这个玛丽女王就是这样的一个女人，她比较放荡，而且还谋杀了亲夫，这件事儿也导致了苏格兰贵族对她的不满。当然苏格兰人对玛丽女王不满还有一个重要的原因，就是因为玛丽女王是在法国长大的，大家知道法国是个天主教国家，所以玛丽女王也信天主教。宗教在那时的欧洲是非常重要的，当时整个英国主要是新教徒，而玛丽女王回到苏格兰当女王，而她又信天主教，所以就导致了那些信新教的苏格兰人民的不满。最后苏格兰的贵族发动了宫廷政变，把玛丽女王给关了起来，多年以后又迎回了她和第二任丈夫的儿子当了苏格兰的新国王，也就是詹姆士一世。玛丽女王虽然人被关起来了，但她长得实在是美，这美貌是关不住的，后来她买通了各种看守她的人，反正男人见了她都受不了，她说怎么着就怎么着。最后她就从监狱里跑了出来，逃到了英格兰，投奔了她的表姐伊丽莎白一世。

这个伊丽莎白一世当时是英格兰女王，但是伊丽莎白一世并未顾及姐妹之情，毫不犹豫地就把这个玛丽女王给关起来了，当然一个原因是她信天主教，再有一个原因就是她谋杀过亲夫。其实除此之外还有一个原因，就是这个玛丽女王是伊丽莎白一世的表妹，所以其实她也是有权继承英格兰王位的，那她对于伊丽莎白一世来说就等于是个大威胁。伊丽莎白一世一直关了她十九年，就关在伦敦塔里。伦敦塔就是女王陛下的宫殿与城堡，那里曾经关过各种女王、贵族、革命者，伊丽莎白一世当年也曾经被关在这里。伊丽莎白一世自己的身世也很悲惨，但她和玛丽女王的性格完全不一样，这表姐妹俩可谓水火不相容，一个是受过法国教育的风情万种的大美女，一个是孤苦伶仃长大的。伊丽莎白一世的母亲当年其实就是一个宫女，她父亲之所以要娶这样一个宫女，就是为了让她给自己生个儿子，结果伊丽莎白一世出生以后是个女儿，她的父亲非常生气，就处死了她的母亲，所以伊丽莎白一世的童年非常悲惨。后来，伊丽莎白一世的姐姐上位当了女王还把她关了起来，就关在了伦敦塔中，她姐姐就是著名的“血腥玛丽”，杀人不眨眼，非常血腥的一位女王。直到“血腥玛丽”死了，伊丽莎白一世才从伦敦塔当中被迎出来，继位当了女王。所以伊丽莎白一世也有一种很冷酷的性格，后来她的表妹玛丽女王来投奔她，她也将自己的表妹关在伦敦塔里，一直关了十九年。

其实伊丽莎白一世本来并没想处死玛丽女王，但是这玛丽实在太美，她十六岁的时候嫁给了法国国王，大概两年以后国王就死了，她又回到了苏格兰，二十一岁的时候她又嫁了第二任丈夫，然后很快就又嫁给了伯爵。所以实际上她跑到英格兰、被关进伦敦塔的时候只有二十多岁，然后她就不断地用自己的美貌勾引各种各样的英格兰贵族、军官，结果导致英格兰发生了好几次宫廷政变，大家甚至去刺杀伊丽莎白一世女王。伊丽莎白一世虽然没有她这个表妹漂亮，但非常聪明，也很有雄才大略，她一生未嫁，把自己献给了英国和英国人民，她也是英国历史上最受英国人民爱戴的几位女王之一，英国在她的管理下成为当时欧洲重要的国家。伊丽莎白一世当然知道大家政变的目的，如果她被刺杀成功，那玛丽女王是有继承权的。后来伊丽莎白一世实在忍受不下去了，最终在身边重臣的建议下，决定将玛丽女王处死。就在 1587 年的这一天，玛丽女王上了断头台，国色天香的玛丽女王被她的表姐伊丽莎白一世处死，这年她只有四十五岁。

| 德国和意大利结成轴心国联盟 |

1936 年的今天，德国和意大利在柏林签署了同盟条约，成为“柏林—罗马”轴心，后来东京加入，变成德国、意大利、日本三国轴心。大家知道，意大利一直以来有个称号，就是“猪一样的队友”。意大利人在罗马帝国时代以后就再也不能打仗了，到后来一战也好、二战也好，意大利都是那种“鱼腩部队”，意大利人打仗从来不去进攻，最高兴的事儿就是快快乐乐地去投降。所以不管是谁要跟意大利打仗，你必须得多备好些粮食，为什么？因为刚一开始打，意大利那边突然就会有十几二十万人来投降，你总得给这些俘虏吃饭吧。即使如此，意大利也是法西斯，德国也是法西斯，这法西斯跟法西斯还是有共同的追求，所以两国就于 1936 年签订了轴心国联盟条约。

意大利当时还有一个很不好听的外号叫“食尸兽”，什么叫“食尸兽”？就是专门吃尸体的，意思是别人打仗，什么时候看哪边快不行了，它就会跑去捡点儿胜利果实，就像狮子吃完以后，秃鹫上去再吃点儿一样。一战的时候，意大利就干过这事儿，当时意大利本来跟奥匈帝国是一边的，结果开战的时候意大利不宣战，就在旁边看，觉得奥地利不行了，它就突然倒向协约国一边，向奥地利宣战了，想趁人之危从奥地利那儿抢点儿土地。二战的时候它又干了背叛朋友的事儿，意大利虽然和德国在 1936 年签订了轴心国协议，但 1939 年二战开始后，意大利并不宣战，就在旁边看。一直到德国灭了波兰，然后又打败了法国，眼看法国马上就要投降了，意大利这个时候才很不要脸地向法国宣战，还企图向希特勒要求说，我想要法国的这块地方、那块地方。希特勒对意大利的做法非常不屑，心想，这时候你来了，我独自两线作战的时候，你都在那儿看着，现在来抢功了，于是说："这样吧，你能打赢多少就算你多少。"结果意大利还真去打了，法国已经快要战败了，马上就要投降了，意大利都没打赢在法意边境的法军，所以意大利就是这样一个"猪一样的队友"。

莫斯科剧院发生劫持人质事件

2002 年的今天，在莫斯科剧院发生了劫持人质事件，很多人对此记忆犹新，因为这件事情就发生在十多年前。我记得这在当时应该算是重大事件，电视上每天都在滚动播出。这个事件发生的原因就是车臣问题，这一直是俄罗斯的一个心腹大患，车臣问题涉及民族问题和宗教问题，非常复杂，车臣的恐怖分子不停地发动恐怖袭击、暴乱等。这次恐怖袭击发生在莫斯科的一家剧院里，据说恐怖分子把七百多名观众、一百多名演员以及工作人员全部绑架、劫持在剧院里。当时俄罗斯政府是普京当政，大家知道普京是一个非常强硬的领导人，他坚定地派出阿尔法特种部队去营救。一开始双方还谈判了几天，但是恐怖分子的条件是停止车臣战争，俄罗斯军队撤出车臣，这个要求普京根本没法儿接受。当时为了营救人质，大批的人质家属以及很多莫斯科市民还上街游行了一次，要求停止车臣战争，但是谈判最终还是没有达成一致。最后阿尔法特种部队冲进了剧院，打死了三十多名恐怖分子，包括很多女子，那时候她们被称为"黑寡妇"。这些女恐怖分子的身上都绑着炸弹腰带，随时随地会自杀，和对手同归于尽。在这次营救活动中，有七十多名人质被打死，其中有一半是被恐怖分子打死的，还有一半是被俄罗斯阿尔法特种兵打死的。当时阿尔法特种部队先向剧院里投掷了眩晕弹，这些眩晕弹里有很多有毒的化学物质，吸入以后会让人感到眩晕，有很多人质身体不太好，结果吸入这些化学物质导致窒息而死。所以说，当时阿尔法特种部队在解救人质时实际上是出现了很大失误。

阿尔法特种部队的失误其实还不止这一次，两年之后车臣武装分子又制造了更大的恐怖事件，也是俄罗斯历史上最严重的恐怖袭击事件——别斯兰人质事件。我还记得当时凤凰卫视做的现场直播，凤凰卫视的记者，我还记得叫卢宇光，到了别斯兰的前线去拍摄，突然连人质带恐怖分子一齐冲出来了，就看到摄像机开始抖，恐怖分子开始向人群开枪。大家几乎都能近距离地看到恐怖分子长啥样了，我当时看到直播都快傻了，凤凰卫视演播中心的人急得都快哭了，然后说："宇光，请您小心！"正是这次事件导致了从此之后全世界都支持俄罗斯，都支持普京去镇压恐怖分子。在别斯兰事件中总共有近四百人被打死，是非常残酷的，恐怖分子确实是犯下了反人类的罪行，但是在解救人质的时候，是不是也应该讲究一下策略和方法？在阿尔法部队这两次人质解救事件中，一次死了一百多人（含救援人员等），一次死了近四百人，实际上都叫营救失败。

10月26日

《晓松说——历史上的今天》来到了 10 月 26 日。1825 年的这一天，美国伊利运河开通；1909 年的这一天，日本前首相伊藤博文在哈尔滨被刺。

| 日本前首相伊藤博文遇刺身亡 |

先说伊藤博文，1909 年的这一天，日本前首相伊藤博文在哈尔滨被朝鲜义士安重根刺杀身亡。伊藤博文当时是身中三枪，后因流血过多而死去，临死前他留下的最后一句话就是“浑蛋”。当时他已经知道了是朝鲜人刺杀他，所以非常生气，为什么呢？其实伊藤博文个人是反对日本吞并朝鲜的，他认为日本只需要对朝鲜进行殖民统治就可以，没必要非得吞并它。但安重根与所有渴望独立的朝鲜人都认为，无论是殖民统治还是直接吞并，自己都将沦为亡国奴，这是他们绝对无法接受的。而当时对朝鲜进行残酷殖民统治的太上皇就是伊藤博文，所以安重根在 1909 年时毅然决然地刺杀了伊藤博文，成为朝鲜的民族英雄。就在伊藤博文被刺杀的第二年，也就是 1910 年，日本就正式吞并了朝鲜，如果伊藤博文还活着，朝鲜也许不会那么快就被日本吞并。其实殖民与吞并只是形式上的不同，实质上是一样的，朝鲜人民均遭到了残暴的殖民统治。

伊藤博文当年在日本的地位非常高，他的名字一说出来可以说是如雷贯耳，在日本人民心中，伊藤博文是“国父”（Founding Fathers）级的人物，他的地位和丰臣秀吉有点儿相近。美国当年也有一批“Founding Fathers”，就是那些在费城签署《独立宣言》、制定出《宪法》的一票人。日本也一样，日本明治维新的“九大元老”也被称为“国父”，尤其是伊藤博文。日本的这些“国父”在明治维新时期都起到了各种不同的作用，有军事上的，有政治上的，有外交上的，当时伊藤博文制定了日本的宪法。大家知道，对于一个现代化的国家来说，宪法是国家的根本大法，这对日本人民是最最重要的贡献。伊藤博文早年曾留学英国，学的是海军，后来又到德国研究宪法，所以他是宪法专家。日本从明治维新时期开始，就推行彻底“脱亚入欧”，可谓“万象更新”。为了表示“脱亚入欧”的决心，日本还废止了中医。中医在日本叫“汉医”，到今天我们还是中医、西医并行，中西医结合，而日本为了彻底西化，就连这个在日本传承了上千年的“汉医”都废止了。在明治维新以前，日本是幕府时代，幕府时代最高的管理者叫“关白”和“征夷大将军”。明治维新以后变成了现代政府，要实施君主立宪，要有首相。伊藤博文不但制定出了日本的宪法，还出任了日本现代政府的第一任首相。伊藤博文总共当了四次首相，还做了好几次枢密院议长，所以我觉得伊藤博文对日本的整个近代化、对日本的整个明治维新起到了第一重要的作用。

在伊藤博文任首相期间，中日实际上正在对赌国运。日本在 1868 年开始明治维新，而中国虽在 1840 年鸦片战争后就被打开了国门，但这头“睡狮”直到 1860 年第二次鸦片战争结束之后才被惊醒，开始了洋务运动。所以当时中日两国差不多同时开始革新，如果从时间上看中国开始得还要稍早一点儿。19 世纪 60 年代，中国开始洋务运动。而日本是在四年以后，也就是 1868 年才开始明治维新。日本的基础还跟我们不一样，我们当时 GDP 总量明显要比日本高出许多，但是从 1868 年开始，日本因为改革得彻底，整个民心士气高涨，国运蒸蒸日上。在伊藤博文任首相期间，日本发动了对中国的战争，中日两国通过战争对赌国运。如果当时中国赢了，中国的洋务运动胜利了，中国走向君主立宪，那日本就失败了，就彻底完了。但是日本赢了，明治维新成功的标志就是日本战胜了中国，通过签订《马关条约》，日本拿到了中国两亿三千万两白银的赔款。这次谈判也是由伊藤博文作为全权代表，和李鸿章谈的。伊藤博文在谈判时可谓盛气凌人，日方提出的要求李鸿章必须完全服从，因为在谈判期间大家意见不一致，李鸿章还被打伤了。最后《马关条约》签订，中国向日本赔款两亿两白银，并且把辽东半岛、台湾都割让给日本。后来在俄、法、德三国的强行要求下，日本又把辽东半岛还给了中国，因为他们也不希望日本太强大，但是日本因此又多向中国索取了三千万两白银。

当时日本一年的岁入才几百万两，而它居然一下子拿到了相当于数十年国家岁入的这样一笔巨款。这笔巨款让日本一下子发展起来，一跃成为世界强国。我在靖国神社里看见过一张图，讲的就是这两亿三千万两白银如何分配，大概用九千万两筹建了海军，这九千万两当时能把英国皇家海军全部买下来。日本还用了其中大量的钱来办教育，它们极为重视发展教育，明治维新结束以后，日本的成年国民识字率已经达到了 54%，几乎十倍于中国，这在西方发达国家也是名列前茅的。所以日本明治维新的成功在很大程度上是中国给的这两亿三千万两银子促成的，不然光靠日本自己那点儿收入什么也干不成，日本由此一跃成功。十年以后，日本又去跟俄国赌国运。俄国还不像中国这种衰老的帝国，当时是一个比日本大无数倍的欧洲大强国，但用我们的钱建设起来的日本海军已经是世界一流的海军了，最终日本海军全歼俄国太平洋舰队以及波罗的海舰队主力，日俄战争中日本大胜。

日本在伊藤博文的时代是蒸蒸日上的时代。后来伊藤博文还做了朝鲜的统监，“统监”就相当于总督，实际上就是朝鲜太上皇。由于伊藤博文对朝鲜进行了罪恶的殖民统治，所以爱好独立的朝鲜人民就想要刺杀他，最后在哈尔滨的朝鲜义士将伊藤博文刺死。伊藤博文时代自此结束。

| 伊利运河建成通航 |

1825 年的今天，美国伊利运河建成通航。美国跟中国的面积差不多大小，美国的课本说美国是世界第三大面积，中国第四，俄国第一，加拿大第二，而中国的课本里说中国第三，美国第四，两国计算的面积总会差那么一点儿，主要就是差在对五大湖面积的计算上。今天我们要讲的就是五大湖上的伊利运河。

前面我曾经讲过，美国这个国家实在不知道在哪儿撞了大运，抽了全世界最好的一个签，弄了那块地，全世界没有哪个地方能比得上美国。美国的地底下什么都有，石油储量美国居世界前列，美国只是自己不开采而已，就买你中东的吧，反正你们那儿油也便宜。美国地底下的石油还是得克萨斯轻质油，恨不得喷出来就能用，不像好多国家是重油，开采出来的石油含有大量沥青，要进行分离。美国地底下还有煤矿、铁矿，各种矿产资源极其丰富。美国的大部分地区都是大平原，只有两条山脉。不像我国，大家看中国地图，全世界最高的那些山脉、高原全都在我国，平原的面积很小，中间是一块大盆地。在美国架桥修路也非常容易，不像中国的铁路、高速公路要钻山洞、架桥梁，成本比美国高十倍都不止。美国的大平原种什么长什么，而且森林覆盖率也很高，农业也是世界第一。

美国的地理环境还有更好的一点，就是东、西、南三面环海。美国有很多著名的大港，像东海岸的纽约、费城等，西海岸的旧金山、洛杉矶、圣地亚哥、西雅图，南海岸的休斯敦、新奥尔良、迈阿密等，这些港口全是世界上非常少见的大良港。美国的五大湖是世界最大的淡水湖群，从美国北部一直延伸到中部，到了芝加哥地区。我去过五大湖区，那大湖大到根本看不见对岸，五大湖的面积差不多相当于欧洲的一个国家，所以欧洲人管五大湖叫美国的“地中海”。这五大湖一个连一个，一望无际，但是非常平静，极利于航行。美国还有一条南北纵贯的河，就是密西西比河，通过这个伊利运河，就把五大湖和密西西比河连通了。密西西比河的尾巴和五大湖一连通，船就可以从大西洋一直开进来，直接从美国中部贯穿而过，然后从南海岸进了墨西哥湾。这一整套天然水系让美国成了全世界最最容易发达、最最容易富强的一个国家。正是上天恩赐了美国这么一块地方，美国才变得如此强大。

当初美国纽约州决定建一条运河，也就是伊利运河，为什么呢？因为五大湖的出海口在加拿大，连着尼亚加拉河、圣劳伦斯河。美国没有占据五大湖的出海口，但它有一条河叫哈得孙河，纽约港就在哈得孙河入海口。哈得孙河的河面很宽，有一次飞机出故障还曾经直接迫降在哈得孙河上。哈得孙河的尾巴离五大湖很近，于是美国就决定开凿一条运河，把哈得孙河和五大湖连接起来，这样五大湖区生产的东西就可以从纽约运出去了。美国五大湖区周边的大城市如云，从最西边的密尔沃基，到芝加哥、底特律、克利夫兰等，当年的制造中心芝加哥、“汽车城”底特律都闻名天下。有了伊利运河，当年五大湖区生产的东西就能直接在纽约装船，运到世界各地。密西西比河和长江几乎一样长、一样宽，但密西西比河就是因为屁股上有伊利运河连通了五大湖，航运量比长江多十倍都不止，伊利运河的建成对美国中西部地区的繁荣发达起到了至关重要的作用。

现在随着世界格局的变化，世界工业在向亚洲转移，尤其是在向东亚转移，世界上的大工业线都转移到了中国、日本和韩国。五大湖区的工业迅速衰落，底特律也破产了，芝加哥也彻底没有了工业。历史就是这样，有兴有衰，月盈则亏，盛极而衰。

10月27日

《晓松说——历史上的今天》来到了10月27日。1930年的这一天，台湾爆发了雾社起义；1915年的这一天，美国志愿兵首次出现在一战战场。

| 台湾雾社起义爆发 |

先来讲讲1930年的今天在台湾爆发的雾社起义。很多人并不知道雾社起义，其实雾社起义原本在台湾也不是尽人皆知的事情，如果你在台北的街上问大家知不知道雾社起义，大概也只有台湾的一些少数民族，像高山族比较了解。但是后来由于一部大票房电影《赛德克·巴莱》，让台湾人民一下子全都知道了这次起义。《赛德克·巴莱》在台湾的票房大概有八亿新台币，非常高。这部电影的导演是魏德圣，我也认识他。魏德圣是一位极为令人尊敬的导演，不光是他的作品，他的为人也令人非常敬佩。他的第一部电影，著名的《海角七号》，曾创下了台湾有史以来的最高票房，他的第二部电影《赛德克·巴莱》也是大票房。魏德圣对电影的热爱到什么程度？当年《海角七号》就是他把房子卖掉去拍的，能够卖房子去拍电影，可见他对电影的执着。不过这也能看出他的老婆简直太好了，当时魏德圣卖了房子拍电影，他老婆什么话都没说，而且当时他老婆还怀着孕。要搁咱们这儿，丈母娘肯定先不干了，还让你卖房子拍电影，想都别想。结果《海角七号》票房大卖，据说魏德圣收回来的钱有两千多万人民币，差不多有一亿台币。但这些钱他一分钱没往家拿，又全都被他投到下一部电影《赛德克·巴莱》的拍摄当中。

当时《赛德克·巴莱》的预算差不多要一亿几千万人民币，魏德圣的手里就只有这两千万，但他还是开机去拍了。结果电影拍着拍着他就没钱了，于是就到处去筹钱。当时他还曾给我发过邮件，他说："晓松，你觉得我能不能在大陆地区先预售一些电影票，我现在是一分钱也没有了。"魏德圣没办法，就到处借钱，最后还借到了周杰伦那儿，其实当时魏德圣并不认识周杰伦。找到周杰伦以后，魏德圣就说："我知道你热爱艺术……那请你来帮助艺术吧！"结果周杰伦还真把钱借给他了。魏德圣当时就是在特别特别艰苦的情况下把这部电影拍完了，结果苍天不负有心人，这部电影在台湾大卖。其实这部片子并不是商业片，电影中的事件讲的就是雾社起义，这也不是台湾很著名的事件，但台湾人觉得这是台湾人自己的事情，所以大家对这部片子都很感兴趣。这部电影后来也拿到了大陆发行，但在大陆票房非常一般，这部电影原来非常长，有四个多小时，分为上下集，到大陆以后剪成了两个多小时，但剪接以后发行的效果也不是特别好，因为大陆人对台湾少数民族的这点儿事儿并不十分了解。

在这儿简单跟大家讲讲雾社起义的过程。1894 年日本发动甲午战争，第二年清政府战败，被迫签订了丧权辱国的《马关条约》，把台湾割让给日本。台湾自此沦为日本的殖民地达五十年之久，但台湾人民从未屈服于日本的殖民统治，雾社起义就是台湾人民抗击日本殖民者侵略斗争中的一次。当年在签订《马关条约》时，清政府把台湾和辽东半岛都割让给了日本，后来清政府又花了三千万两银子把辽东半岛赎回来了，而台湾被彻底割让了出去。日本按照条约去接收台湾，从日本人登陆的第一天起，台湾人民就奋勇抵抗，坚决不做亡国奴。当时台湾有著名的黑旗军等士兵和散兵，他们奋起反抗。在 1895 年的 10 月 27 日这一天，日本占领军的亲王被台湾抗日义军打死，日本殖民统治当局就把这一天定为台湾"神社祭日"，雾社起义的日子后来就定在了"神社祭日"这一天。

雾社起义爆发的导火索其实很简单，就是台湾的少数民族赛德克族一直被日本殖民者凌辱。赛德克族是台湾高山族的一个小分支，这个族总共也没几千人。那天赛德克族酋长和儿子参加族人的婚礼，这对少数民族来说是非常重要的事情，于是全族的人都来参加婚礼，载歌载舞地庆祝。这时候日本警察突然来了，当时日本对台湾的统治可谓无孔不入，连每个村、每个乡都有日本警察。婚礼毕竟是大喜的事情，酋长就让儿子去给警察敬酒。结果这个日本警察不但没有喝这酒，还把第一杯酒"啪"地给打掉了，接着又把第二杯"啪"地打翻了，然后第三杯"啪"地又打掉了。大家眼看着连敬三杯酒，都被日本警察给打翻了，这日本警察简直太侮辱人了。酋长的儿子实在是气不过，就把这个警察给打了一顿。这下可惹了麻烦，后来酋长的儿子还专门备了礼去警察局道歉，等等，但是这日本警察不依不饶。

当时台湾少数民族的村子就被称为"社"，一个村子就是一个社。赛德克族聚居的这个村子因为地处山区，经常有雾，所以他们那个村就被称为"雾社"，当时这日本警察就扬言要踏平雾社。大家一想，反正你也要踏平我们了，那我们干脆起义算了，要不然也活不了。正好很快就要到所谓的"神社祭日"了，在搞祭祀的时候，日本人要在小学操场上搞运动会。于是赛德克族人就利用这个机会，袭击了警察哨所，抢了枪支弹药，然后把小学包围了，把里面的一百多个日本人杀了。这下日本人就开始丧心病狂地反扑，最后为了镇压雾社起义，居然从日本本土派来了部队，还调来了军舰、飞机。赛德克族里能扛枪打仗的男子汉一共就才几百个人，结果日本军队大兵压境，赛德克人一看根本就打不过日本人，最后他们一直撤到山里，撤到密林中。这个民族非常刚强，在撤到密林以后，全族的老人、妇女一起上吊，就是为了让男人们没有后顾之忧，让全族的男人们坚定抵抗到底的决心。赛德克族的男人们一直坚守在山崖上，日本人向他们投了很多毒气弹，最后包括头人在内的几个人，不愿被俘，全都自杀。这就是雾社起义，一次很悲壮的起义，六社抗日民众共有六百多人被屠杀。

|美国志愿兵首次出现在一战战场|

1915 年的今天，美国兵第一次出现在了欧洲战场，出现在了一战前线。这个事情大家仔细想一下，很有意思，美国1917年才正式向德国宣战，而在这之前，也就是1915年，居然有美国兵跑到前线去打仗了，这是为什么呢？主要还是因为美国人老觉得自己和英国人是亲戚，老觉得这英国人就是咱表哥，这表哥跟人打仗，咱们怎么着也得去比画两下。美国这个民族是一个尚武的民族，当年欧洲那些尚武的人坐上船到了美国，才开创了美利坚合众国的历史。美国当年一片蛮荒，据说还有野蛮的印第安人剥人的头皮，敢上船到那里去的都是英国那些尚武的人，所以美国这个民族很爱打仗。既然这英国表哥和德国已经打起来了，那咱们也去比画比画，所以1915年美国的志愿兵就从自己家拿了点儿钱，招募了一些人，跑到一战的前线打仗去了。

当时美国人为了帮英国去打仗还想了半天借口，最后美国人终于在1917年时找到了一个理由，当然也不知道这个说法是真是假。当时德国老觉得美国在帮英国，于是德国就找到墨西哥，劝说墨西哥加入自己这一方来参战，这样我们德国可以帮着你把当年美国在美墨战争中抢走的墨西哥的国土给要回来。大家知道，当年墨西哥的国土面积是现在两倍都不止的那么大一片，美国最大面积的七个州都是1848年美墨战争结束以后从墨西哥手里抢走的，美国名义上是付了点儿钱买走的，但跟抢也差不多了。这七个州包括加利福尼亚州、得克萨斯州、内华达州、科罗拉多州、新墨西哥州、亚利桑那州、犹他州，是现在最富有的七个州。当时德国人就和墨西哥商量，说，你只要帮着我们打仗，那战后我们帮你把得克萨斯、新墨西哥和亚利桑那三个州从美国手里抢回来。结果这个情报被英国截获了，这事儿也挺奇怪的，这么机密的情报居然能被英国截获，然后英国就马上把这个消息转给了美国。美国人一下子就怒了："你德国居然策动墨西哥跟我来劲，抢走我差不多三分之一的国土，那我要向你宣战！"于是美国人就利用这个理由向德国宣战，但这个理由究竟是真是假也很难判断，反正美国人就是想帮英国，总要找个理由向德国宣战。

其实后来二战美国向德国宣战前，美国也是想帮英国，还签订了什么《租借法案》，给英国钱，给英国军舰。但怎么才能真正跟德国宣战呢？当时日本袭击了美国的珍珠港，第二天美国就向德国、意大利、日本宣战，日本袭击了珍珠港，你美国向日本宣战还说得过去，这德国也没袭击你，也没招惹你，美国人不管那套，你们三国不是一家子吗？那正好一块儿打，然后美国主要的军队都跑到欧洲去打德国了，美国当时的政策叫“先欧后亚”，先打下欧洲再说。

还有一件很有意思的事情，就是在一战、二战中统率美军去欧洲打德国的大统帅很多都是德裔。大家知道美国是个移民国家，各个种族的人都有，一战的统帅潘兴将军就是德裔。二战当中在欧洲战场上统率美军的艾森豪威尔将军是五星上将，他也是德国后裔。

10月28日

《晓松说——历史上的今天》来到了 10 月 28 日。1940 年的这一天，二战中意大利军队开始入侵希腊；1972 年的这一天，大熊猫康康和兰兰飞往日本；1976 年的这一天，演员夏雨出生，夏雨兄弟生日快乐！

| 意大利军队入侵希腊 |

1940 年的这一天，意大利军队开始入侵希腊。咱们讲历史上的今天，一直说历史要横着、纵着相互比较着来看，我们来看看 1940 年的 10 月在当时的历史上是个什么时期。 1940 年春夏之际，德国就开始猛击西欧。德国在战争中是非常有战略眼光的，先是跟苏联签订了《互不侵犯条约》，稳住了东线。这样德国的东边就只剩下了一个弱的敌人，就是波兰，于是德国在 1939 年就开始猛击波兰向东进攻。1939 年秋天，德国和苏联一起瓜分了波兰，然后到了 1940 年春夏，德国大军开始向西猛击英、法。当时德国对英、法的进攻可以说是摧枯拉朽一般，这时候跟一战还不一样，一战的时候是打成了阵地战，而这回德国采取的是“闪电战”，利用坦克、飞机、大炮等快速进攻。

意大利跟德国之间的关系很有意思，意大利好像生来就是来害德国的，德国也不知道为什么总拉着这么一位盟友。一战之前德国就拉着意大利，说，意大利你跟我，还有奥匈帝国咱们一起干。意大利说：“没问题，我跟你一起干。”结果德国那边和英法已经打起来了，意大利就在旁边看，然后看着看着觉得好像不太对，德国好像要败，于是扭头就加入了英、法那边，背叛了德国。加入英、法之后，意大利就是抢了点儿土地，也没捞着什么太多的东西。在一战的时候意大利就背叛了德国，可到了二战的时候德国又拉上了意大利，还拉上了日本。关于日本的事儿有空咱们再多讲讲，也很有意思。结果二战一开始是意大利先捣乱，后来德国向英、法宣战，这时候意大利又在旁边看着，企图坐山观虎斗，然后捞点儿什么实惠。结果这一次德军打法国可谓摧枯拉朽，这是 1940 年夏天的事儿，意大利一看德国要赢就赶紧向法国宣战，然后还跟希特勒谈怎么瓜分法国。结果这回希特勒说，你早干吗去了？现在我这都要打赢了，你来跟我分法国，你也别跟我分，你自己宣战吧，你宣战以后能占法国多少地，就都归你。意大利一看，那就只能打。当时法国北边已经被德国打得一塌糊涂，意大利在南部和法军开战，南边是法军最弱的地区，结果意大利都没打过法军，最后停战的时候，意大利也就只占了法国特小的一块地。

意大利这么好的机会，结果从法国那儿什么好处也没捞到，就觉得不甘心。结果回头一看，这边还有一希腊，就琢磨要不去打希腊然后占点儿便宜。当时意大利怎么看希腊都觉得这国家好像不太能打仗，就是有几个哲学家而已。希腊是在 19 世纪 30 年代才从奥斯曼土耳其独立出来的，在战争中确实一直没有什么好的表现，很多国家都欺负它。结果意大利就觉得这希腊好欺负，于是就决定出兵去打希腊。大家知道，本来二战期间希腊没有参战，整个巴尔干地区都还保持着稳定。当时巴尔干地区的主要国家包括保加利亚、罗马尼亚、匈牙利等，都倾向于德国，加入了德意轴心。德国觉得南边很安全，都是我的小兄弟，所以德国本来要在打完法国、英国以后，掉过头来开始对付苏联。结果意大利出来捣乱，如果没有意大利打希腊这一仗，整个二战的进程可能都会改变。意大利这一出兵，希腊麻烦可大了，把英国给招惹起来了。英国一看两国打起来了特高兴，说太好了，我可以从南边威胁一下意大利，结果英军刚一登陆就把意大利打得屁滚尿流。德国大哥一想这意大利也太不争气了，于是只好拨出好几十个师，数十万大军南下准备去打英军，但是在南下的途中还有一南斯拉夫，那得把南斯拉夫再灭了。结果就导致了德国数十万大军陷入了南斯拉夫人民战争的汪洋大海之中，电影《瓦尔特保卫萨拉热窝》讲的就是这段历史，德军为此付出了巨大的代价。

德军所付出的代价还不光是牵扯了几十个师的问题，最重要的是贻误了战机。本来德军计划在 1941 年春天进攻苏联，后面的时间也都算好了。大家知道，苏联的大规模杀伤性武器就是“寒冬”，当时德国已经计划好在寒冬之前就可以打到莫斯科，这样苏联就彻底败了。等拿下苏联以后，德国的东边就安全了，然后再去打英国。德国的战略本来制订得挺好，结果为了打南斯拉夫、打希腊，耗费了好几个月的时间，最后导致德国进攻苏联的“巴巴罗萨计划”推迟了好几个月，一直到 6 月底德国才开始进攻苏联。虽然德国在和苏联的战争中也打出了多场人类陆战史上精彩的围歼战，但是时间表已经赶不上了，到最后德国打到莫斯科城下的时候，寒冬已经来临了，德国最终没能占领莫斯科。从此整个二战的局势开始逆转。再回过头来看，这一切都是因为意大利这“猪一样的队友”造成的，意大利的贡献没有做出什么，但是捣乱的事情做了一堆。

德国本来那边还有一盟友日本，如果当时日本能和德国东西对进联合作战，从西伯利亚继续进攻苏联，至少能拖住苏联的几十个师，那德国肯定也能把莫斯科给占领了。结果日本没有向北进攻西伯利亚，突然回去打美国了。本来美国正在旁边看着别的国家打仗，也恨不得赶紧去掺和一下，但是美国人民不同意，这美国政府也没有任何借口要去帮着英国打德国，再加上美国人民中间德裔的后裔也很多，美国就更没法参战了。但这时候机会来了，日本在 12 月 7 日突然袭击了美国的珍珠港。日本一打珍珠港，美国可太高兴了，于是马上向德、意、日一起宣战，你们不是一伙的嘛，正好趁这机会向德国宣战。德国一看自己怎么那么倒霉，这边意大利刚捅一刀，那边背后日本又去打美国，一共就这两个伙伴，一个捣完乱，另一个接着来。所以德国虽然很有谋略，也很能打，但是唯独就是认人不清，找了意大利跟日本这俩伙伴，最后德国失败也就败在这里。当然了，咱们这是开玩笑，不管怎么样，法西斯必然会失败。

| 大熊猫康康和兰兰飞往日本 |

1972 年的今天，大熊猫康康和兰兰飞往日本。大熊猫和乒乓球是我国当年外交的两样“利器”，战后中国和日本恢复外交关系最开始也是靠乒乓球。1962 年的今天，我们的女子乒乓球队访日，就是为了外交破冰。十年之后，还是同一天，我们的大熊猫康康和兰兰飞到日本，这个时候日本的情况已经好了很多。日本也是在与时俱进，在逐渐摆脱军国主义，逐渐摆脱过去那套皇权至上之类的东西，走向民主，走向文明，走向现代。之后中日开始建立外交关系，康康和兰兰可以说是飞到日本做了“外交大使”。

那个时代我们跟很多国家恢复外交关系的时候，都要送一对熊猫过去，所以大熊猫那个时候就是外交工具。但现在不一样了，现在我们送熊猫已经不是为了外交关系了，大熊猫已经变成了一个向全世界人民表示友好的象征，是要和大家一起分享的东西，我们要让全世界人民看到我们的“国宝”。另外，我们把大熊猫送出去也确实有很多经济收入，因为我们出租大熊猫很贵的，一百万美元一年，把大熊猫租给你，而且生的幼崽的所有权还得归我，这也是与时俱进嘛。

| 著名演员夏雨生日 |

今天是演员夏雨的生日。夏雨大家都很熟悉，因为《阳光灿烂的日子》，他夺得了威尼斯电影节的影帝，然后一举成名。威尼斯电影节可以说是欧洲或者全世界最老的电影节了，早在墨索里尼时期就已经有了威尼斯电影节，夏雨应该是威尼斯电影节有史以来最年轻的影帝，那时候他才十几岁，正在读高中。夏雨能够获得影帝，最重要的还是姜文导演慧眼识人，我们所有做导演的最佩服的就是姜文导演这一点，他调教演员的能力是极其高的，他把握人物的能力非常强。在《阳光灿烂的日子》里，姜文导演全部启用了第一次演戏的年轻演员，而且在姜文导演的教导下，他们全都成名了。夏雨夺得了威尼斯电影节大奖，另外几位女演员，像宁静、左小青、小陶虹后来也都成了大明星，另外一名男演员耿乐也成为大明星。

《阳光灿烂的日子》不但得了很多奖，还获得了当年的票房冠军，而且是获得了当时有史以来的最高票房。《阳光灿烂的日子》1995 年在中国上映，创下了五千万票房的纪录，我记得那个时候电影票才几块钱一张，这个票房纪录是非常高的。好像一直到 2003 年，这个纪录才被张艺谋的《英雄》打破。但大家知道《英雄》这部电影可谓巨星云集，制作成本也极高，而《阳光灿烂的日子》用的都是一群新演员，是典型的低成本电影，而且经常是拍着拍着就没钱了。但就是这样一部电影保持了八年的中国票房纪录。

夏雨当年获奖的首功应该记给姜文导演，后来夏雨靠自己的努力，成为中国最重要的男演员之一，他也曾主演了我的第一部电影，就是 1999 年时我拍的《那时花开》，夏雨和周迅主演。夏雨是个很好的演员，而且夏雨有一个特别有意思的表演习惯，就是他演戏之前要先做倒立。大家知道，演员演戏的时候要注意力非常非常集中，就像入定一样，你要相信这个时候我不是夏雨了，我就是那个角色。演员有很多种方法能让自己入定，夏雨用的方法就是自己先在旁边墙上倒立，等倒立完以后，血往上冲，表演的劲头就来了，非常有意思。

10月29日

《晓松说——历史上的今天》来到了10月29日。1923年的这一天，土耳其共和国成立；今天还是我非常喜欢的三位艺人共同的生日，陈升大哥、陶晶莹、张楚，生日快乐！

| 土耳其共和国成立 |

在1923年的这一天，土耳其共和国正式宣告成立，在这儿我要讲一下土耳其的“国父”凯末尔。土耳其在整个19世纪，一直都是在步履蹒跚地前进，一边受尽欺侮，一边努力地挣扎，坚持改革。我们中国在19世纪的时候也是这样，我们开始了洋务运动，开始要君主立宪等，一路走来也是步履蹒跚。土耳其共和国成立之前的那个大帝国叫作奥斯曼土耳其帝国，奥斯曼土耳其曾经是世界历史上最大的帝国之一，横跨欧亚非大陆。1453年，奥斯曼土耳其攻陷君士坦丁堡，灭亡了东罗马帝国，之后奥斯曼土耳其不断地开疆拓土，最后占领了整个环地中海和北非地区，这边一直到红海，那边一直到波斯湾，包括今天的伊拉克和科威特当年都是奥斯曼土耳其帝国的领土。当时伊拉克是奥斯曼土耳其的一个省，科威特是奥斯曼土耳其巴士拉省的一部分，到现在伊拉克和科威特之间还因为当年的问题发起战争。

奥斯曼土耳其虽然是一个大帝国，但它在衰落中不停地挨打，然后就开始挣扎着改革。但在改革中这个大帝国遇到了各种阻力，皇族不愿意让权，人民又开始起义，包括阿拉伯国家起义、希腊人民起义等。1830 年希腊独立，后来北非的许多国家也被抢走了，像阿尔及利亚成了法国殖民地，埃及成为英国殖民地。这样奥斯曼土耳其帝国的国土面积就越来越小，到一战之前，国土面积已经大不如前了，但它还在挣扎着。这时候一战来了，奥斯曼土耳其决定最后拼一下，也是赌一把，但结果它又赌输了。在一战中，奥斯曼土耳其加入了德国和奥匈帝国联盟，结果被彻底打败，德国失败了，奥斯曼土耳其帝国也被肢解了。奥斯曼土耳其帝国被肢解以后分成了好多好多小国家，包括今天的叙利亚、黎巴嫩、巴勒斯坦、伊拉克、科威特等，分成了许多国家和地区，一个大帝国就这样彻底崩溃了。奥斯曼土耳其在一战中战败以后，实际上几乎就是亡国了，它的首都伊斯坦布尔也被英国霸占了，已经是大厦将倾。这时凯末尔横空出世，开始拯救土耳其。土耳其人民对凯末尔的敬重，应该说超过了美国人民对华盛顿的敬重程度，超过了很多国家对自己“国父”的敬仰。当时凯末尔基本上是在一个完全灭国的状态下，进行了对整个国家的拯救。

凯末尔不但是政治天才，而且是少见的军事天才，这两点在他身上结合得非常好。凯末尔原来是个军人，在一战当中土耳其曾经打过几次胜仗，其中最大的一次胜仗是载入史册的加里波利战役，当时土耳其打败了在加里波利成功登陆的英法联军。这次战役的指挥官就是凯末尔，那时候他就成了土耳其英雄。其实凯末尔在土耳其从小就是个异类，他很小就开始接受西方的各种先进思想，经常整出些奇奇怪怪的事情，要不是他会打仗，土耳其恨不得早就把他给枪毙了。但是在土耳其国破家亡的时候，凯末尔发挥了最重要的作用。当时土耳其的首都伊斯坦布尔已经被占领了，凯末尔率领土耳其残余的军队和人民发动了起义，全体人民奋起反抗，打败了占领军，打败了希腊军队。

希腊和土耳其都是北约国家，这两个国家已经掐了上千年，今天为了塞浦路斯问题还在掐。当年在灭亡土耳其的过程中，希腊是冲到了最前面，凯末尔领导的土耳其起义军在跟希腊的决战中，打败了希腊，取得了决定性的胜利。紧接着土耳其继续收复了大量失地，英、法一看，原来这个奥斯曼土耳其帝国还没到被彻底灭亡的时候，看来灭亡一个大帝国也没那么容易，最后英、法等协约国就和土耳其签订了和约。土耳其收复了首都伊斯坦布尔，保住了在欧洲仅存的那一点儿领土，所以到现在土耳其也认为自己是欧洲国家，参加欧洲足球联赛，参加欧洲的各种运动会，就是因为它保住了欧洲的这点儿领土。

凯末尔不但保住了这个国家，接下来又以高瞻远瞩的雄才大略开始改造这个国家。凯末尔做的第一件事儿就是迁都，他首先把首都从伊斯坦布尔迁到了安卡拉。凯末尔认为，这个国家之所以落后就是因为这么多年以来政教合一，一直拿《古兰经》当法律。他认为土耳其一定要向西欧学习，摒弃这些东西，所以他做的第一件事儿就是迁都。

紧接着在凯末尔强力的统治之下，他又做了四项重大改革，其中第一项就是彻底把这个“政教合一”的国家变成一个共和国，而且是世俗化共和国。原来伊斯兰教在土耳其高高在上，被称为“国教”，通过凯末尔的改革，伊斯兰教被边缘化。当然也不能把这个教给灭了，因为99%的土耳其人还是信伊斯兰教，但是伊斯兰教不能干政。凯末尔废除了伊斯兰教的法庭，废除了伊斯兰大量的法律条文，而且关闭了大量的清真寺与伊斯兰教学校，从根本上铲除了“政教合一”的问题。再看看当年的中国，其实我们当时也有很多仁人志士，也在搞改革，像五四运动等，大家要砸烂孔家店，要把禁锢我们千年的儒家孔孟之道砸烂，我们也是要向西方学习新的东西，但是我们当年做得非常非常不彻底，所以失败了。

凯末尔做的第二项改革是彻底改变土耳其人的服饰，全体土耳其人不允许再穿伊斯兰的民族服装，妇女不许再蒙面纱，男性不准再戴伊斯兰民族的帽子，必须戴西方的礼帽、穿西装，否则就会被抓起来。凯末尔自己也带头脱了军装，穿上了西装。其实你说这样做就是向西方学习吗？西方采取的是民主共和的制度，并不能这么强制人民，但是当时凯末尔为了改造这个古老的国家，就只能用这种强制的办法，服装全部改成西化，让整个民族焕然一新。

凯末尔接下来的改革就是给予妇女选举权，这点不要说在伊斯兰国家，在全世界都是惊人之举。凯末尔在一九二几年的时候就赋予了土耳其妇女选举权。大家知道，大量的阿拉伯国家到今天为止妇女还没有选举权，少数开明的阿拉伯国家也是到20世纪八九十年代妇女才有了选举权。包括在美国，全世界第一个所谓的民主自由国家，也是在1920年才给了妇女选举权，而土耳其这样一个落后的伊斯兰国家，妇女在1934年就有了选举权。而法国，当年欧洲最重要的榜样之一，也是在十多年以后，也就是一九四几年，妇女才有了选举权，可见凯末尔当年改造土耳其的决心有多彻底。

第四项改革是凯末尔对土耳其所做的最最根本的改变，他把土耳其沿用了上千年的文字废除了。土耳其原来用的是阿拉伯文字，就是大家看到的那些曲曲弯弯的文字，现在大家去迪拜还能看见这些曲曲弯弯的阿拉伯字母。凯末尔觉得土耳其当年使用的文字就是禁锢这个民族千年的牢笼，所以一定要把它打破，立即改革。凯末尔在土耳其推行使用西方的拉丁字母，其实这种改变是非常不容易的，因为拉丁字母跟阿拉伯字母之间有很大差别，包括它们之间的发音也有很大不同，而且二者之间是有模糊地带的，所以也产生了很多歧义，但是当时凯末尔也管不了那么多了，这就是要付出的代价。凯末尔下定决心就是要改革文字。凯末尔非常坚决，他到土耳其的城镇、乡村各个地方，挂起黑板来，亲自教大家。在凯末尔的带动下，所有的官员也都走到老百姓当中去教大家。结果没过多久，土耳其的文字全部由阿拉伯文字改成了拉丁文字。土耳其所有政府机关、所有地方都把那些曲曲弯弯的阿拉伯文字撤了下来，改成了拉丁文字。因为拉丁字母比阿拉伯字母的拼音要容易，土耳其的识字率大大提高。一个千年古国，就这样在半年之内把旧的文字废除了，改成了拉丁文字，凯末尔雷厉风行地改造国家的能力确实让人敬佩。

土耳其经过凯末尔的这四项重大改革，从此焕然一新，变成了一个现代化国家。今天的土耳其已经成为人均GDP过万美元的欧洲国家，这一切都是由世界历史上很少见的雄才大略级的“国父”凯末尔造就的。所以土耳其人民对凯末尔的热爱超过了美国人民对他们的“国父”华盛顿的热爱。

| 艺人陈升、张楚、陶晶莹生日 |

今天还是我非常喜欢的三位艺人陈升、张楚、陶晶莹的生日。陈升大哥是滚石最辉煌时期的三巨头之一，当年罗大佑、李宗盛、陈升并称为台湾民谣最重要的旗手。大家对陈升的歌都非常熟悉，包括《把悲伤留给自己》等，刘若英的很多美好的歌曲也是陈升写的。说到陈升，给大家讲一件很有意思的事情。1998 年，陈升做了一个非常有意思的企划案，叫作“明年你还爱我吗”。陈升要在第二年也就是 1999 年在台北开演唱会，他提前一年就开始预售票，怎么预售呢？他的票是一对一对地卖，全都是情侣来买，然后等一年以后开演唱会时看大家还在不在一起，大家还相不相爱。结果到 1999 年真正开演唱会的时候，发现头一年还一对一对买票的情侣来得稀稀落落，很多人再也不相信爱情了，好伤感啊！

再说张楚，我和张楚已经是二十多年的老友了，张楚哥生日快乐！张楚当年来北京的那个时代，我现在回想起来还感觉非常温暖。当年我们特别仰慕的这些诗人、音乐家很多都住在大学里，张楚住过清华、住过北大，还住过中戏。当时张楚带来了两首特别好听的歌，《西出阳关》和《姐姐》，我就是在中戏找到张楚的。当时每来一个新人，带来两首好听的歌，大家就全都去看，全都去听，那是北京音乐圈最美好的时期。大家虽然清贫，但是大家热爱音乐，团结互助，我还记得当时一位六十多岁的老作曲家，晚上煮几个鸡蛋，拿一个布兜装着到清华来找张楚，说不知道张楚吃没吃晚饭，有没有钱吃晚饭。那个年代真是一个美好的年代，一会儿从西安来个张楚，一会儿来个郑钧，一会儿又来一个许巍，然后听许巍唱《两天》《执着》，等等。那个年代，大家真的是热爱音乐！

今天还是陶晶莹的生日，陶子姐只比我大半个月，陶子姐姐生日快乐！

10月30日

《晓松说——历史上的今天》来到了 10 月 30 日。今天是著名演员刘晓庆的生日，生日快乐；1941 年的这一天，在二战中，美国根据《租借法案》批准向苏联提供贷款；1975 年的这一天，胡安 · 卡洛斯一世成为西班牙国家元首；1945 年的这一天，音乐家冼星海去世。

| 巨星刘晓庆生日 |

今天是晓庆姐的生日，生日快乐！我跟晓庆姐很熟，她是一位优秀的演员，在改革开放刚刚开始的时候，那个时代几部最重要的电影都是由刘晓庆主演的，像《小花》《火烧圆明园》《芙蓉镇》等，她当时可以说是那种独一无二的大明星。当时还有一部著名的喜剧，叫《瞧这一家子》，也是刘晓庆演的，这部电影开创了中国的喜剧片时代。刘晓庆是那个时代最大最大的巨星，到今天她依然保持着非常天真、可爱的性格。祝晓庆姐生日快乐！

| 胡安·卡洛斯成为西班牙国家元首 |

首先来说说1975年的这一天，胡安·卡洛斯一世正式成为西班牙国王。西班牙人民对胡安·卡洛斯国王是非常尊重的，现在人们说起卡洛斯的时候，从来都不会只说“卡洛斯”，为了表达尊重，大家都是说他的全名——胡安·卡洛斯。西班牙人非常热爱这位国王，在胡安·卡洛斯当政之前，西班牙经历了长时间的独裁统治，也经历了长时间的混乱。在1931年4月14日晚上，西班牙国王阿尔丰沙十三世被赶跑了，后来经历了长时间的政权更迭，一会儿这个上台，一会儿那个下台，在左翼共和政府上台以后，还导致了西班牙的大内战。这段历史在很多文学作品中都曾经重现过，包括在海明威的作品中，都有关于这段历史的记述。

当时西班牙爆发的血腥内战，也是二战的前奏曲。在西班牙内战中，包括共产党、社会党等在内的左翼政党领导的共和政府被推翻，推翻共和政府的就是这位叫佛朗哥的旧军人。佛朗哥代表的是保守势力，前期佛朗哥率领的主要是天主教的军官集团，这些旧军官不但是天主教徒，而且都是地主家的孩子。左翼政府上台以后开始剿灭宗教，于是旧军官就于1936年开始叛乱。旧军官的叛乱得到了法西斯的支持，所以佛朗哥开始率领的是天主教军官集团的军队，后来这支军队就变成了法西斯军队，佛朗哥在后期也成了法西斯。法西斯当时不但支持佛朗哥的叛乱，德国、意大利的法西斯还直接出兵参与了西班牙的内战，他们还轰炸了不设防的平民城市，这也是人类历史上第一次由空军来轰炸不设防的平民城市。大家如果有机会去西班牙，可以到首都马德里的一个美术馆去看看，这个美术馆的规模很大，叫作瑞内索菲亚美术馆，其中有一幅毕加索最著名的画，叫《格尔尼卡》。《格尔尼卡》这幅画表现的就是在佛朗哥叛军进攻共和政府时期，德国法西斯的空军帮助佛朗哥轰炸了格尔尼卡，造成了大量平民的伤亡。当时支持共和政府的左翼共产党员毕加索非常悲愤，就画了《格尔尼卡》这幅画，来纪念在轰炸中死去的平民。西班牙内战最终以人民的失败而告终，所有那些支持共和政府的左翼艺术家也都失败了，包括毕加索、海明威、聂鲁达等。毕加索为了抗议这个法西斯政权，从此离开西班牙，直到生命结束再也没有回到自己的祖国，最后客死他乡。

西班牙从此进入了漫长的佛朗哥独裁统治时期。佛朗哥的独裁政权统治一直持续到1975年，这时候二战已经结束三十年了，佛朗哥还在独裁。后来虽然加入了北约，但是西班牙在北约国家当中也是一个怪物，北约的成员国大部分都是民主国家，只有西班牙那时候还是独裁国家。在佛朗哥独裁时期，西班牙实行了很多纳粹时期的政策，包括消灭异己等，导致对西班牙持不同政见的数万人死伤和失踪。在佛朗哥的独裁统治下，西班牙人民并不自由。佛朗哥在晚年的时候意识到世袭已经不可能了，临终前他决定把政权还给国王，还给人民，这也算是佛朗哥对西班牙做出的一点儿贡献吧，至少佛朗哥没有把政权再传给接下来的军官集团，没有继续军人独裁。佛朗哥是个旧军人，是那种很保守的天主教徒，国王对他来说还是很重要的，所以他认为将政权交给王室是天经地义的事情，于是佛朗哥就指定了胡安·卡洛斯作为他的继承人，也就是胡安·卡洛斯一世。当年胡安·卡洛斯继承王位的时候，其实他的父亲还活着，但是因为他父亲有政治倾向，所以佛朗哥不想把王位传给胡安·卡洛斯的父亲，于是就传给了胡安·卡洛斯。胡安·卡洛斯的父亲当时只保留了一个巴塞罗那伯爵的位子，胡安·卡洛斯就成为王子，最后成为西班牙国家元首。

胡安·卡洛斯的家庭应该算是标准的欧洲王室家庭。之前我讲过欧洲王室全是一家子，全欧洲的王室互相通婚，如果要排族谱，那都能排出亲戚关系。胡安·卡洛斯的妈妈按照族谱是他的堂姐，他妈妈大概在六代以前也是西班牙国王的后代，后来他们家又跟两西西里国王通婚，胡安·卡洛斯的爸爸当王子的时候，娶了两西西里的公主，后来一看族谱，这个两西西里公主其实是胡安·卡洛斯的堂姐，后来成了他妈妈。胡安·卡洛斯也按照欧洲皇室的规矩，娶了希腊的公主。当然，今天的欧洲王室已经没有这些规定了，胡安·卡洛斯的儿子也就是现在的西班牙新国王费利佩六世，就娶了一个平民。

虽然胡安·卡洛斯是标准的贵族家庭出身，但他崇尚的是西方的现代自由的思想。西班牙王室在1931年时被轰出西班牙，直到二战胜利后的1948年，佛朗哥才同意让胡安·卡洛斯回到西班牙居住并接受教育。胡安·卡洛斯继位以后，做的第一件事儿就是还政于民，这也是西班牙人民特别热爱胡安·卡洛斯的根本原因。当时佛朗哥一死，胡安·卡洛斯立刻就宣布在西班牙举行大选，他要把西班牙改造成一个君主立宪制的国家。其实当时胡安·卡洛斯已经大权在握，但他还是要像所有的西欧国家一样，实施君主立宪，选出议会、首相。在西班牙刚刚开始走上民主道路时，也遭遇了很多坎坷，包括旧军官集团的反扑、政变等，在旧军官集团发动政变的过程中，胡安·卡洛斯国王表现得非常非常英勇，当时政变军队冲进了王宫，他从王宫逃出来以后直接冲进了电视台，向全国人民发表演讲，号召军队服从人民的选择和意愿，最后大批军队的将领都支持胡安·卡洛斯，帮助他镇压了叛乱。后来在巴斯克独立运动当中，巴斯克人进行了恐怖袭击，胡安·卡洛斯也是通过自己崇高的威望，团结人民，号召大家一齐向前看，最终使巴斯克人放弃武力，同意坐下来进行谈判。胡安·卡洛斯对现代西班牙的发展起到了至关重要的作用，应该叫再造西班牙，西班牙人民也非常热爱他们的这位老国王。

| 美国根据《租借法案》批准向苏联提供贷款 |

1941年的这一天，美国总统富兰克林·罗斯福根据《租借法案》批准向苏联提供十亿美元的贷款。两个月后，日本袭击了美国珍珠港，美国这时候才正式宣布参战。十亿美元在那时候可是一笔巨款，那时候几百美元就能买一辆汽车，这十亿美元的物资极大地支持了正在跟德国殊死搏斗的英国，进而也支持了正在跟德国进行殊死搏斗的苏联。这时候二战已经打得如火如荼，美国虽然还没有正式宣布参战，但是反法西斯已经成了全人类最重要的事情，大家对此已经达成了共识。当时美国政府还说服不了美国人民参加二战反法西斯，但先出钱总可以吧，我们不牺牲美国人民生命，不流血，于是美国国会当时通过了著名的《租借法案》。

根据《租借法案》，美国向英国提供了数十艘驱逐舰、护航航母和大量的物资，支援了苏联大量的坦克、卡车等。当时向苏联运送物资的北冰洋航线成了非常英勇的一条航线，美国人在这条航线上付出了巨大的代价。挪威当时已经被德国占领了，挪威的北边儿就是北冰洋航线，美国向苏联运送的所有物资都要经过北冰洋航线，到达苏联的摩尔曼斯克港口。这个港口就在德国的眼皮底下，德国水下有采用“狼群”战术的潜艇，水面有战列舰和战列巡洋舰，像

“夏恩霍尔斯特”号、“提尔皮茨”号等都停在挪威峡湾中，美国运送物资的船一出海就会遭到袭击。在整条航线上，水上有舰艇，水下有采用“狼群”战术的潜艇，空中有德国空军的轰炸，护航的苏联海军又非常非常弱。所以这一大段航线就是赤手空拳的美国海员们驾驶着商船向苏联进发，大量的船被炸沉、炸伤，牺牲的海员无数。就是在这样艰苦的条件下，美国人依旧把大量的物资运送到了苏联，这些物资在苏联的东线战场上起到了重大作用。通过《租借法案》，美国一共向苏联提供了价值大约一百亿美元的庞大援助。

后来依照《租借法案》，美国也向中国提供了大量的军用物资。这些物资当时装备了大量的国民党军队，以至于抗战末期的时候，国民党一部分美械军队的装备水平已经超过了日军。而且根据《租借法案》，为了共同抗日，以史迪威将军为代表的美国人也竭力主张向延安、向共产党领导的人民军队提供物资援助，可惜最终因种种原因没能实现。

| 人民音乐家冼星海去世 |

1945 年的今天，人民音乐家冼星海逝世。我国从新中国成立到现在，获得了“人民音乐家”这样崇高头衔的大概只有三位，一位就是冼星海，他创作了大量的抗日歌曲，著名的《黄河大合唱》当时广为传唱，这些歌曲极大地鼓舞了中国人民的抗战士气。还有一位是“人民音乐家”聂耳，聂耳是《义勇军进行曲》的曲作者，这首在抗日战争中激励了亿万人民的歌曲，现在是中华人民共和国国歌。还有一位“人民音乐家”就是新时代的作曲家施光南，施光南也是我在北京四中的学长。

纪念冼星海！

10月31日

《晓松说——历史上的今天》来到了 10 月 31 日。1517 年的今天，德国开始宗教改革；1864 年的这一天，内华达州成为美国第三十六个州；今天也是著名歌手陈琳的忌日。

| 德国开始宗教改革 |

先来讲讲 1517 年的今天，德国开始宗教改革。有学者认为德国的宗教改革也标志着欧洲宗教改革的开始，我个人也非常认同这个观点。欧洲的宗教改革和大航海时代、文艺复兴等几乎是重叠进行的，这也是西方开始超越东方的最重要的几件大事儿。在这之前东方曾经遭到过蒙古的蹂躏，导致了东方民族开始衰落，但是西欧这时候也并没有向上发展，所以还没有导致西方超越东方。直到今天，关于西方何时超越东方的话题都是历史学界讨论的热点问题。我之前讲过“李约瑟难题”，李约瑟在编著的《中国科学技术史》中也提出了类似的问题：尽管中国古代对人类科技发展做出了很多重要贡献，但为什么科学和工业革命没有在近代的中国发生？古代中国的科技领先世界，到了近代为什么会衰落，中国为何缺席了近代世界科技的发展？宗教改革、大航海、文艺复兴对于西方的发展至关重要，大航海我们曾经讲过一些，文艺复兴我们有机会再讲，但文艺复兴具体在哪一天开始并没有准确的记载，而宗教改革是有准确的日子的，就是始于1517年的今天。

再看一下当时的历史，1492年西班牙完全收复失土，大航海时代开始。到了1517年，大航海时代已经处在鼎盛时期，文艺复兴也早已开始，这个时候德国开始宗教改革。宗教改革是一个全民性的改革，以前教会内部也会搞些小改革，但这种改革主要是教义上的，大家辩论一下教义，然后稍微修改一下。而1517年始于德国的宗教改革是一种大变革，全国人民一起加入改革的运动中，从此诞生了新教，甚至诞生了新教国家。以前西欧虽然也有国家，但是当时宗教的势力极为强大，国王是在教皇下面的，国王要由教皇来认定，来加冕。那时候国王其实不是特重要，所以在中世纪的时候，宗教是远远超越了国家、超越了民族的高高在上的东西。

欧洲之所以要开始宗教改革，这里面有好几个原因，其中一个最直接的原因就是宗教腐败，教皇腐败，整个教廷腐败。其实这也是规律，当时教皇的权力要超越一切，甚至国王，这种无约束的权力必然会导致腐败。教皇腐败到什么程度呢？他们会办那种肉山酒海的淫乱大宴，买官卖官，可谓荒淫无度。那时候，宗教特别能敛财，大家去欧洲可以看看那些辉煌的大建筑都是大教堂，盖一个大教堂估计要敛当地人民一百五十年到二百年的钱，所以当时欧洲有很多人都热衷于去做“神父”。到后来大家就去买官做，可以花钱去买个“神父”做，这在神父连“十诫”都说不全，居然就可以堂而皇之地坐在教堂里，其实就是来敛财了。德国教皇这时候还要以修圣彼得大教堂为名，发行一种“赎罪券”，这在当时已经是赤裸裸的掠夺了。要放在今天，他发行“赎罪券”你可以说我不买，但在当时那是不可能的，那个时代宗教在人们心中的地位是现代人所不能想象的，宗教就是人们的全部。对于这个“赎罪券”，教廷说，你只有买了这个赎罪券，听见你的金币投进钱箱的响声，你才能脱离炼狱之刑，你就可以上天堂。这不是逼着大家去买吗？对于当时生活中只有宗教的人民来说，这个根本就不叫自愿买，你不买的话就要承受炼狱之刑，这就跟给黑社会交保护费差不多了。这样强行压迫的结果是使人民对宗教、对教皇开始反感，那些有文化的人基本上都在教会里，这些知识分子就开始反抗。著名的马丁·路德就是整个宗教改革当中最重要的一面旗帜，马丁·路德当时在一所大学里教神学，他认为这个“赎罪券”的发行根本就没有道理，教会就是在没完没了地盘剥人民，就是拿一套吓唬老百姓的说辞逼着人们掏钱。马丁·路德非常愤怒，于是他就专门写了一篇东西来驳斥这个“赎罪券”，这就是著名的《九十五条论纲》。他把《九十五条论纲》用钉子钉到教堂门上，请大家来辩论这个“赎罪券”到底合理不合理，这有点儿像我们中国的张榜比武。马丁·路德作为一个神学的教授，作为一个博士，希望和大家来辩论这个赎罪券的合法性。告示贴了好长时间，好像也没有人敢来辩论，教会已经腐败到没有真正的知识分子出来敢跟马丁·路德辩论。结果由于没人参与辩论，马丁·路德就赢了，这就说明了这个“赎罪券”的设立是不合理的。这件事儿一下子传遍了全德国，传遍了全欧洲。

推动欧洲宗教改革的另一个重要原因应该是当时学术的传播手段已经具备。这和中国的两项重大发明，也就是造纸术和印刷术的发明，有着直接的关系。在 1517 年的时候，造纸术和印刷术已经传到了欧洲，马丁·路德的《九十五条论纲》出来之后，被快速地印刷、传播，两周之内就传遍了德国，四周之内就传遍了西欧。从法国的巴黎到奥地利的维也纳，大量的知识分子都开始支持《九十五条论纲》，都认为这个“赎罪券”不对，大家一致认为我们要开始宗教改革。正是基于这样的背景，在马丁·路德的领导下，欧洲掀起了巨人的宗教改革浪潮。这次宗教改革最重要的一点就是让每一个人可以直接跟上帝对话。因为在羊皮书时代，要想有一本手抄本的《圣经》，需要宰杀几百头小羔羊才能制成。而在造纸术与印刷术发明与推广之后，以往只有教会与神父才能拥有的《圣经》，现在普通信众也有办法获得了。这意味着大家不需要神父，也不需要主教大人，甚至不需要教皇，就能直接阅读《圣经》，直接聆听上帝的教诲，也不再需要这些人代表大家去向上帝忏悔。这就完全打破了之前天主教的规矩，以前天主教规定你想聆听上帝的教诲，只有到教堂里来听神父读解《圣经》，你有什么要忏悔的也必须先告诉神父或者主教，然后再由他们代表你翻译给上帝听，所以你得给我捐钱，让我建大教堂，让我把这些东西弄得特好。这次宗教改革中最重要的核心精神，就是每个人都可以直接跟上帝聊，废除天主教的层层压迫。除此之外，宗教改革还有更重要的一点，就是告诉大家，如果你想灵魂得救，绝不是靠向教会多捐点儿钱以便让上帝来拯救你，而是要靠你自己的努力，如果你能在自己的工作中取得成功，那你就是上帝的选民。这样一来，就从以往的“以神为本”变为了“以人为本”。从“以神为本”向“以人为本”的迈进是一个重大的革命，20 世纪德国的社会学家马克思・韦伯曾对此大加赞扬，认为基督教新教伦理精神是欧洲能够率先从传统封建农业社会跨入近代资本主义工业社会的重要原因。欧洲历史从此开始急速向前。另外，当时欧洲各国的国王、公爵、伯爵等也已经受够了教皇的气，这些王室贵族以前都得跪在教皇面前由教皇来加冕，想干点儿什么也得向教皇汇报，每年还得向教皇进贡等，总而言之是受尽了气。所以当这宗教改革的风一吹起来，不光老百姓不去买这个“赎罪券”了，连这些王公贵族都特高兴，说，太好了，我再也不用受教皇的气了，大家就都开始信新教，真正成了这块领地的主人。于是从这次宗教改革开始，从德国那些公爵、伯爵等王公贵族开始，全国上下一起开始信奉新教。

也正是从这次宗教改革开始，“国家”的概念开始强化起来，国王就是这块领地的主人，老百姓就是我的臣民，然后不同的民族可以选择不同的宗教。当时德国有二十多个大、中城市，有的保留了天主教，有的信新教。新教又分了很多教派，马丁・路德是一个教派，加尔文是另一个教派。随着“国家”概念的强化，“民族”的概念也慢慢地强化起来，到了 1648 年，欧洲大规模的宗教战争结束之后，《威斯特发里亚和约》签订，欧洲正式进入了民族、国家的时代，可以说欧洲近代史由此开端。所以，宗教改革在欧洲历史上是非常非常重要的事件，宗教改革取得了胜利，之后新的思潮、新的艺术、新的知识不断出现，欧洲从此进入一个崭新的时代，开始走上昂扬向上的道路。

| 内华达州成为美国的第三十六个州 |

1864 年的这一天，内华达州成为美国的第三十六个州。之前讲美墨战争的时候我们说过，美国西南部的七个大州都是在美墨战争之后从墨西哥弄来的，当然甭管是抢来的、买来的，还是骗来的，这七个州先后都加入了美国。内华达州是在 1864 年时加入美国的，这时正处在南北战争期间，内华达州有大量的银矿，成为美国很重要的一个州。当时美国的每个州都有一个绰号，加州因为有金矿被称为 Golden State（金州），内华达州因为有银矿被称为 Silver State（银州），纽约州被称为 Empire State（帝国州）……

后来内华达州的银矿被采没了，只剩下了沙漠，银子没有了，沙漠也种不了粮食，怎么办呢？那我们就开赌场赌博吧。大家知道，当时美国全国都是禁赌的，只在印第安人保留区允许开赌场，但当时内华达州因为银子没了，又没法儿种粮食，所以美国政府就破例同意了当地的老百姓可以开赌场。内华达州的拉斯维加斯现在已经成为全世界最著名的赌场。如果你去拉斯维加斯看的话会特别震惊，那完全是建在沙漠里的一个城市，应该算是全世界最辉煌的城市。

| 女歌手陈琳自杀 |

在 2009 年的这一天，优秀的女歌手陈琳结束了自己的生命。陈琳的离去当时在整个音乐圈引起了非常大的震动，我们用了各种各样的方式来纪念她。我自己还专门为她写了一首歌，叫《在那》，这首歌的演唱者是她的搭档杨坤，大家有机会可以去听一听。纪念陈琳！

（全文完）

Today

in History

Today

in History

Today

in History